ISBN 978-1-7346613-0-9

Correo electrónico: info@kerenphotography.com
Tel.: (787) 462-2986
Páginas web: www.kerenphotography.com | www.kerenconcepcion.com
Redes sociales:
www.facebook.com/kerenphotographypr
www.instragram.com/kerenphotography
www.linkedin.com/in/kerenconcepcion

Mentora en autopublicación: Anita Paniagua
Programa Emprende Con Tu Libro | www.anitapaniagua.com

Edición y corrección: Mariangely Núñez Fidalgo | arbola.editores@gmail.com

Diseño gráfico y portada: Amanda Jusino | www.amandajusino.com

Fotografía de la autora:
José Raúl ArteSano Photography: (787) 553-6056
Tamara Maz: www.tamaramaz.com
Vanessa Jarvis Photography: (787)525-8996

Keren Concepción

Inolvidable

La guía para inspirar a los novios a planificar las fotos de sus sueños

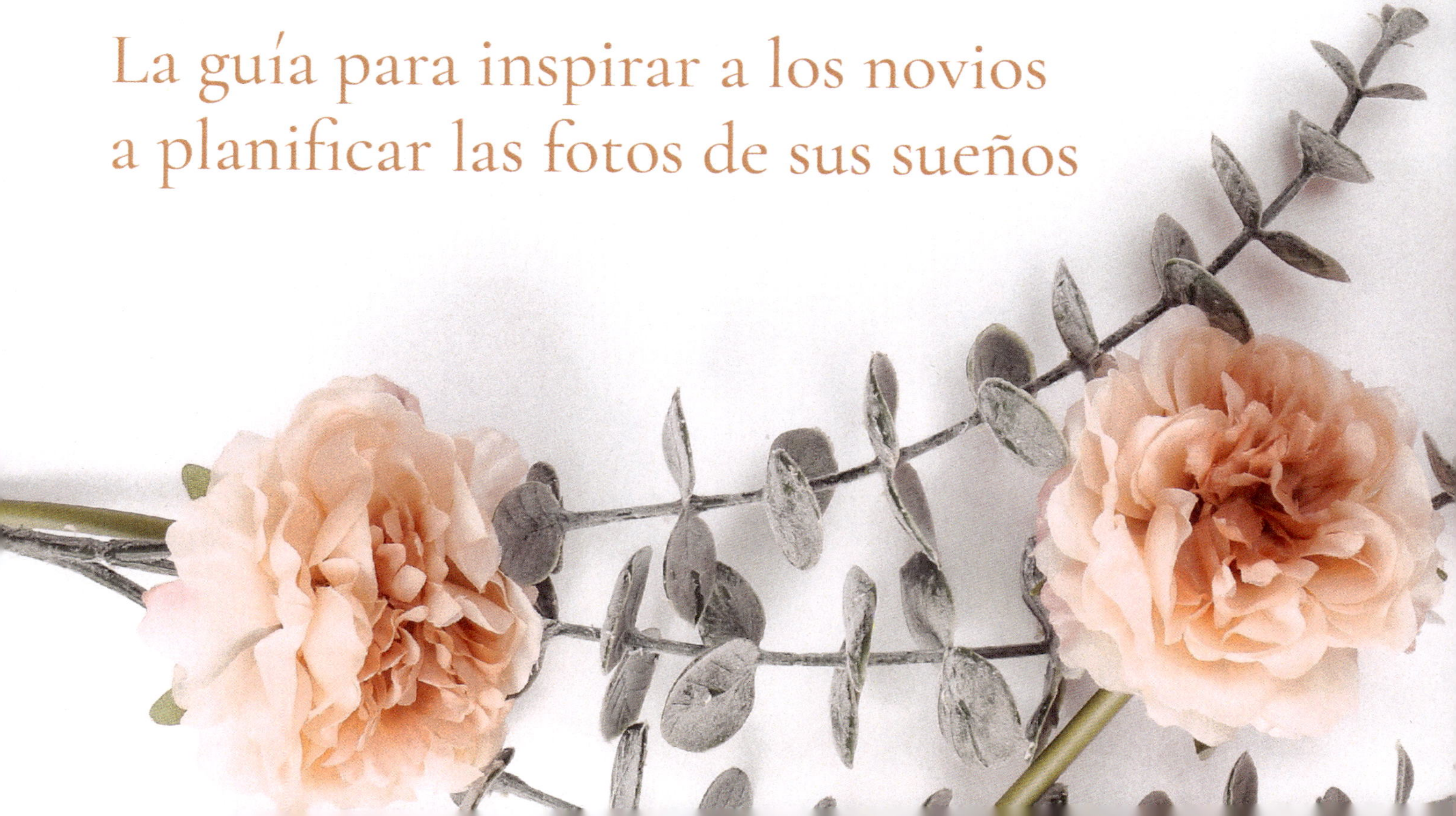

TABLA DE CONTENIDO

¡Este es el plan!

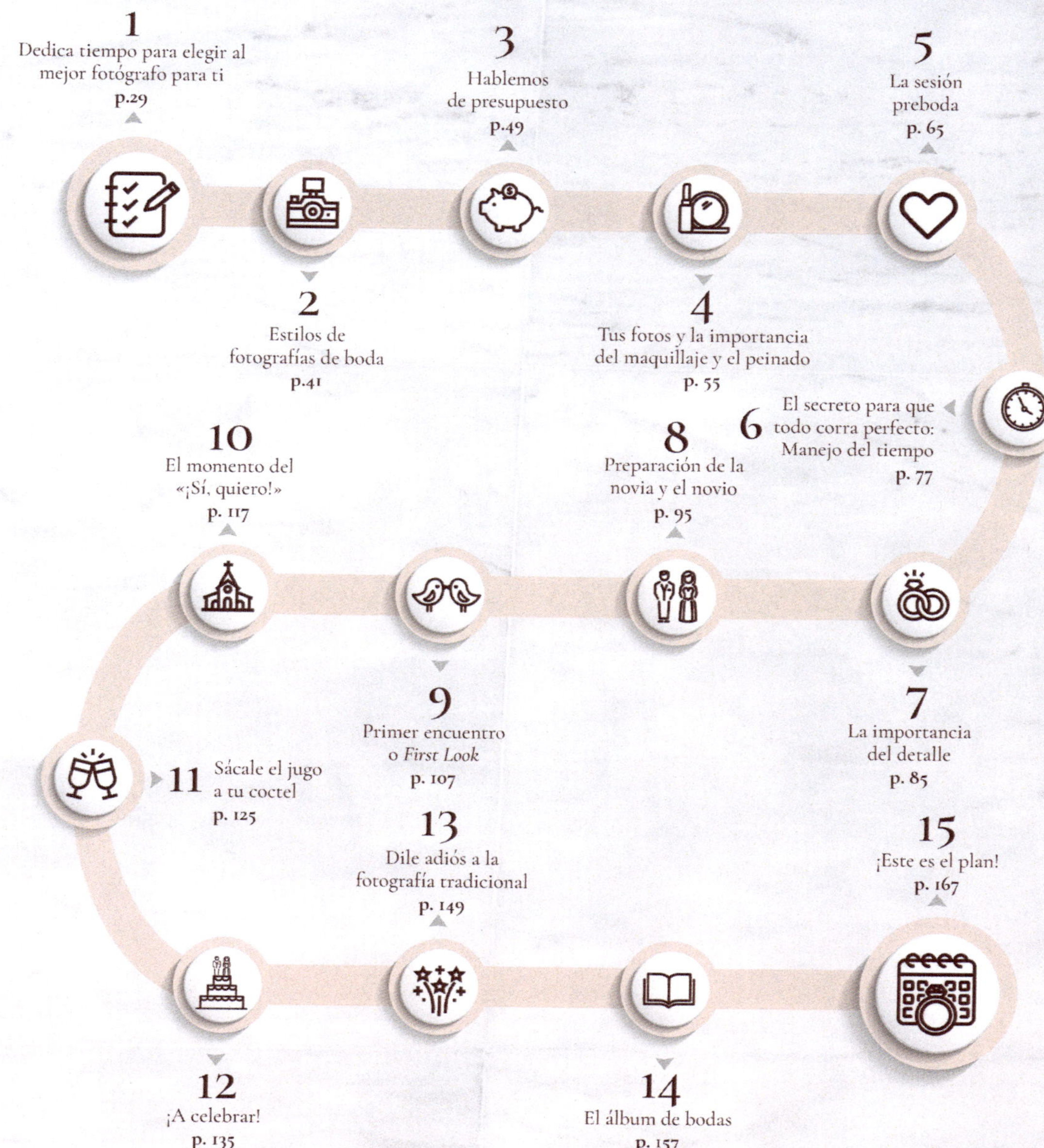

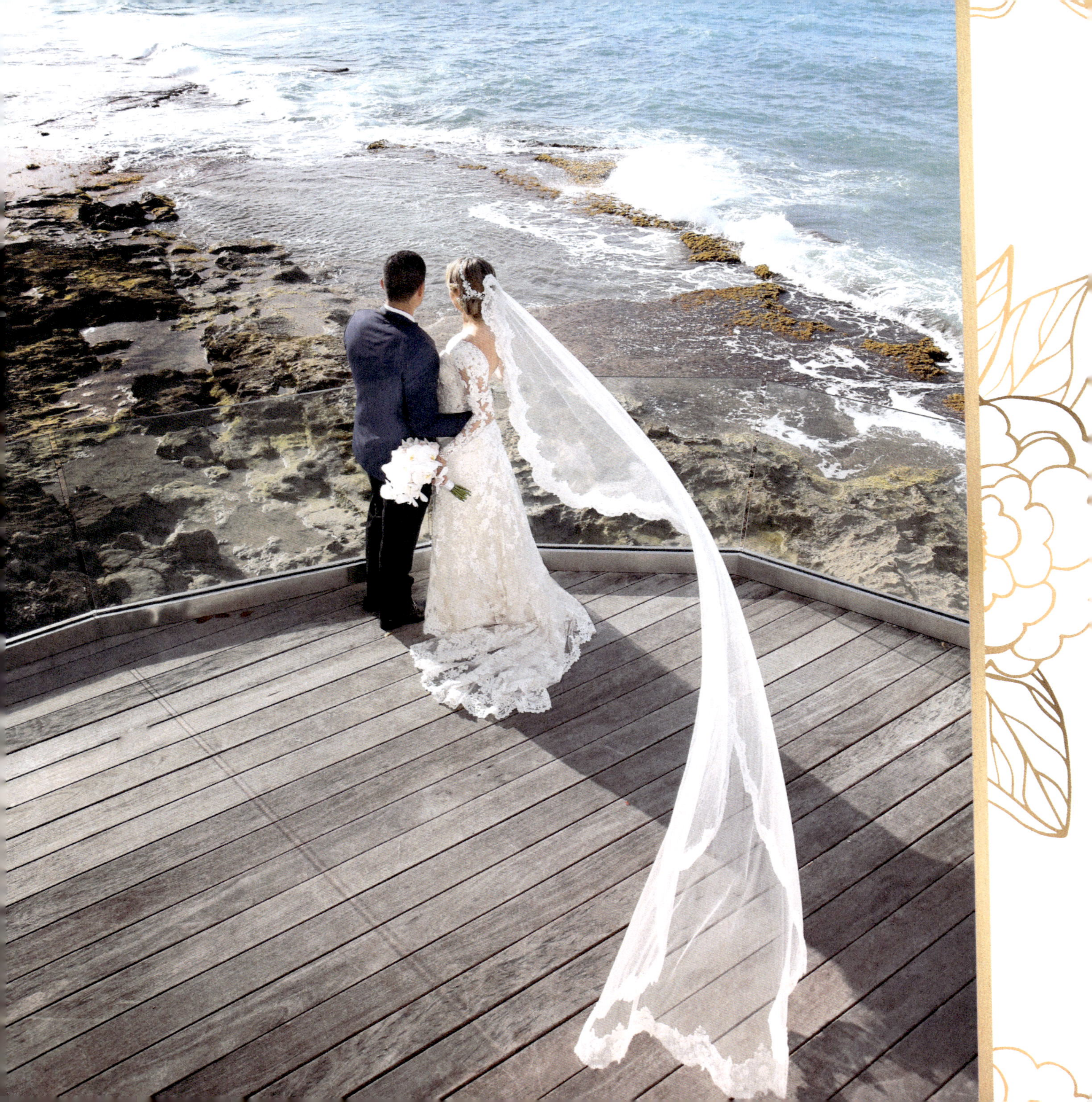

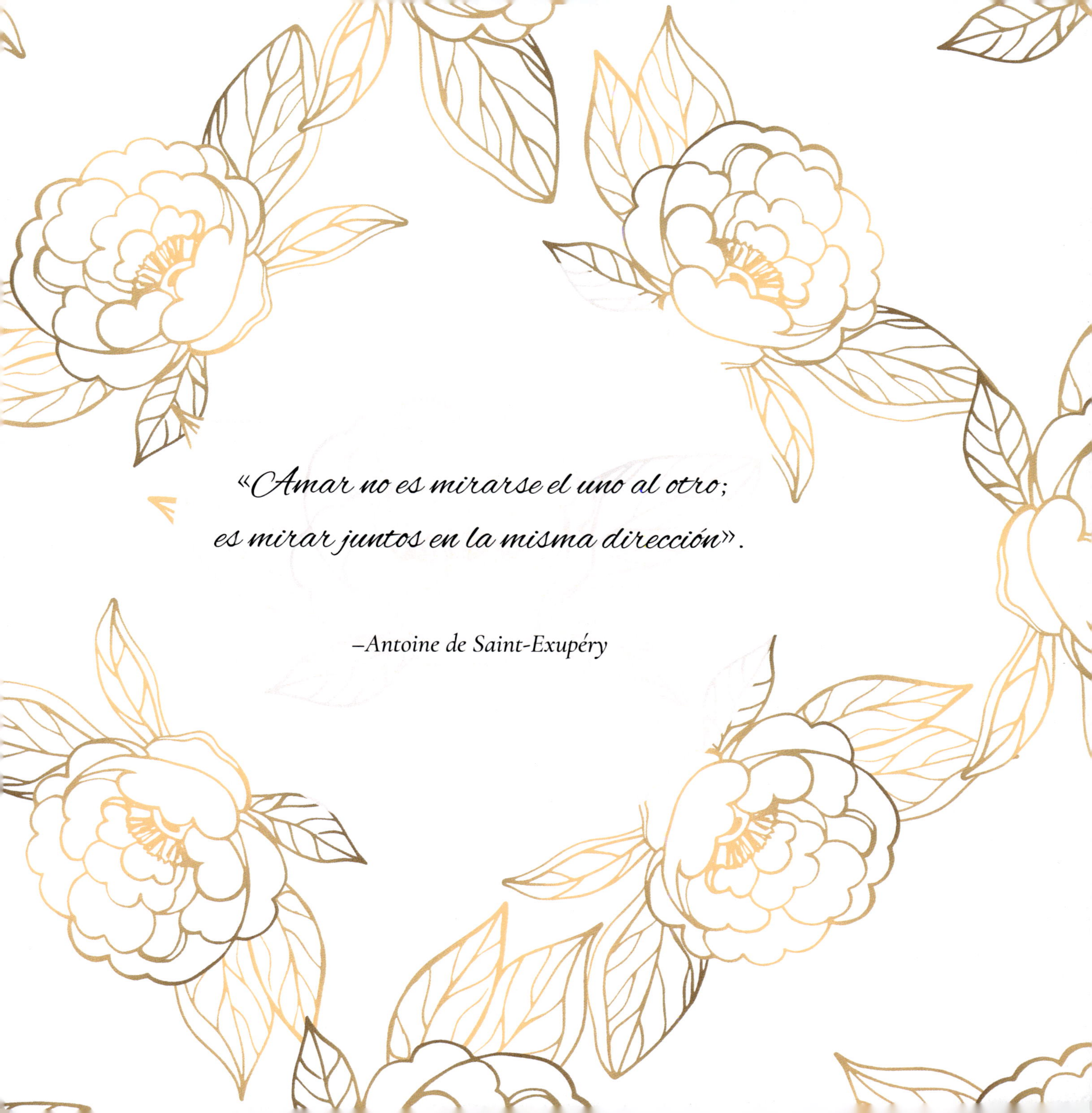

«Amar no es mirarse el uno al otro;
es mirar juntos en la misma dirección».

–Antoine de Saint-Exupéry

Para una boda

INOLVIDABLE

Para: ______________________

De: ______________________

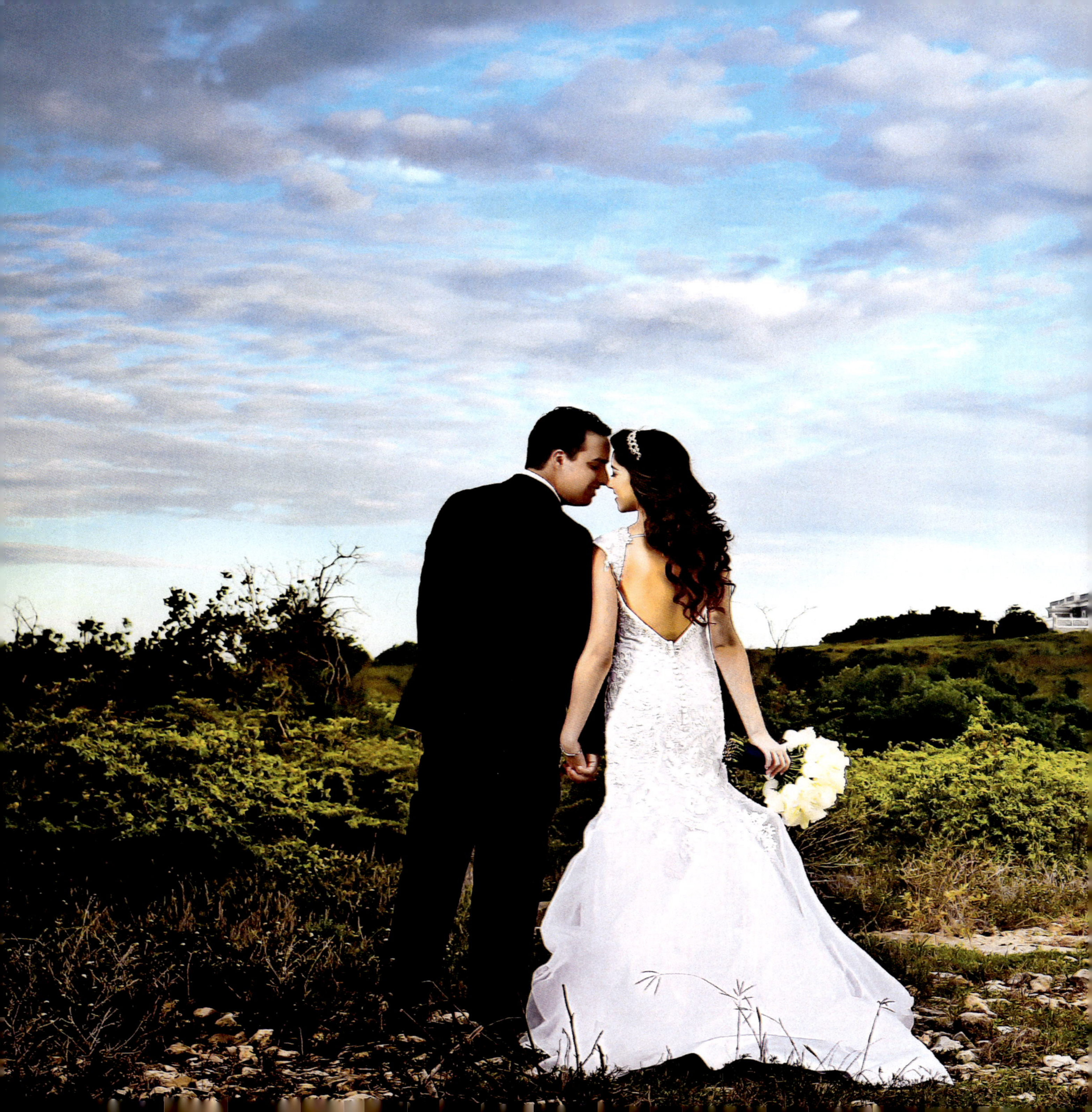

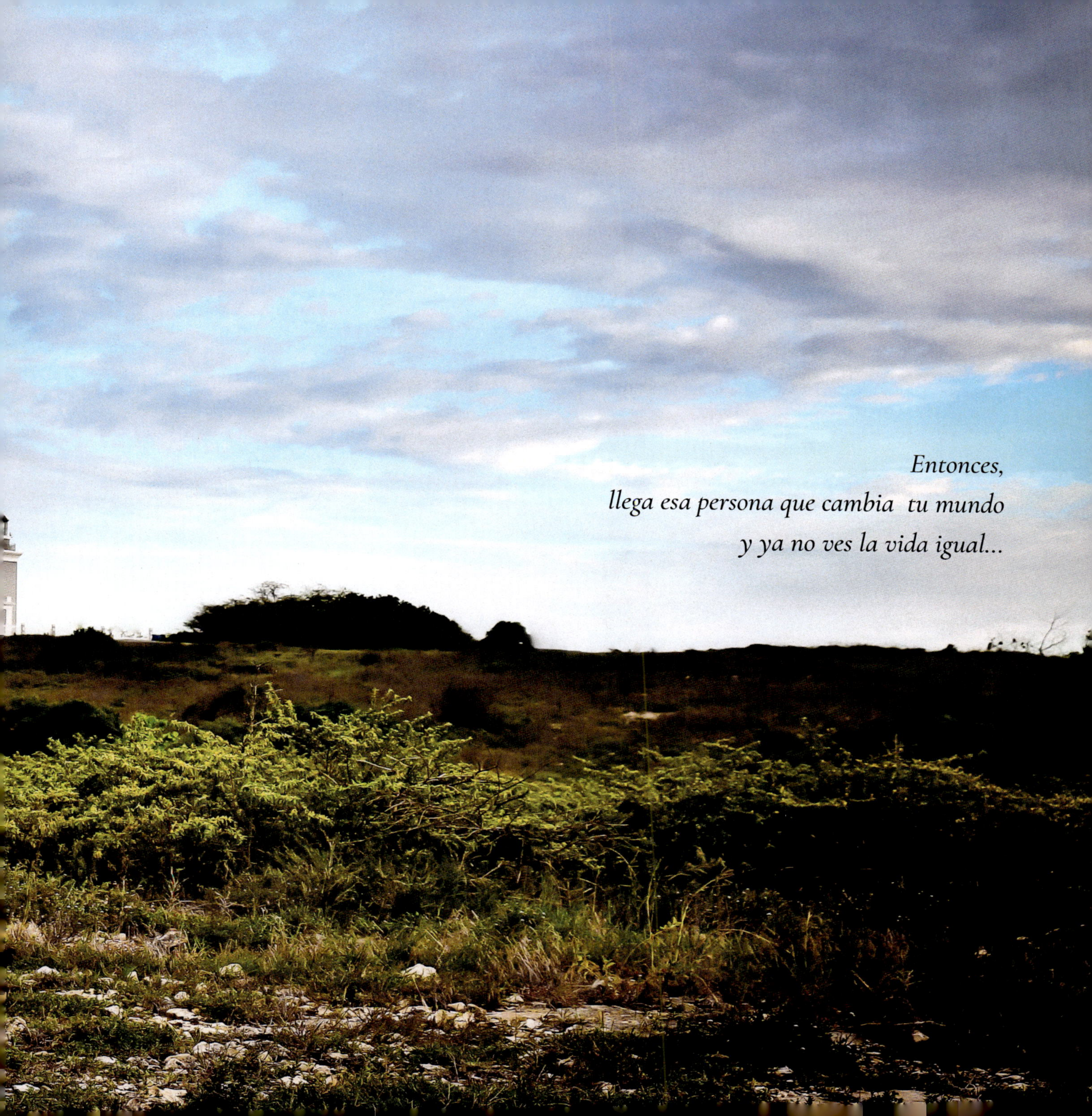

Entonces,
llega esa persona que cambia tu mundo
y ya no ves la vida igual...

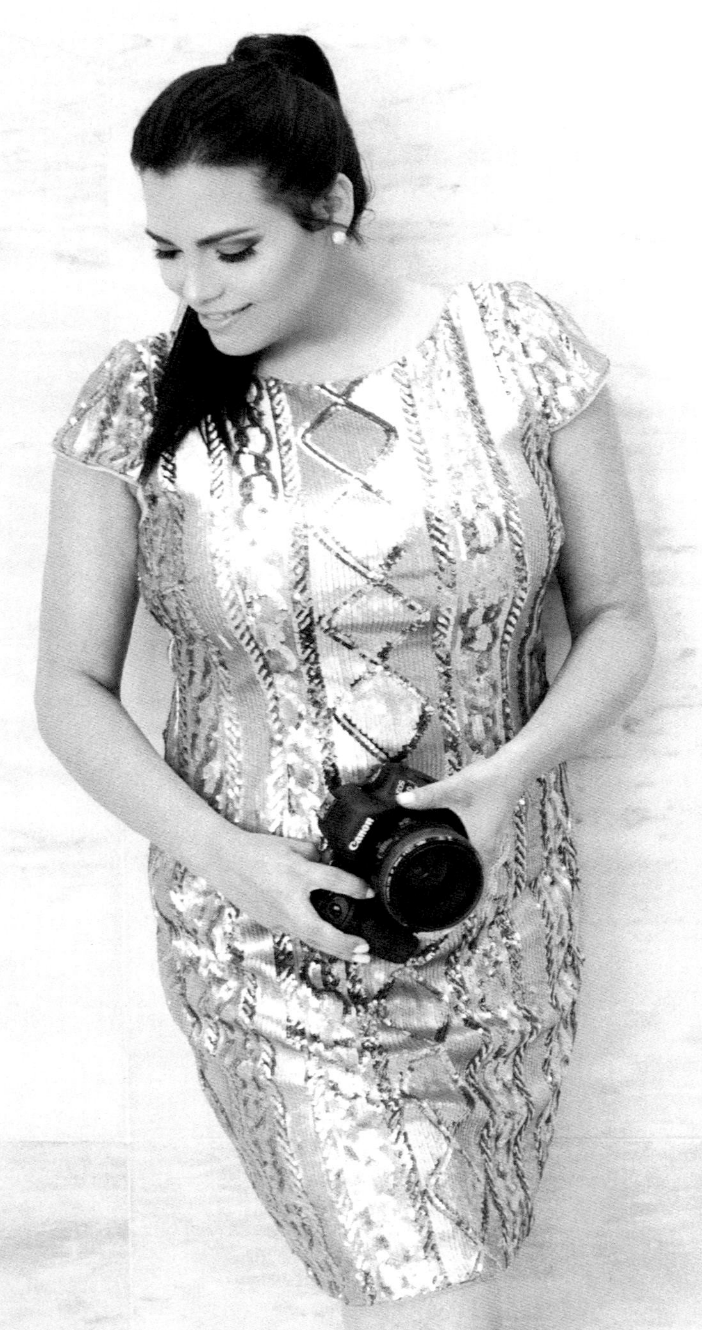

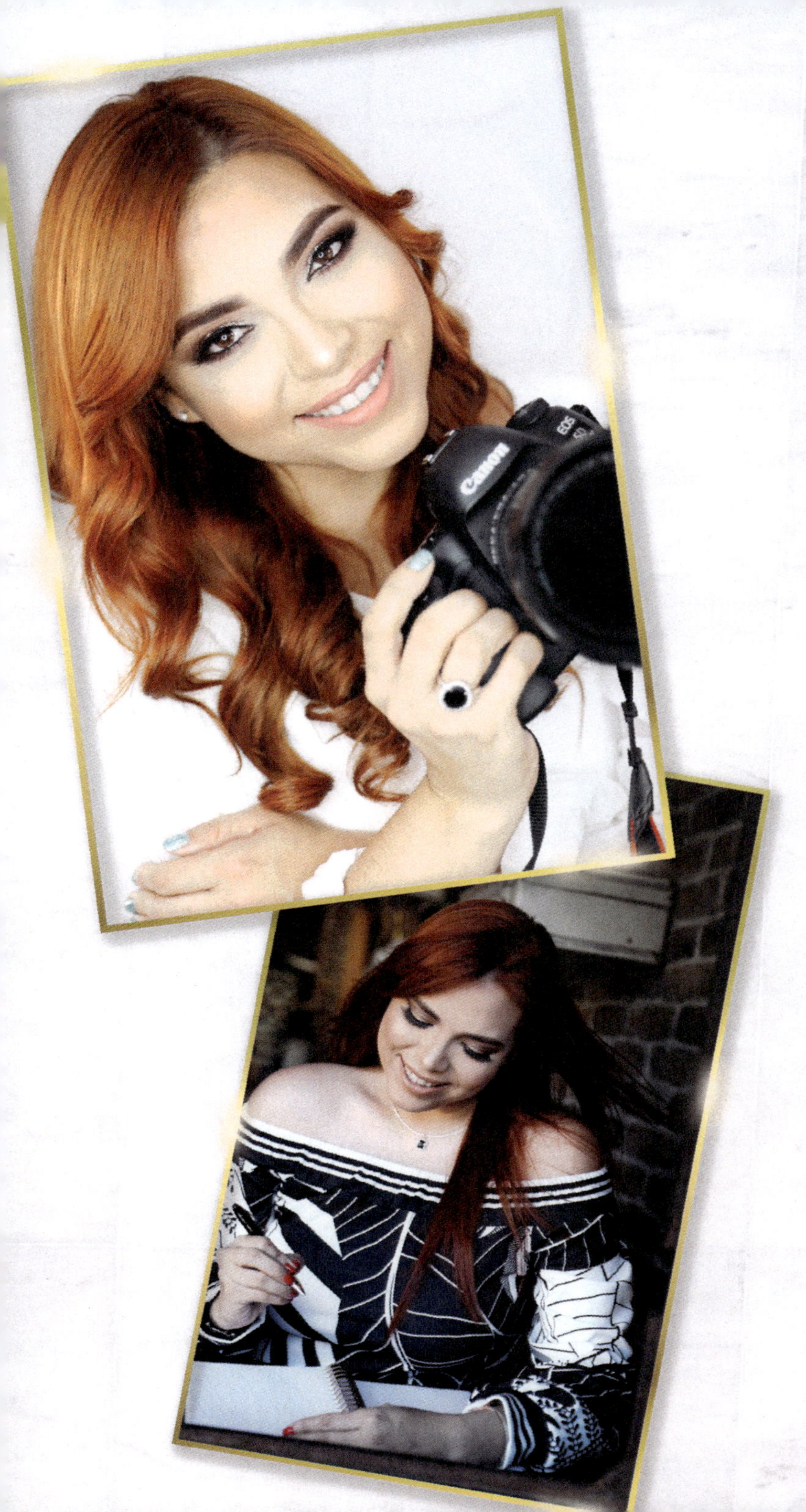

DEDICATORIA

A cada una de ustedes
que me dieron la oportunidad
de documentar el día soñado,
gracias por tanto:
ustedes son mi inspiración.

A todas las novias,
las que han sido y las que serán
capturadas por mi lente
para que cada emoción de este
momento encantado sea siempre viva.

Keren Concepción

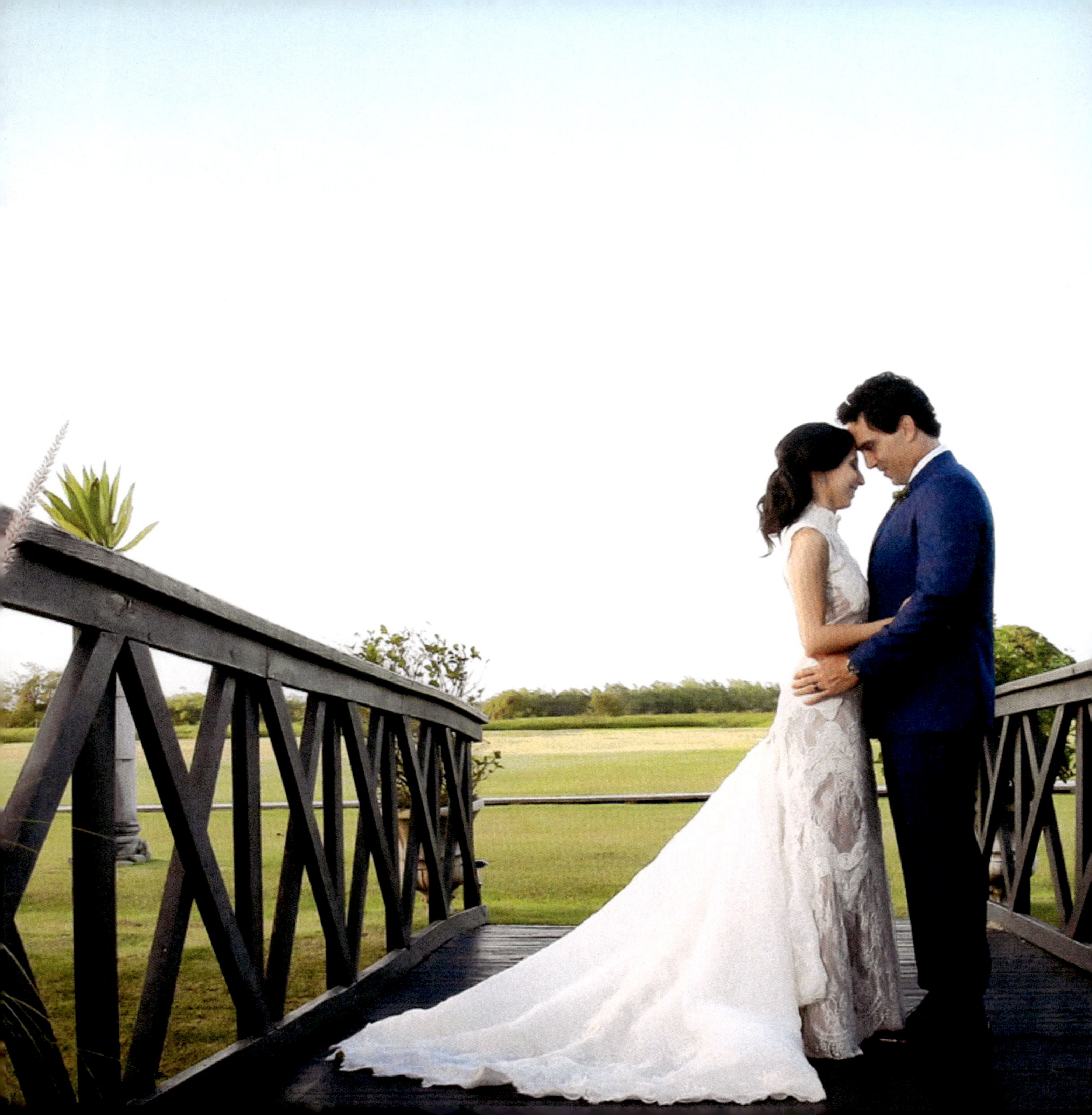

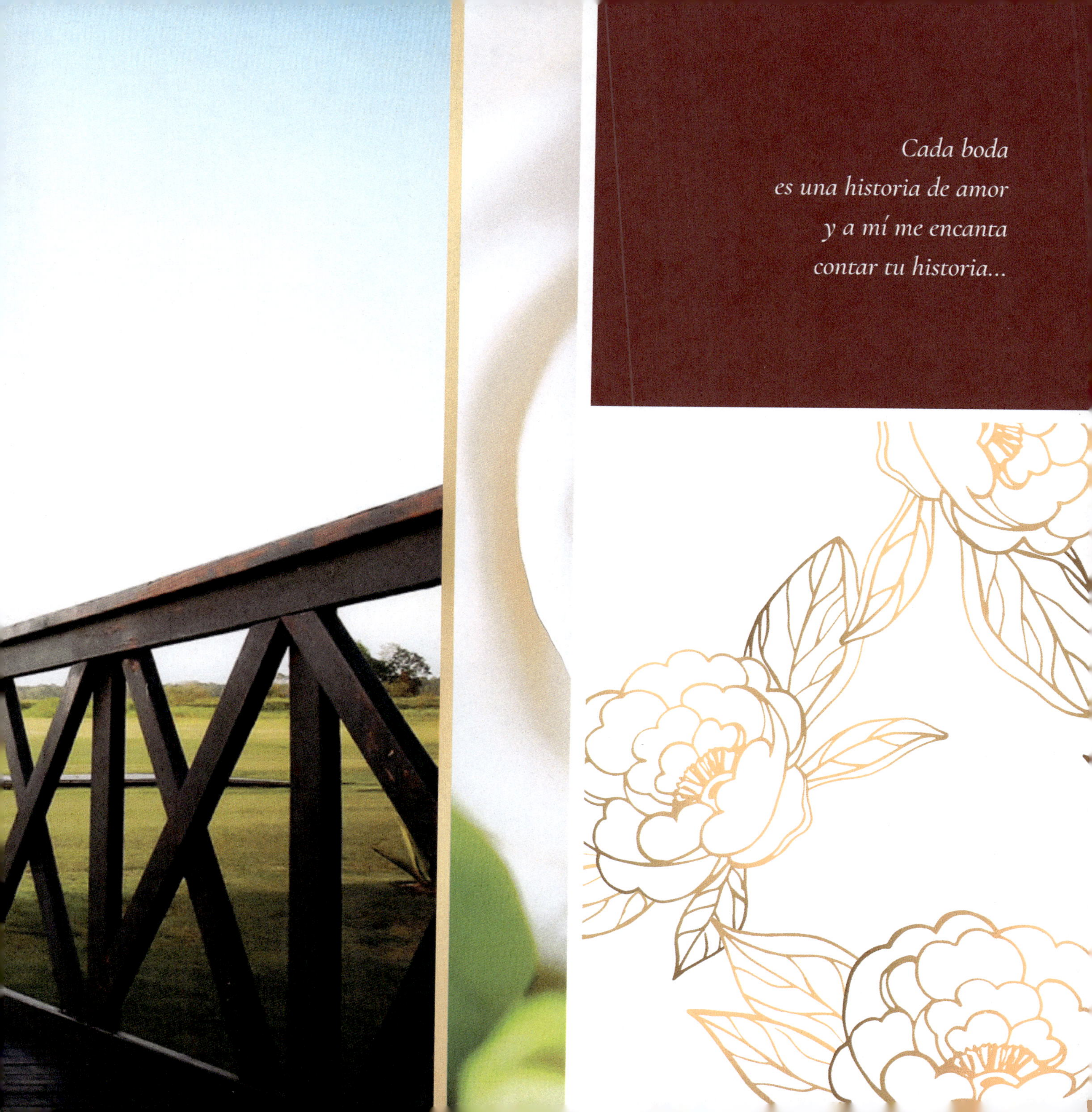

Cada boda
es una historia de amor
y a mí me encanta
contar tu historia...

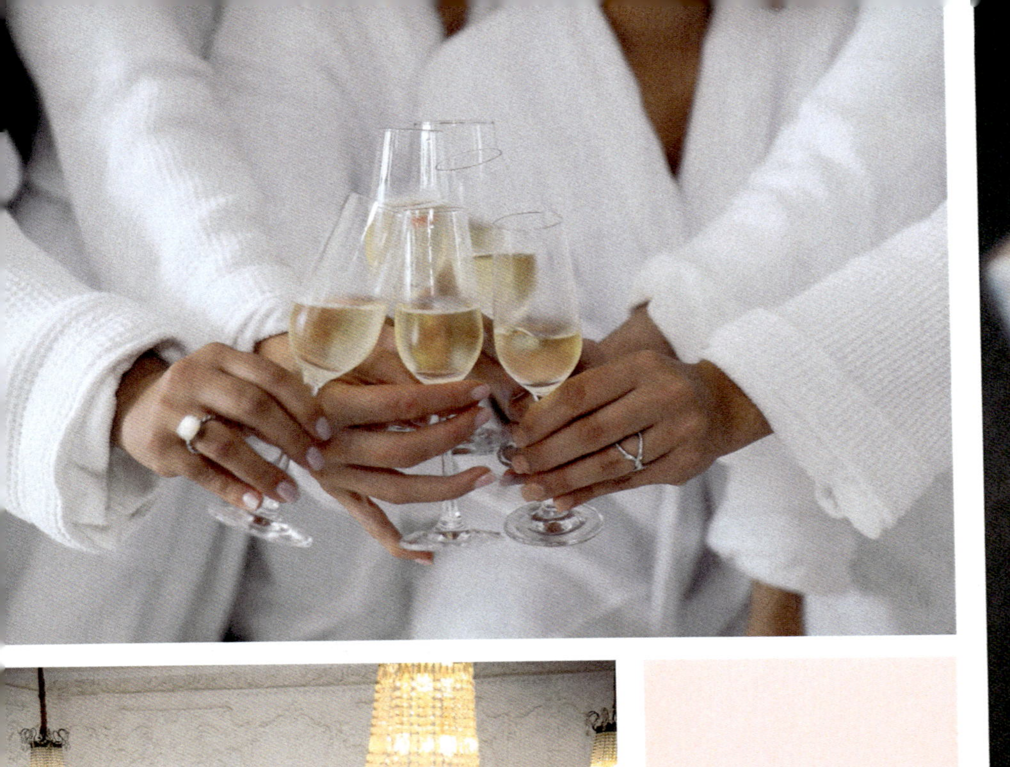
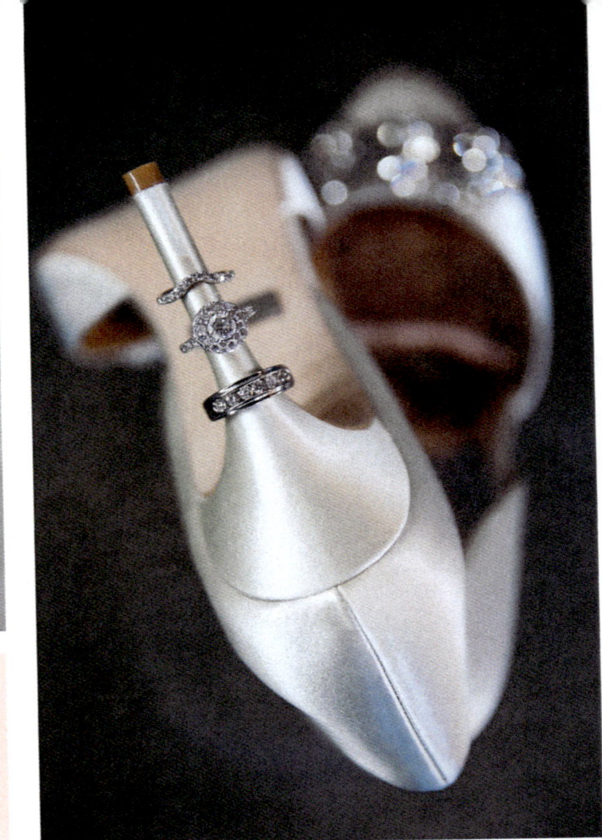
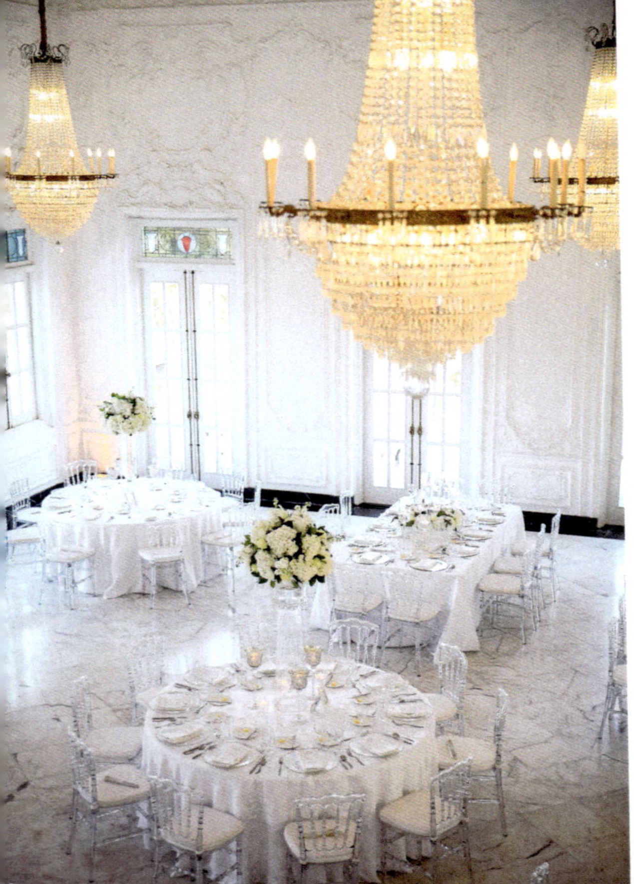
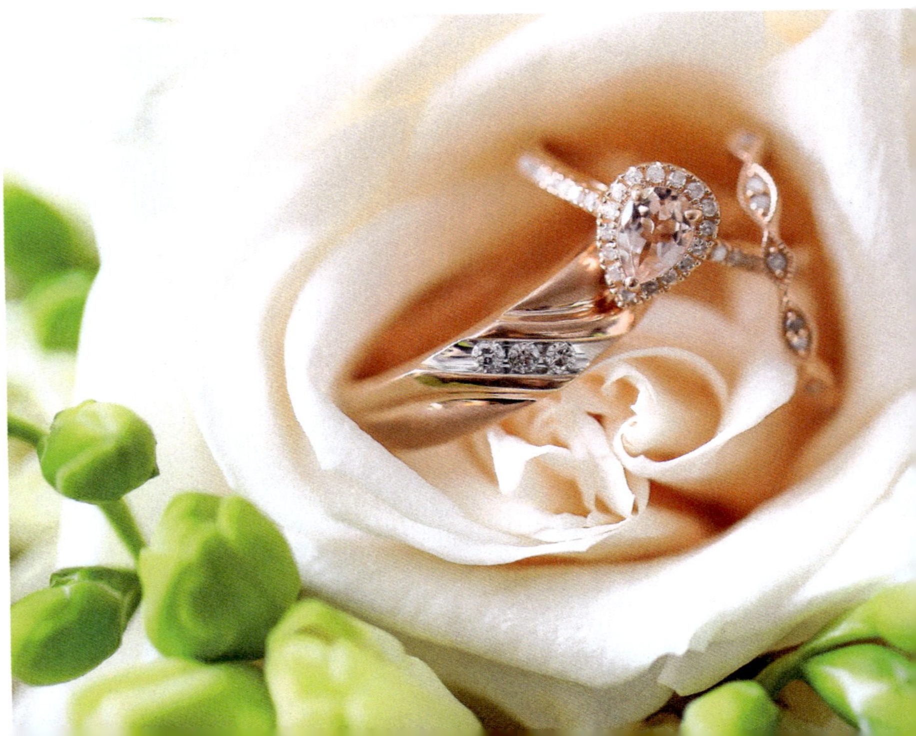

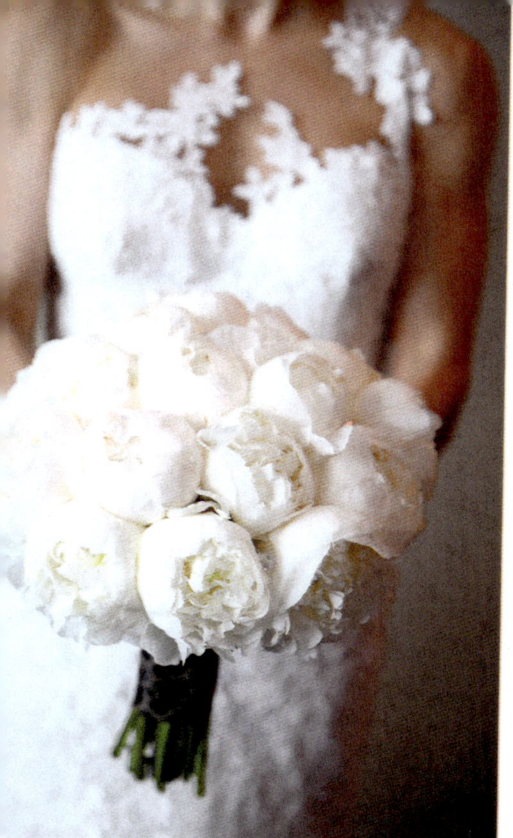

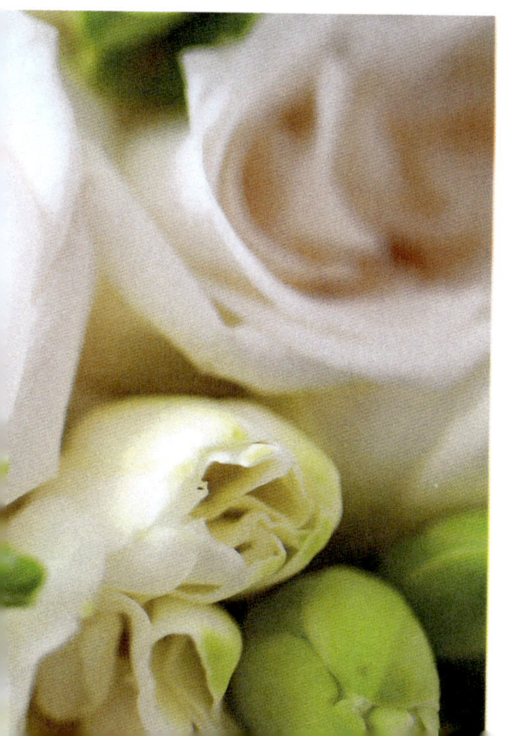

Imágenes que permanecen

El ser humano está en la constante búsqueda de la felicidad, ese estado de plenitud para el cual estamos creados y que nos hace especiales, sin embargo, el cúmulo de vivencias y recuerdos es la verdadera felicidad. Somos selectivos en lo que recordamos y continuamos viviendo de esas imágenes que permanecen.

Nacimientos, encuentros, graduaciones, logros, uniones... todos son propósitos que nos trazamos y que celebramos como meta alcanzada, pero el momento en sí se vuelve tan corto que, a veces, el cerrar los ojos no basta para volver a revivirlo. Precisamente eso es lo que ocurre con las bodas. Cuando las novias, parejas o familiares esperan con entusiasmo esta fecha, sueñan, planifican y hacen el mayor de los esfuerzos para que sea el día ideal, pero pasa demasiado pronto y no siempre tienen la oportunidad de recordar el detalle ni el momento preciso. Esa es la importancia de las imágenes capturadas por el fotógrafo que te acompañará ese día, así como tu conocimiento para saber lo que prefieres y lo que deseas recordar.

No es suficiente cargar la cámara y manejar el lente. Es imprescindible irradiar paz, confianza y sentir ese don de gente, ese calor humano y mirar con amor lo que se quiere capturar. Todo eso es lo que transmite Keren a cada uno de nuestros clientes.

Te invito a que disfrutes el contenido que encontrarás a continuación, un verdadero obsequio que nos da Keren Concepción, fotógrafa por pasión y profesión, que te servirá de guía y te ayudará a visualizar lo que verdaderamente deseas conservar como parte predilecta en la historia de tu vida. Disfrútalo y consérvalo. Sin lugar a dudas, será uno de tus mejores compañeros en la planificación de tu gran día.

Lizbelia Martínez Martínez
coordinadora de eventos sociales y corporativos
Life & Mentor Coach

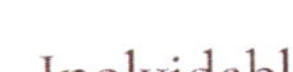

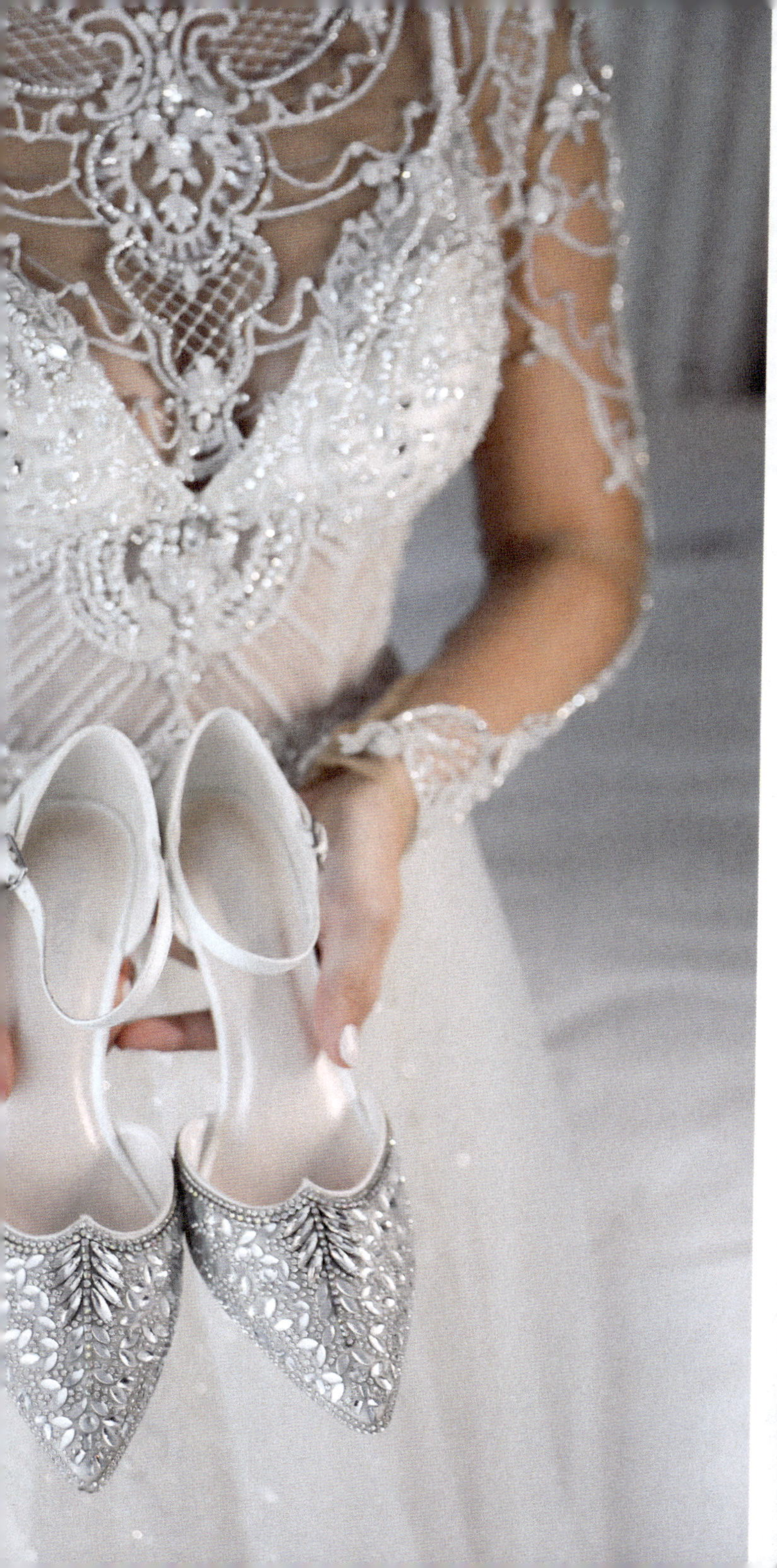

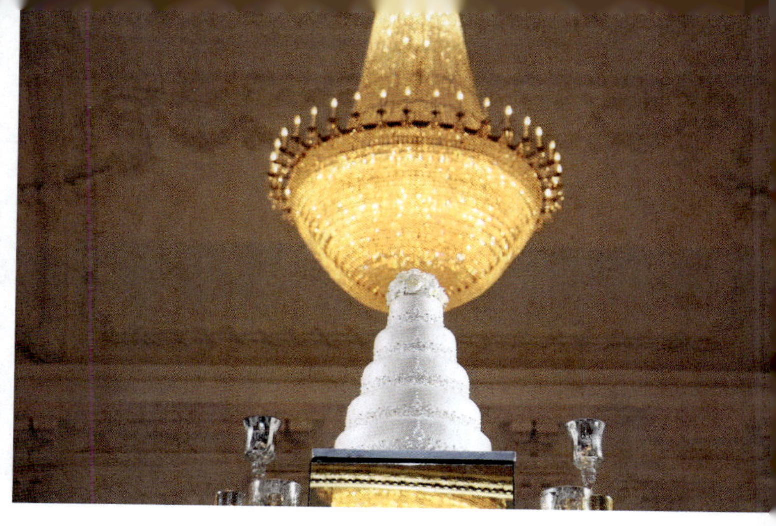

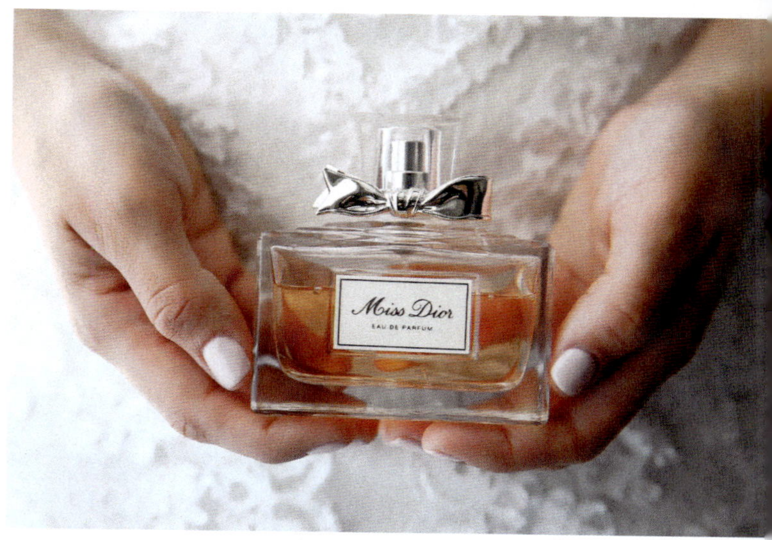
Miss Dior
EAU DE PARFUM

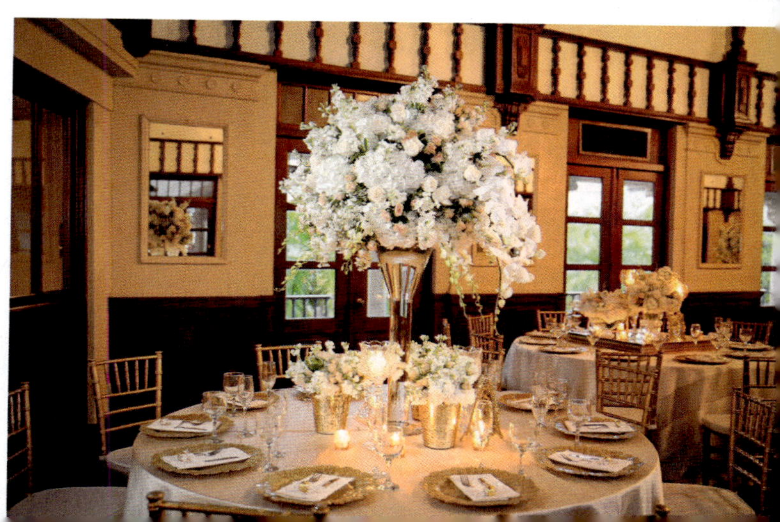

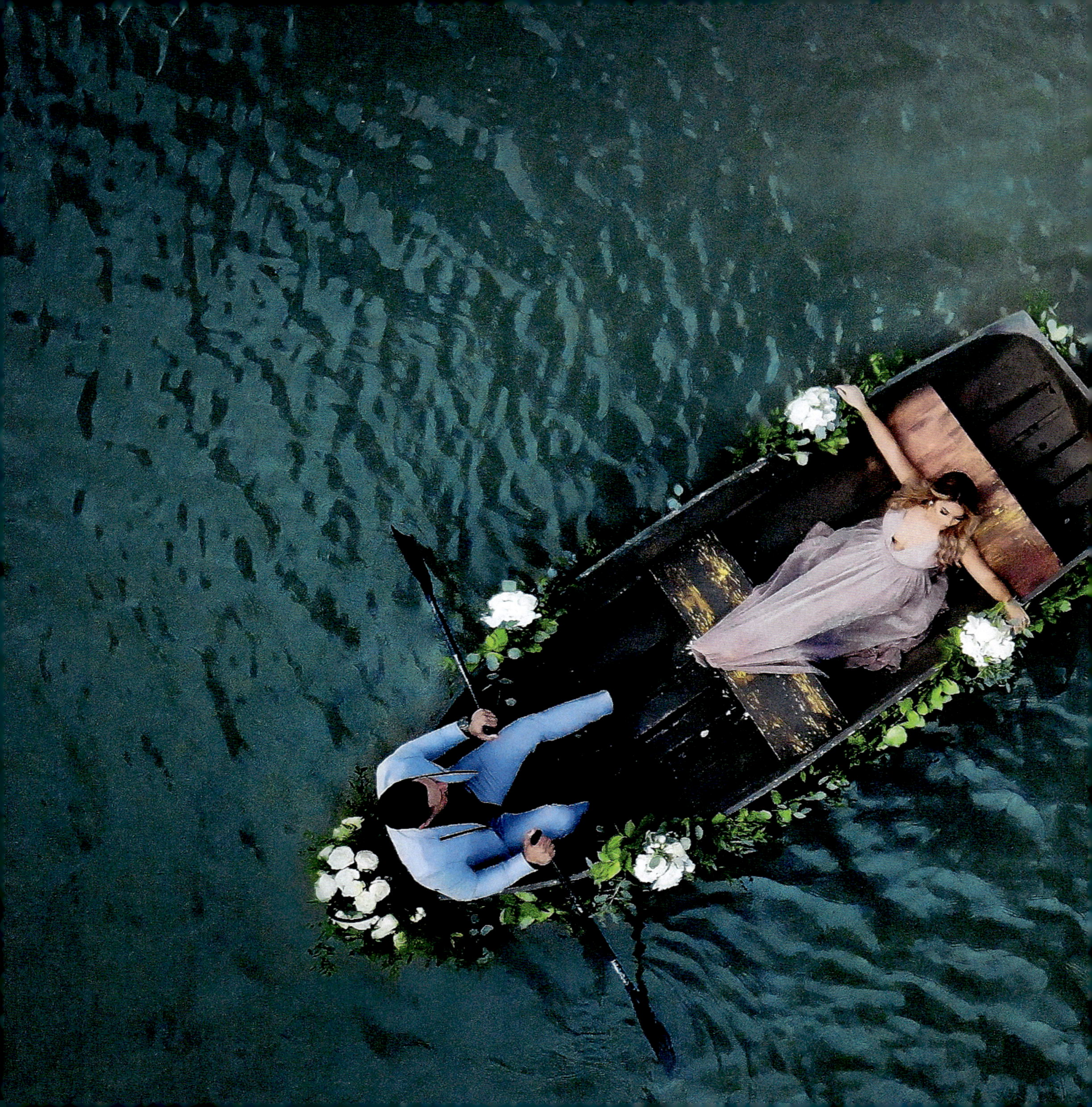

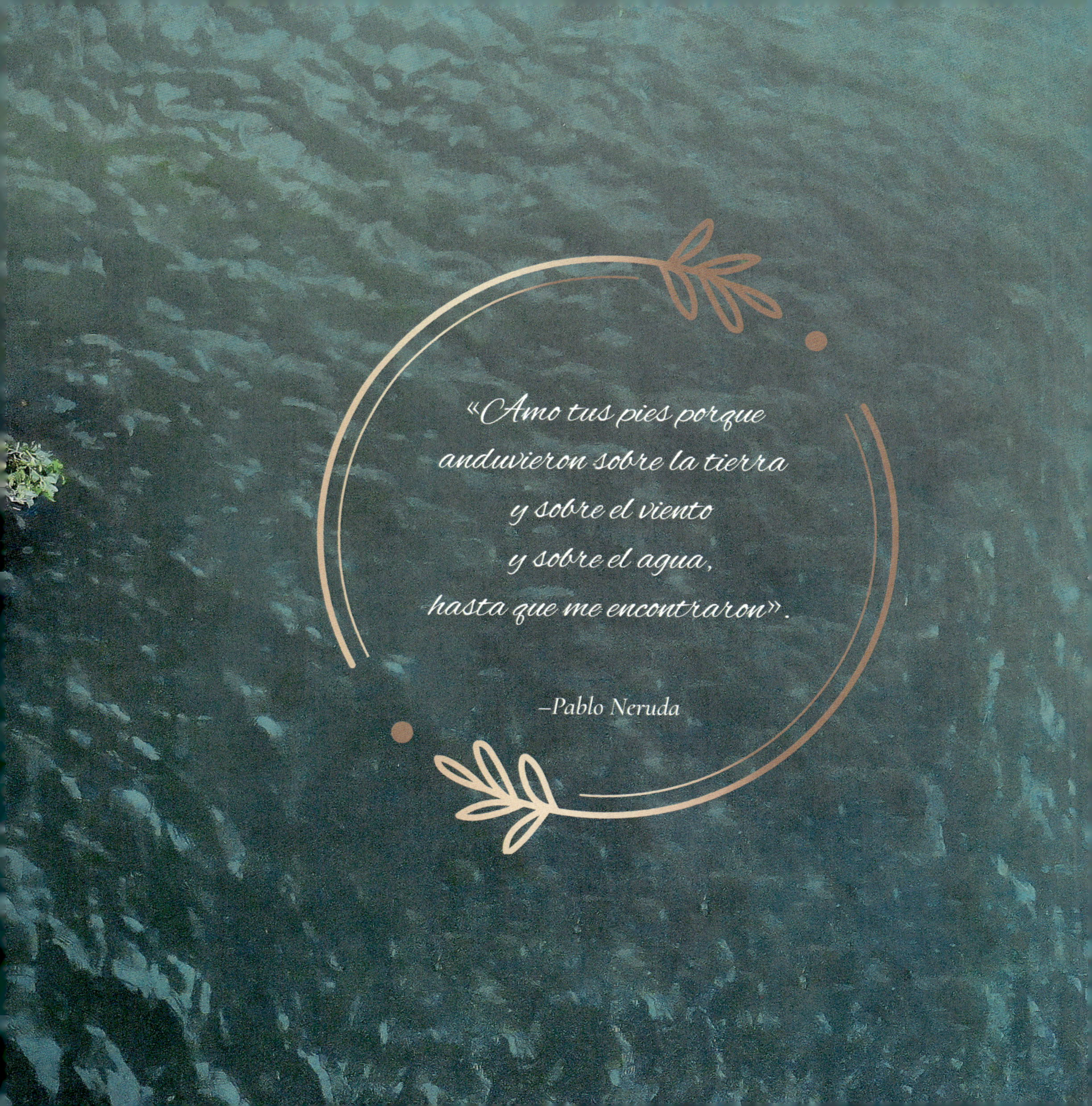
«Amo tus pies porque
anduvieron sobre la tierra
y sobre el viento
y sobre el agua,
hasta que me encontraron».
–Pablo Neruda

Introducción: ¡Felicidades por tu compromiso!

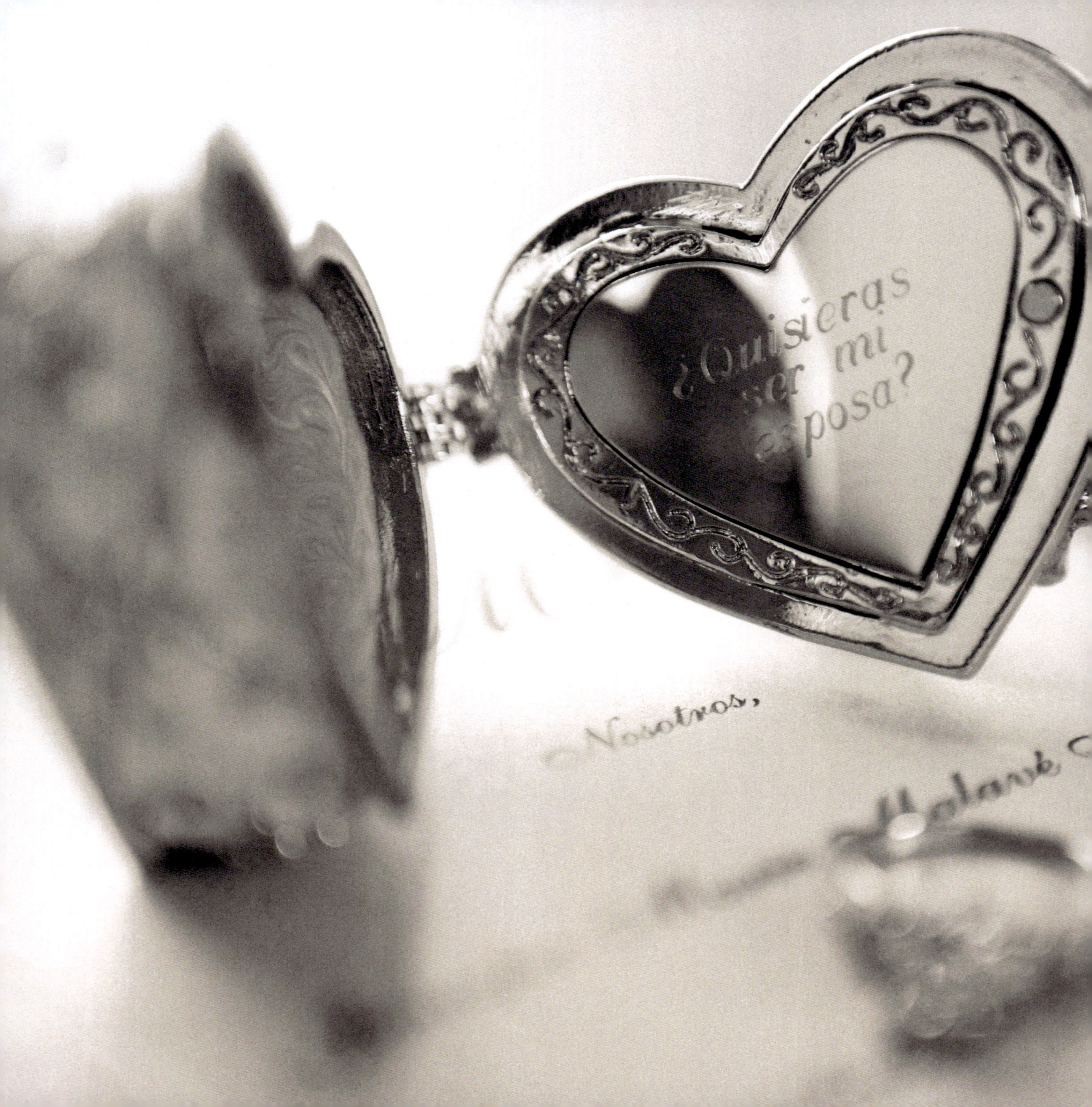
¿Quisieras
ser mi
esposa?
Nosotros,

Se avecina uno de los momentos más importantes de tu vida, ese acontecimiento que todas anhelamos, ese día mágico que es el comienzo de una nueva familia y la ilusión de un futuro junto a la persona que amas y que cambió tu mundo. Con la ilusión también llegan los nervios, los deseos de tener la boda que has imaginado y poder conservar su recuerdo con imágenes que sean el vivo reflejo de un día maravilloso, desbordado de emociones que sentirás por primera vez.

Son muchos los detalles: el vestido, el lugar de la celebración con la familia y los amigos, el pastel de boda, la coordinación perfecta, los anillos, la ceremonia civil y religiosa, la música, la comida, la bebida, la decoración, la fotografía, el vídeo y otros detalles superimportantes para que tu boda sea tal como la sueñas.

Una vez te comprometes, lo primero que haces es buscar inspiración. Programas tu mente para comenzar a tomar decisiones: *¿Qué vestido llevaré puesto?, ¿qué colores y flores quiero?* Te das cuenta de que llegó el momento, de que es real: *¡Wow... me caso!;* y comienza tu búsqueda en Internet, accedes las redes sociales como Instagram y Facebook, compras libros y revistas de bodas, comienzas a mirar diseños, estilos, ideas y te imaginas como una de esas novias hermosas. Con todas estas imágenes, construyes tablas de visualización o *vision boards* y comienzas a inspirarte en otras bodas para crear la boda de tus anhelos. Es en ese momento cuando este libro te va a ayudar.

Para muchas novias, las fotos de boda son prioridad y no es para menos. El día de tu boda pasa muy rápido. **En un abrir y cerrar de ojos se acabó lo que planificaste durante meses o más de un año. Lo único que te queda de ese día tan maravilloso son tus fotos.** Con este libro visualizarás tu boda y todo el proceso desde el punto de vista fotográfico. Así podrás asegurarte de que al final, tendrás la mayor cantidad de imágenes que reflejen el espíritu de ese día especial para ambos.

Si tienes este libro en tus manos, tu prioridad es tener el mejor recuerdo de tu boda. A través de él, prometo llevarte, paso a paso, para que hagas contacto con el ojo artístico de un profesional, quien creará las imágenes más hermosas que puedas conservar en el álbum que contará tu historia.

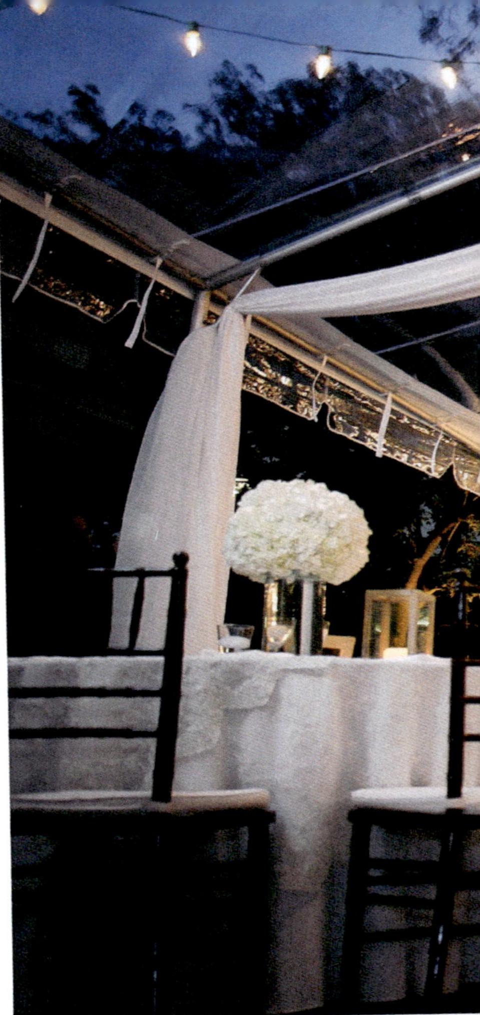

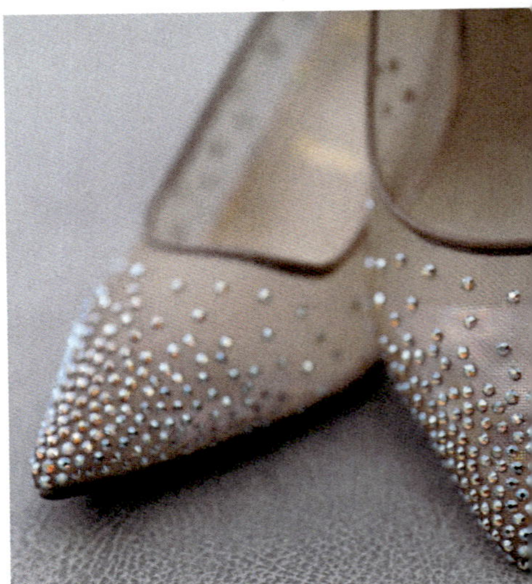

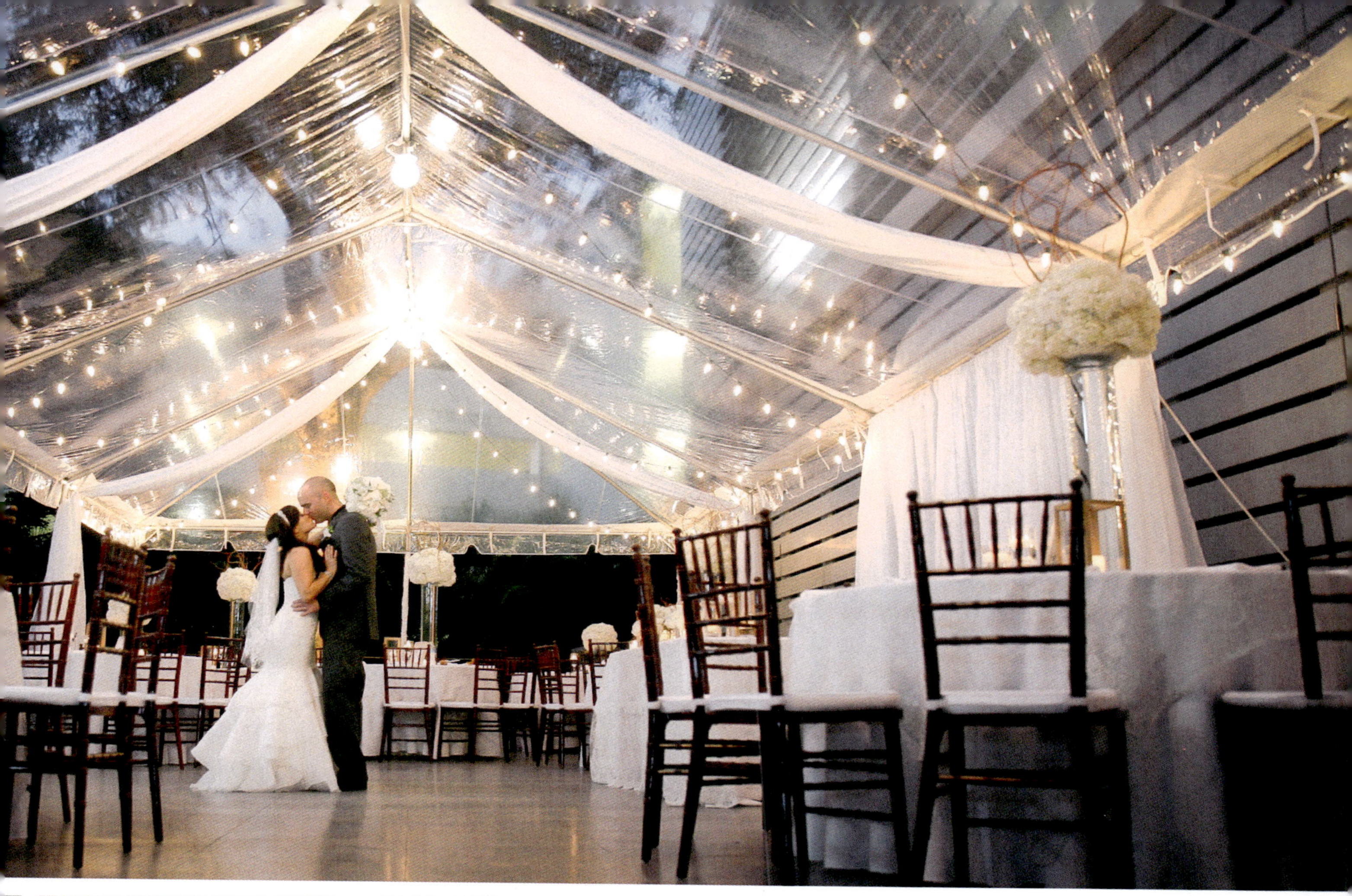

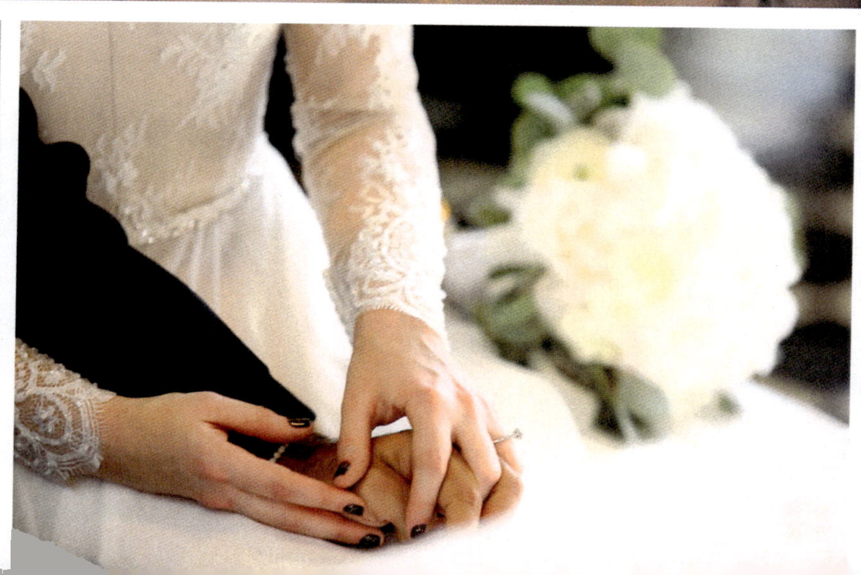

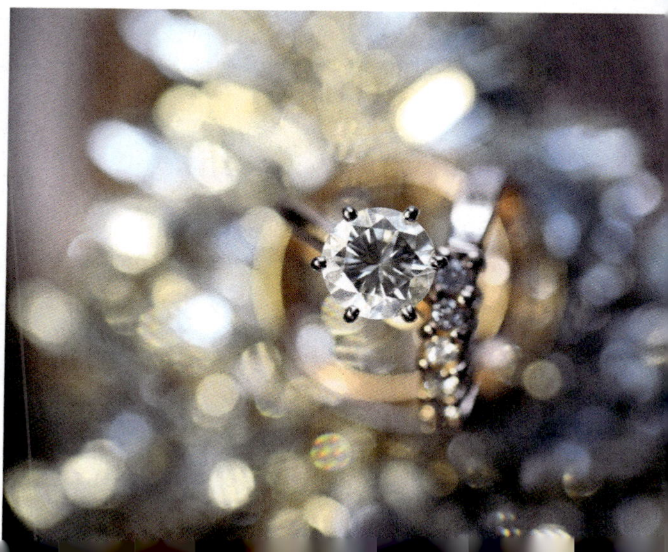

Te quiero contar mi experiencia

Yo también fui novia... planifiqué mi boda en aproximadamente siete meses, pero mi experiencia no fue la mejor. Tuve momentos en que hacía llamadas con mucha ilusión para obtener información sobre algún servicio fotográfico y el trato que recibía era horrible. Recuerdo una ocasión en que contacté a un fotógrafo porque su trabajo me encantaba. Cuando hablé con él, mostró una actitud muy altanera. Mi percepción cambió totalmente, sus fotos ya no me parecían tan lindas. Sabía que esa persona estaría junto a mí todo el día de la boda y no encontraba ese clic. Fue frustrante. Esa experiencia se repetía; cada vez que llamaba, recibía exactamente el mismo trato o peor. Cero servicio, nada de empatía. Me decepcioné porque no estaba teniendo la experiencia que esperaba. A pesar de todo, seguí intentando hasta que finalmente encontré el fotógrafo ideal para mi boda. Su trabajo fue muy bueno. Sin embargo, si hubiera tenido una mejor orientación o el conocimiento que tengo hoy, mi historia hubiera sido muy distinta.

A través de los años en esta profesión, he recibido muchos mensajes con historias de terror: el fotógrafo no apareció o desapareció sin dejar rastro y se quedaron sin fotos de su boda; o el día de su boda enviaron a alguien sin experiencia y el resultado fue un desastre total. Historias de novias arrepentidas por no haber dedicado más tiempo a hacer una selección más cuidadosa del servicio fotográfico. Historias de momentos penosos como el mío, y que no quiero que te pasen a ti. Cuando tuve aquella experiencia, me prometí hacer todo lo posible para que otras novias pudieran vivir con ilusión el proceso de búsqueda

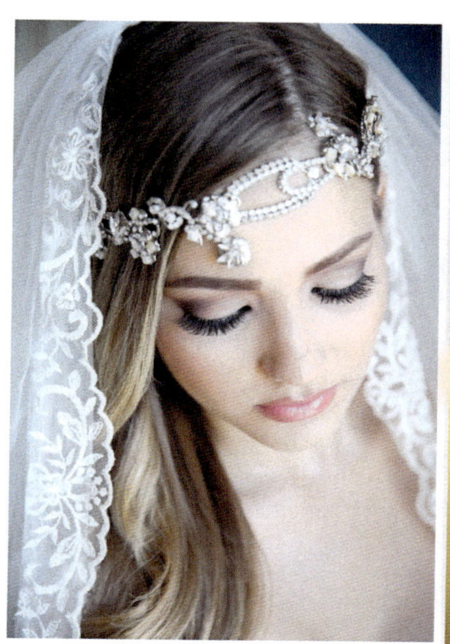
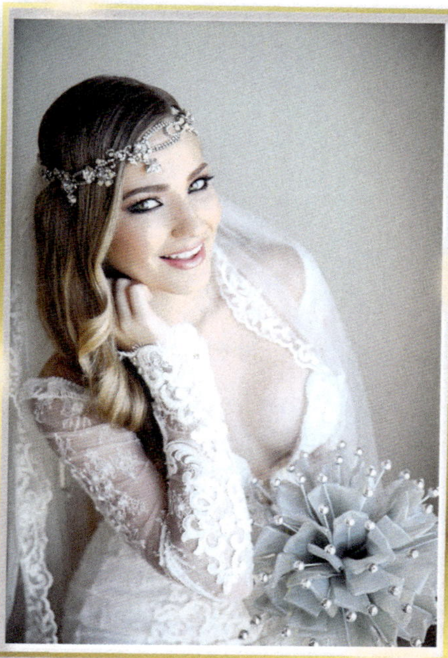
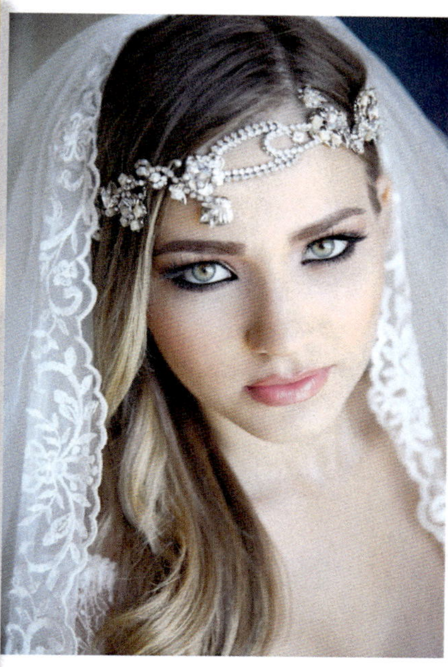

y coordinación del servicio fotográfico, para que se sienta tan especial como lo es la misma boda en la vida de los novios.

Nunca imaginé que esta experiencia me conduciría a ser hoy una fotógrafa apasionada con las bodas. Bueno, realmente desde pequeña me apasionaban las bodas y la fotografía. Pasaba largas horas entretenida viendo revistas de novias y los artículos de boda de la sección de sociales. Soñaba con ellas. Me encantaban y me fui enamorando de ese mundo. ¿Quién me habría dicho en aquel entonces, que hoy iba a poder contar a través de mi lente, la historia de cientos de bodas que llegaron a ser publicadas en revistas? Que, además, tendría la oportunidad de fotografiar para numerosas portadas y escribir diferentes artículos para novias en periódicos y revistas especializadas; y, como si fuera poco, que me iba a disfrutar cada experiencia con los mejores clientes del mundo. Doy gracias a Dios y a la vida que me permiten vivir mi sueño, mi propósito, haciendo lo que amo y me llena. Y para culminar tanta dicha: hoy puedo llegar a ti, a través de este libro. En él comparto todo lo que he aprendido durante más de 15 años en la industria de bodas y eventos. **Encontrarás información que te guiará y ayudará en la planificación de tu boda teniendo en mente tus fotos, además de recomendaciones para la elección de tu fotógrafo y otros detalles relacionados para que puedas tomar mejores decisiones.** Mi visión es apoyarte para que tengas conocimiento de antemano de lo que puedes esperar, de manera que el proceso sea insuperable. Todo va dirigido a que el día de tu boda puedas tener la mejor experiencia fotográfica y una colección de imágenes memorables.

Vivo agradecida,

-Keren

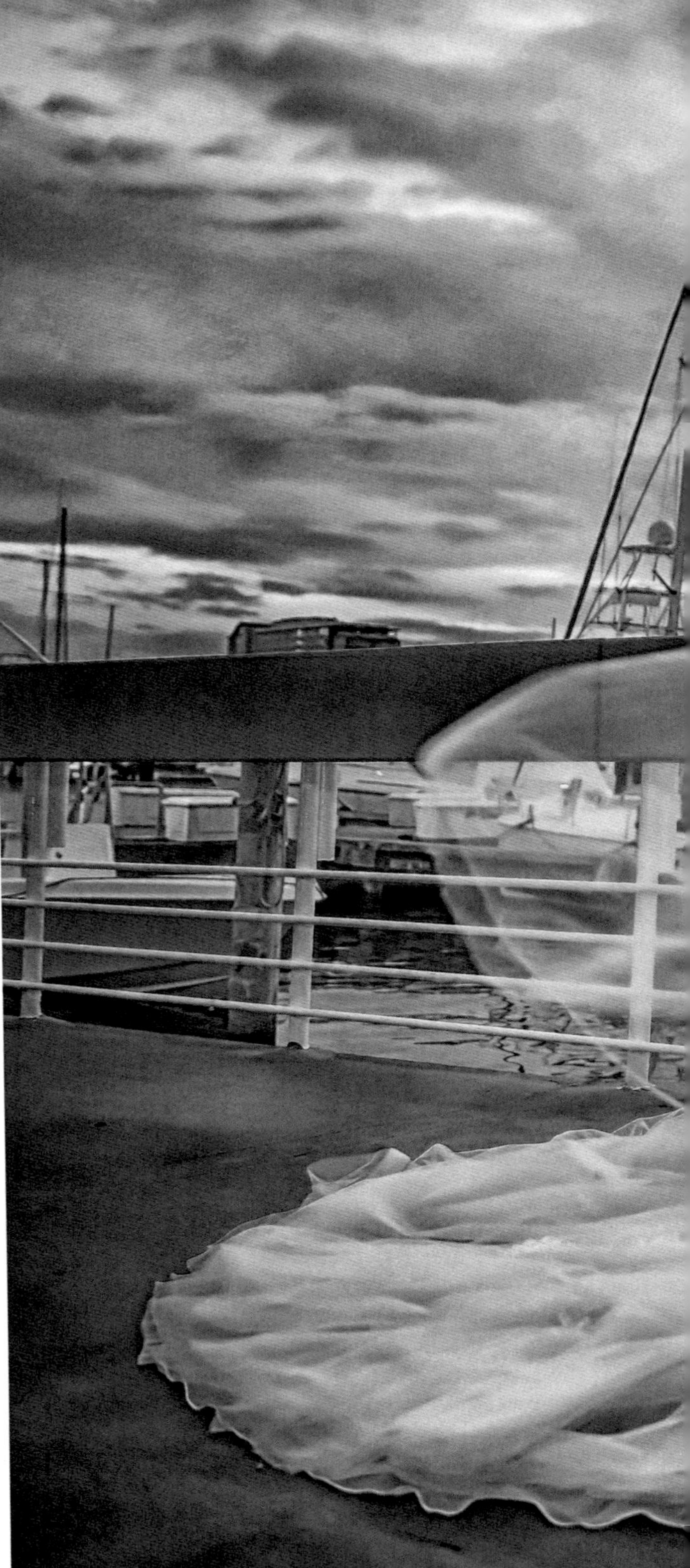

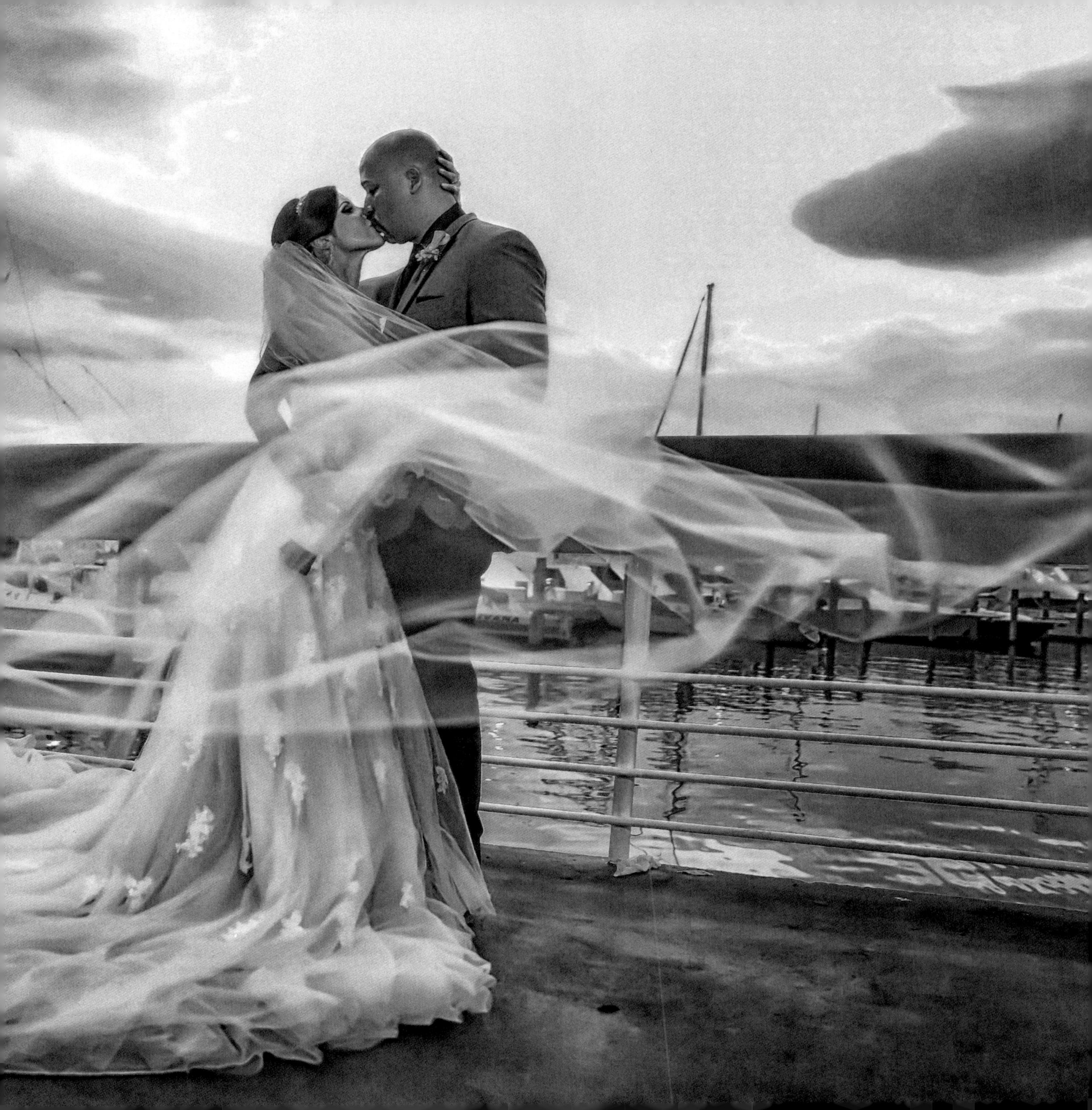

Primer enfoque:

¡Te casas!

1
Dedica tiempo
para elegir al mejor
fotógrafo para ti

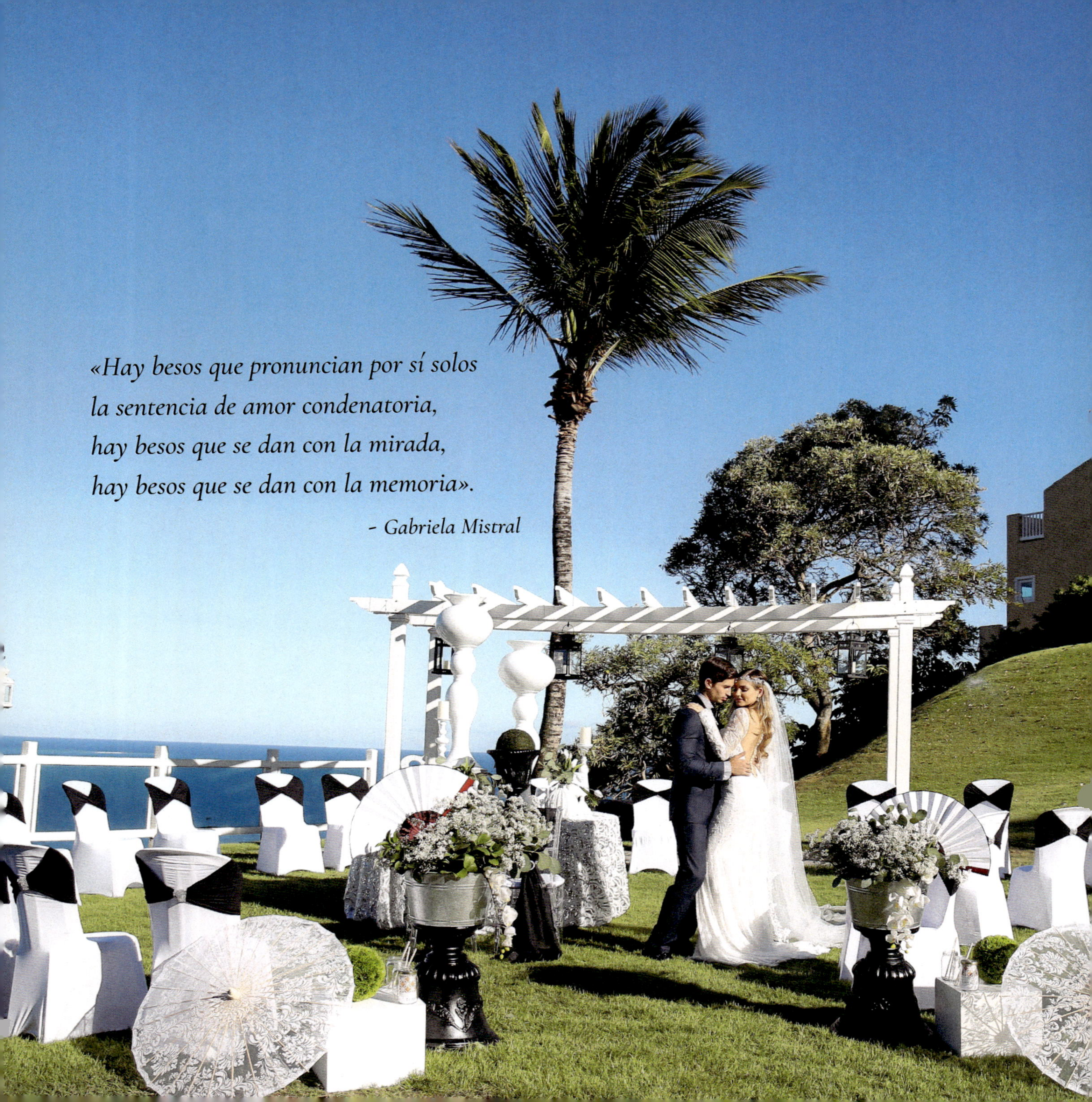
«Hay besos que pronuncian por sí solos
la sentencia de amor condenatoria,
hay besos que se dan con la mirada,
hay besos que se dan con la memoria».
- Gabriela Mistral

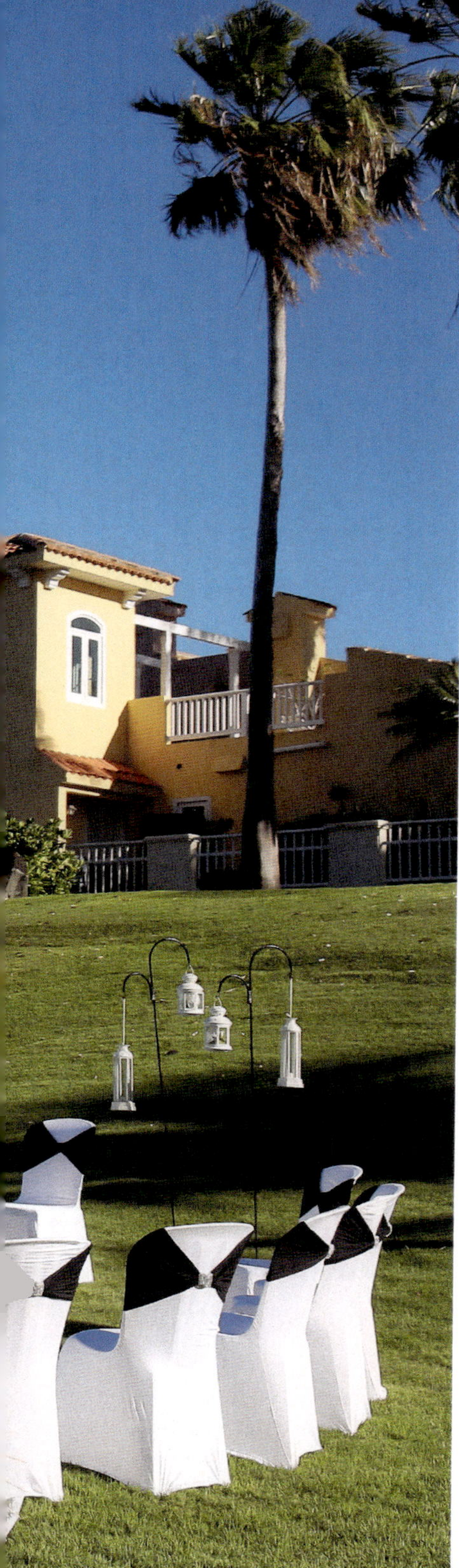

Si las fotos son una prioridad para ti, te felicito... vale la pena tener un gran recuerdo de uno de los acontecimientos más trascendentales de tu vida. Por eso, la fotografía es una de las inversiones más importantes y necesarias. Luego de haberlo planificado tanto, el día de tu boda pasa muy rápido y con el tiempo, se nos dificulta recordar los detalles. Sin embargo, todo quedará grabado en tus fotos para la posteridad, para que puedas revisitar la emoción de ese día en cualquier momento de tu nueva vida en pareja.

Al planificar tu boda, propicia el ambiente perfecto para tus fotos y ten presente que el fotógrafo es la persona encargada de estar junto a ti todo el día, capturando los momentos más significativos para plasmarlos en imágenes que inciten los recuerdos a través del tiempo. Es por esta razón que la búsqueda de este profesional, su selección acertada y planificación fotográfica es indispensable.

La fotografía es un arte, por lo tanto, una persona que oprima un botón y tome fotos no necesariamente es un artista de la fotografía. Como artistas, vemos la vida de forma

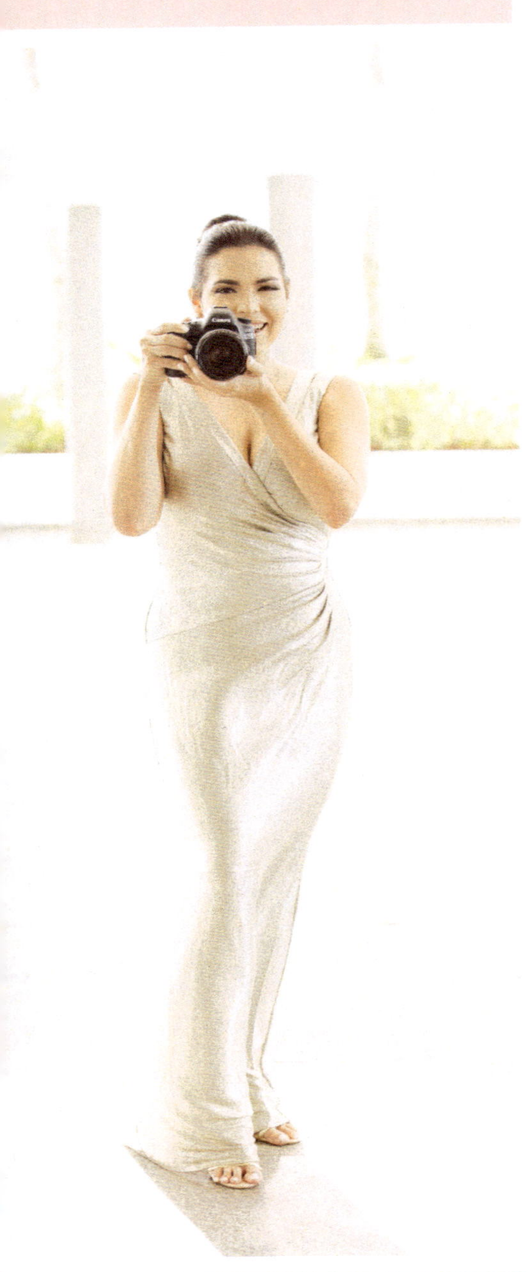

particular y, sobre todo, vemos la luz de forma distinta. Recuerdo una mañana que, de camino a mi trabajo, me encontré varias escenas y me impresionó cómo la luz impactaba cada una de ellas. Quizás alguien solo vería sombras y se molestaría porque no ve bien el camino, pero yo estaba maravillada porque veía belleza y visualizaba en cada una, una foto perfecta, llena de luz. En ese momento, me di cuenta de que miraba la vida desde otro punto de vista; veo la luz, las sombras, los reflejos, los contrastes, los colores... desde una perspectiva distinta. Eso es lo que hace a los fotógrafos profesionales: crean con agudeza visual composiciones de la realidad que transforman en arte. **Para lograrlo, se requiere estudio, experiencia y talento.**

Una boda es la oportunidad de plasmar en fotos ese momento especial buscando el mejor ángulo, la mejor composición e iluminación para crear el mejor recuerdo de ese momento.

Como te mencioné anteriormente, **los fotógrafos somos artistas y como tal, todos pintamos de manera única con nuestra cámara. Vemos la luz de forma diferente.**

Si fueras a contratar a un pintor para que haga una obra de arte de tu boda, ¿qué harías? Seguramente te fijarías en sus trabajos anteriores y en su técnica y estilo. Básicamente haces lo mismo cuando vas a seleccionar un fotógrafo.

¿CUÁNDO DEBES BUSCAR A TU FOTÓGRAFO?

Una vez hayas seleccionado la iglesia y el lugar de la recepción es el momento para comenzar la búsqueda del fotógrafo. ¿Por qué? Muchos fotógrafos ya están comprometidos desde ocho meses hasta un año antes del evento. Si no empiezas de inmediato, corres el riesgo de que ya no tengan disponible la fecha de tu boda. **La ventaja de hacer las cosas con tiempo es que puedes elegir lo que realmente te gusta y evitas tener que escoger a última hora entre las opciones que queden disponibles y que no sean las mejores para ti.**

Elegir tu fotógrafo es una de las decisiones de mayor envergadura que vas a tomar y requieres darle la importancia que tiene. **Recuerda que el día de tu boda no se repetirá y mereces tener un gran recuerdo.** Para que puedas hacer la elección más acertada, tu trabajo consistirá en dedicar tiempo para apreciar el trabajo de distintos profesionales

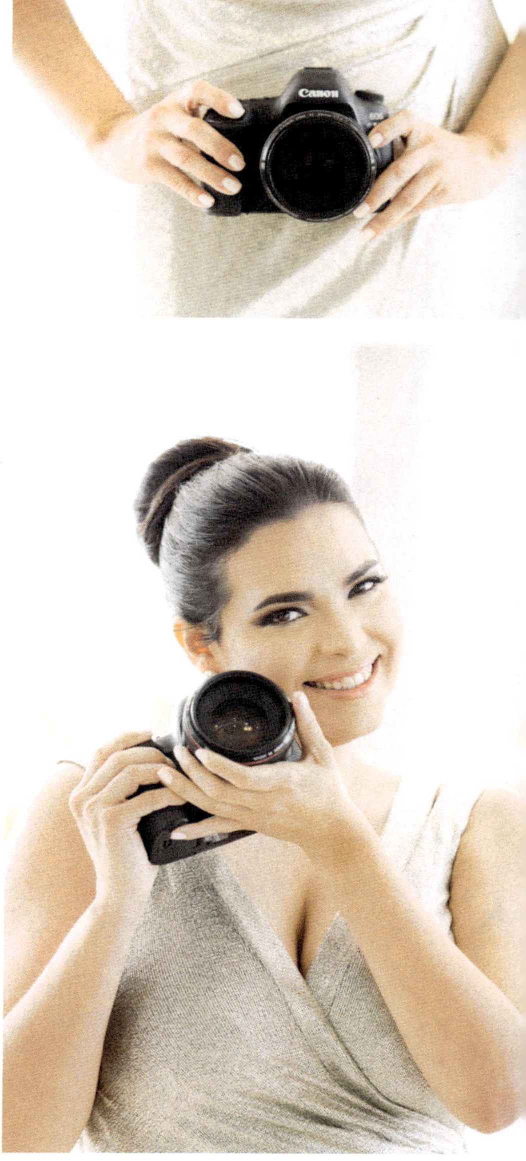

del lente. Toma consciencia del profesional que vas a elegir. Es importante que te fijes en cómo utiliza la composición, la iluminación y su dominio del equipo fotográfico. La cámara es el instrumento, pero no es lo más importante. He visto imágenes insuperables tomadas con equipos que no son costosos. **El talento es el que crea el resultado.** Lo que tiene mayor peso es el conocimiento y las destrezas del artista que estará a cargo. Unas brochas caras no hacen al maquillista. Cada fotógrafo *pinta* diferente, tiene un estilo propio y le aporta su toque distintivo a cada evento. La cámara es el pincel y el álbum es el lienzo. Cuando elijas, elige bien... porque **cada boda es LA BODA,** y es importante saber si el fotógrafo que estás escogiendo siente la responsabilidad de cubrirla como si fuera única... porque lo es.

Luego de identificar los fotógrafos que más te gusten, dedica tiempo para conocerlos. Algo que quizás no tomarías en cuenta es la personalidad del fotógrafo. Siempre recomiendo que pautes una reunión e identifiques si tienen química, si hacen clic. Será la persona que tendrás más cerca el día de tu boda, debe haber armonía para que todo fluya. Créeme, esto es fundamental.

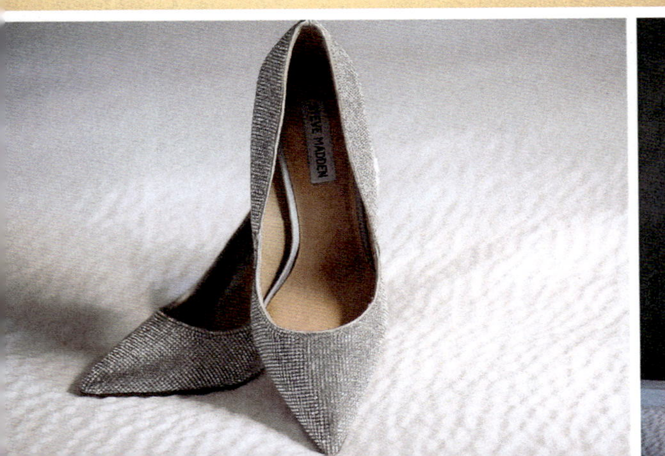

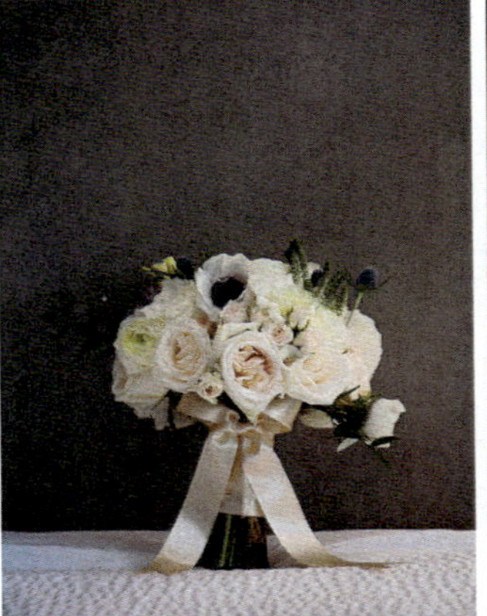

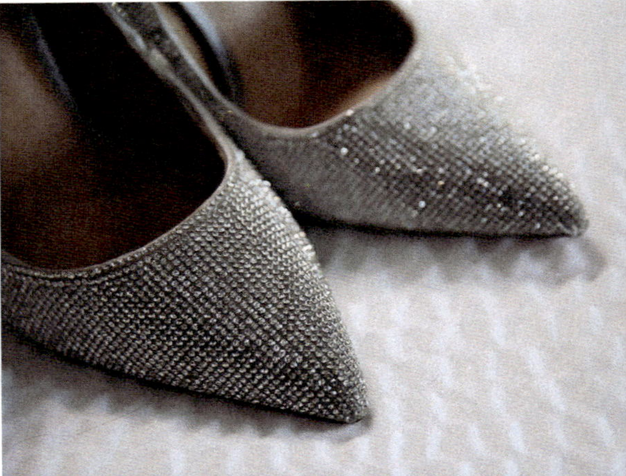

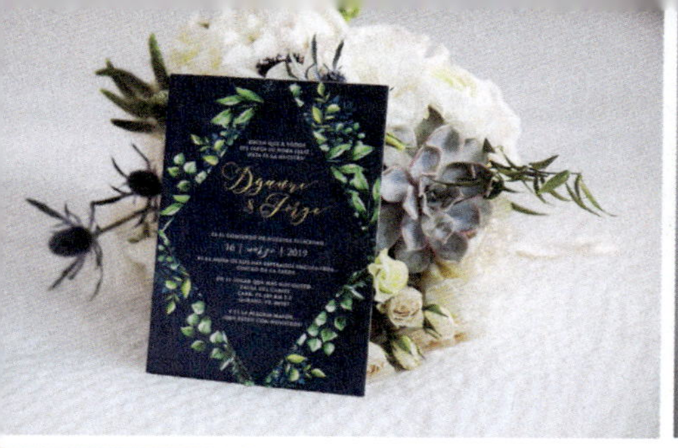
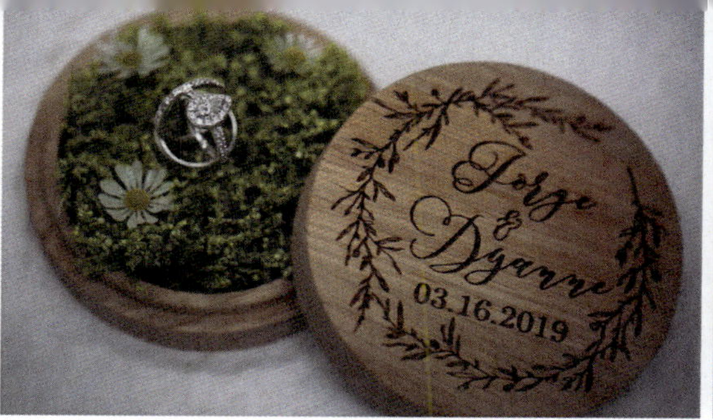

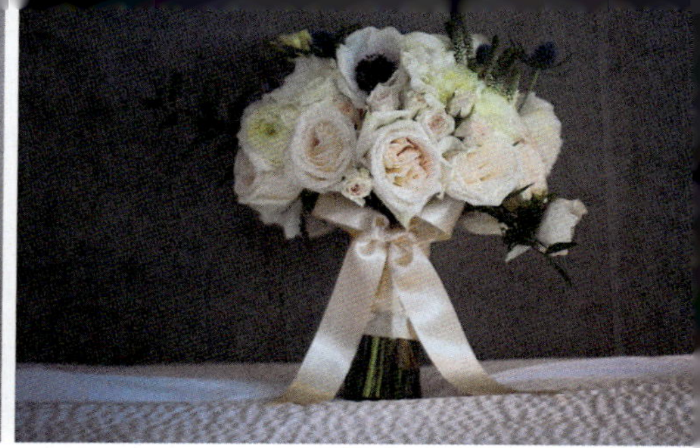

Consejos para que la selección del fotógrafo sea la más acertada

Saca tiempo:

- Busca referencias: pregúntale a tus amigas casadas recientemente acerca de la experiencia con sus fotógrafos. Evalúa. ¿Fue la mejor?
- Haz una búsqueda inicial de fotografías de boda en redes sociales como Facebook, Instagram, además de revistas locales.
- Estudia su estilo. En esencia, el estilo es cómo cada fotógrafo utiliza la luz y la composición. Mira el trabajo, las fotos que te llaman la atención y te gustan. Visita su página web, blog y redes sociales para que te puedas fijar en la composición, iluminación y estilo del fotógrafo.

- Analiza su estilo de fotografía, poses y luz. Hay un fotógrafo ideal para cada tipo de cliente.
- Dale prioridad a establecer y separar un presupuesto para tus fotos. Créeme, al final vale la pena tener un gran recuerdo.
- Haz un escogido mínimo de tres profesionales que te encanten y tengan disponible la fecha de tu boda.
- Coordina una reunión en persona. El conocer al fotógrafo personalmente te da la oportunidad de saber con quién pasarás ese día tan importante, además de ver su trabajo impreso. Esta opción es mucho mejor que un email, *Skype* o *Facetime*. Recuerda lo que te mencioné sobre la química.
- Haz una conexión personal.
- Pide ver bodas completas; puede ser en álbumes de muestra.
- Pregunta sobre el nivel de retoque que debes esperar. Cada uno trabaja de forma distinta.
- Pregunta cuándo vas a ver tus muestras y el tiempo de entrega.
- Hay fotógrafos que envían a otro fotógrafo a cubrir tu evento. Puedes considerar esta opción, sin embargo, es totalmente legítimo que no estés de acuerdo

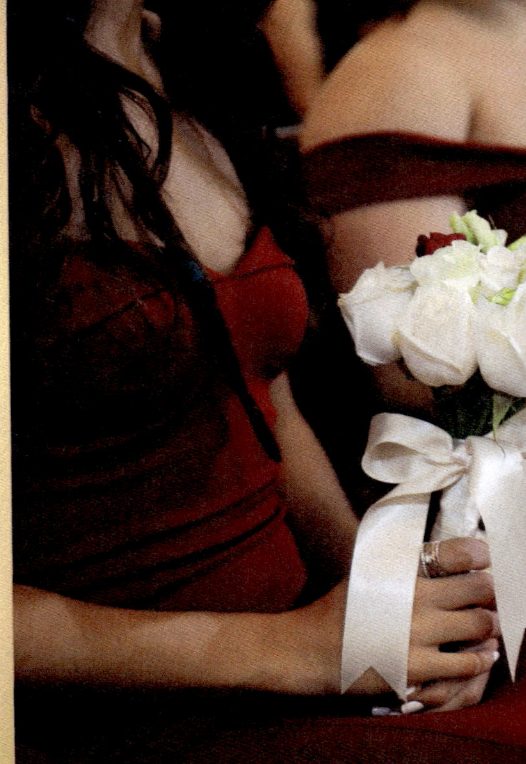

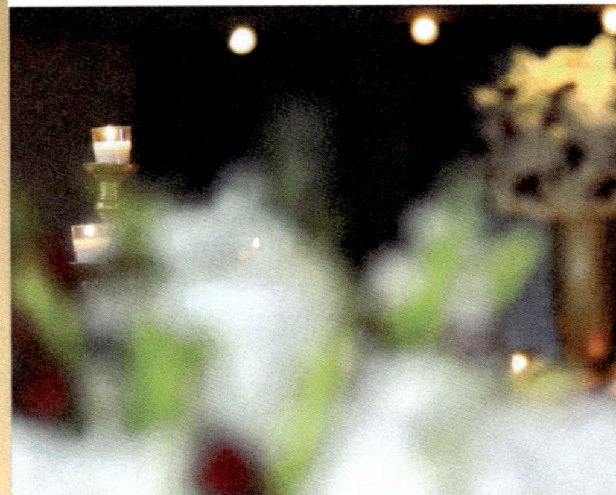

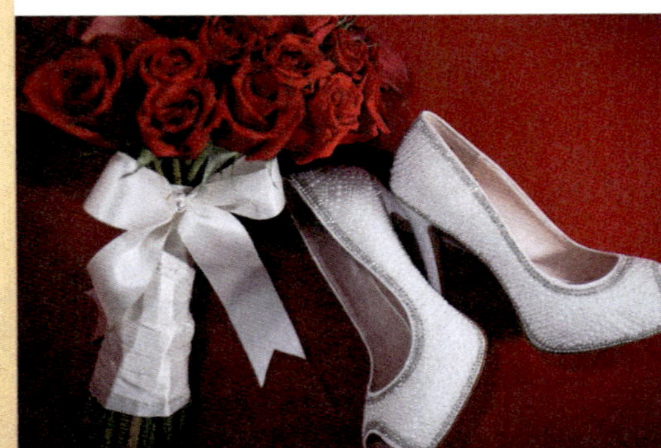

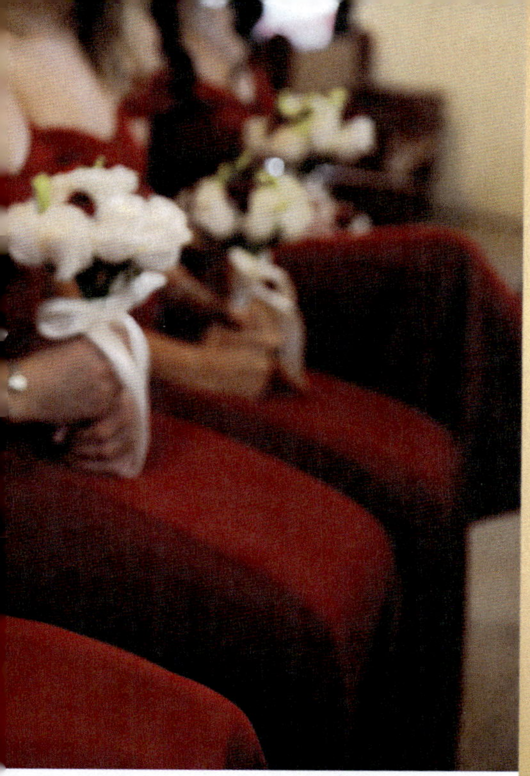

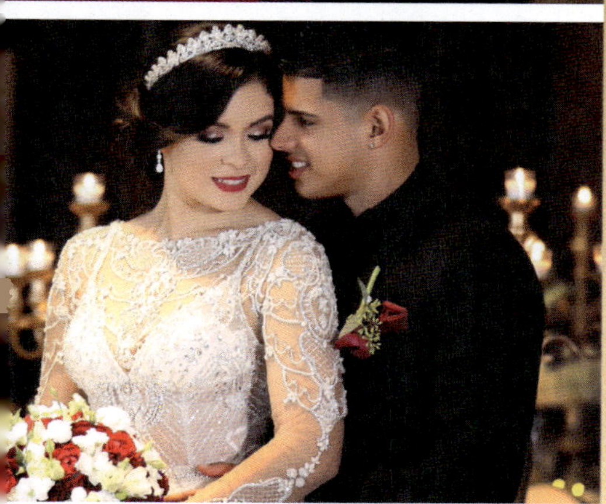

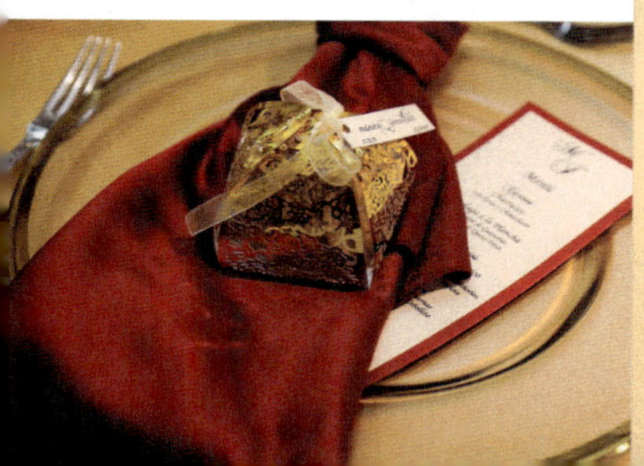

con la misma. Antes de tomar una decisión, conócelo personalmente y conecta con él. Pide ver sus trabajos, no una foto, sino trabajos completos para que al final no te lleves una decepción. Recuerda: somos artistas y todos pintamos distinto.

- Prepara una lista de preguntas que consideres importantes y llévalas a la reunión, así te sentirás más segura con sus respuestas. (Encontrarás una lista de preguntas sugeridas en la próxima sección).
- Pide información sobre el contrato y modos de pago.
- Incluye en tu paquete la sesión preboda *Love Story*. La ventaja es que tendrás la experiencia de una sesión fotográfica con tu pareja antes de la boda y les ayudará a sentirse más cómodos y seguros durante el evento.
- Pregunta por las colecciones (y precios) del fotógrafo. Asegúrate de que el paquete o colección que elijas tenga todo lo que deseas.
- Considera añadir productos a tu paquete, como copias adicionales de fotos y los álbumes pequeños para los padres. Ellos te lo agradecerán.

Estás lista para comenzar la búsqueda de esa persona idónea para tomar tus fotos. Comparto contigo unas preguntas guías:

Pregúntale a tu fotógrafo:

1. ¿Cuál es su estilo de fotografía? (Abundamos sobre el tema en el próximo capítulo).
2. ¿Cuál es su experiencia en la industria de bodas?
3. ¿Cuántos años de experiencia tiene fotografiando bodas?
4. ¿Tiene paquetes para bodas y sesiones extras?
5. ¿Podría mostrarme una boda completa?
6. ¿Cómo ilumina sus imágenes?
7. ¿Trabaja solo o tiene un equipo de trabajo que va con usted?
8. ¿Cómo separamos la fecha con usted?
9. ¿Cuáles métodos de pagos acepta y cómo se distribuyen los pagos?
10. ¿Cubre más de una boda al día? Si la respuesta es sí, pide ver trabajos de la persona que te va a enviar.
11. ¿Cuándo podré ver mis fotos?
12. ¿Conoce el lugar donde será mi boda?
13. ¿Podría trabajar más horas de ser necesario?
14. ¿Podría darle una lista con algunas fotos que deseo?
15. ¿Tiene un equipo de *back-up* o reserva para casos de emergencia?
16. ¿Cómo entrega las muestras?
17. Si lo contrato, ¿yo dispondría de los permisos o *release* para imprimir mis fotos?
18. ¿Cuánto tiempo después de la boda, tendré en mis manos el producto final?

En el espacio a continuación, anota otras preguntas que desees hacerles a los fotógrafos que consultes:

Fotógrafos por contactar:

Resultados obtenidos:

Mis notas:

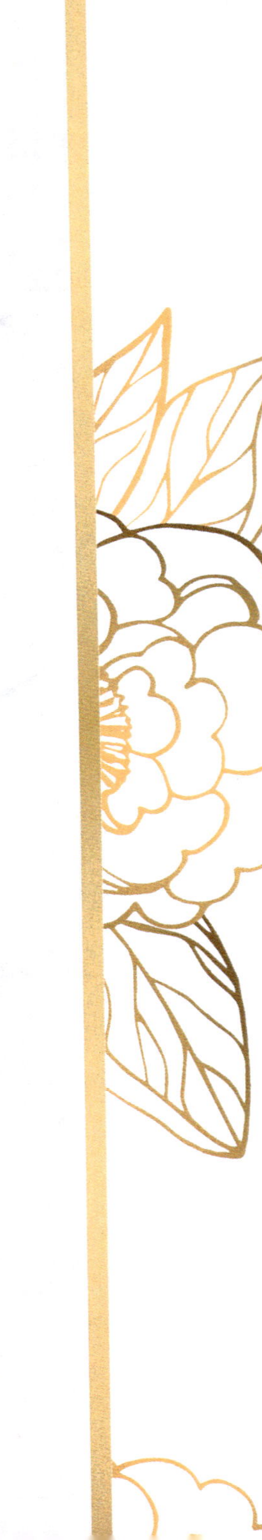

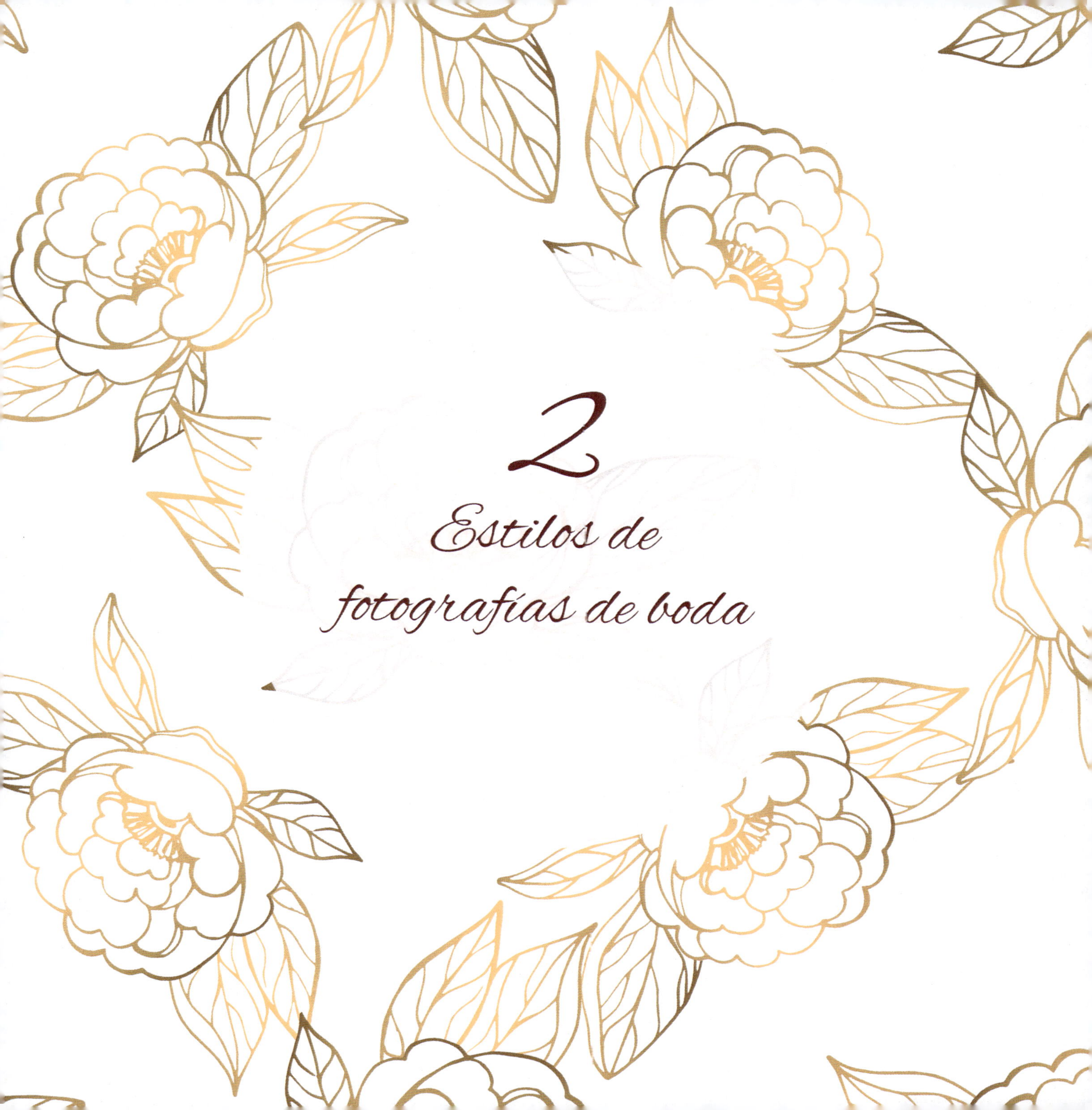

2

Estilos de fotografías de boda

«Hay amores tan bellos
que justifican todas las locuras
que hacen cometer».

– Plutarco

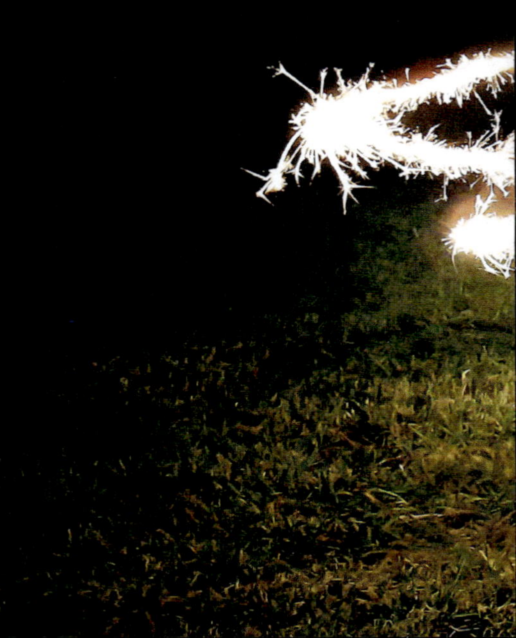

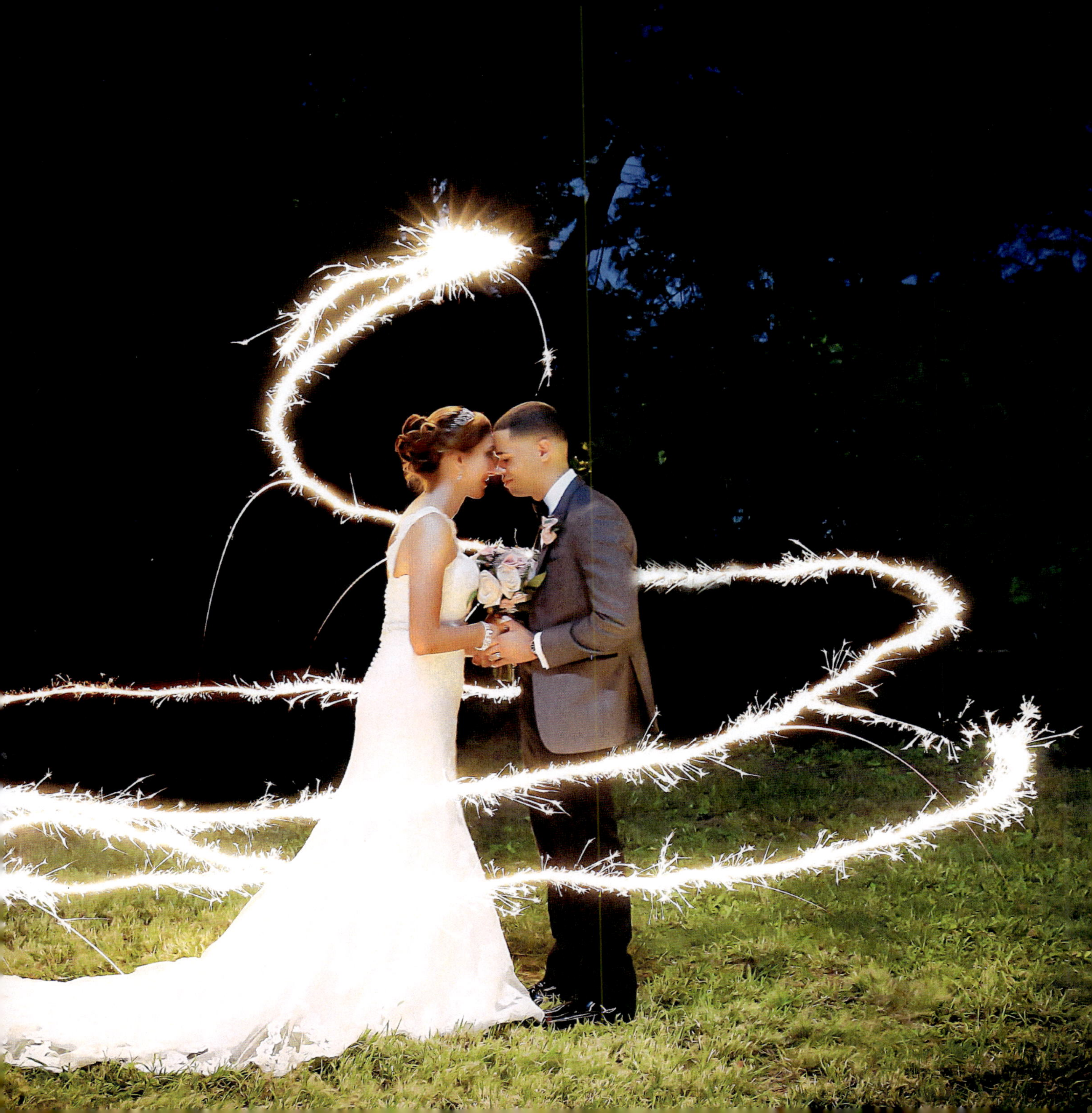

Un estilo, por definición, es un conjunto de rasgos particulares que caracterizan a un artista o una obra. Cada fotógrafo de boda tiene definido un estilo o un conjunto de estilos que hacen de este artista el creador de su propia obra. Esto se refleja en el trabajo final. Voy a mencionarte algunas características de los estilos más comunes que puedes encontrar.

FOTOGRAFÍA TRADICIONAL DE BODA

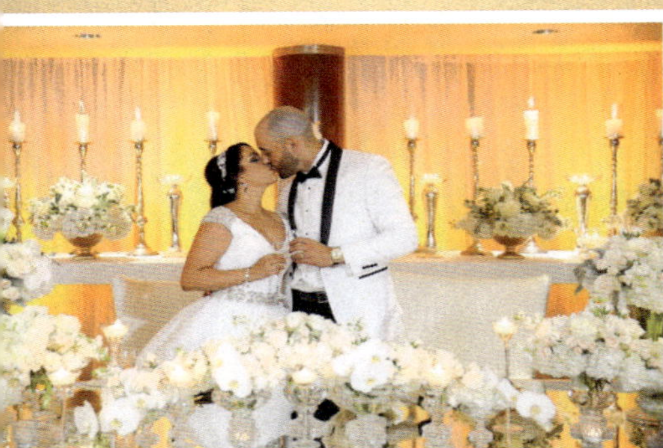

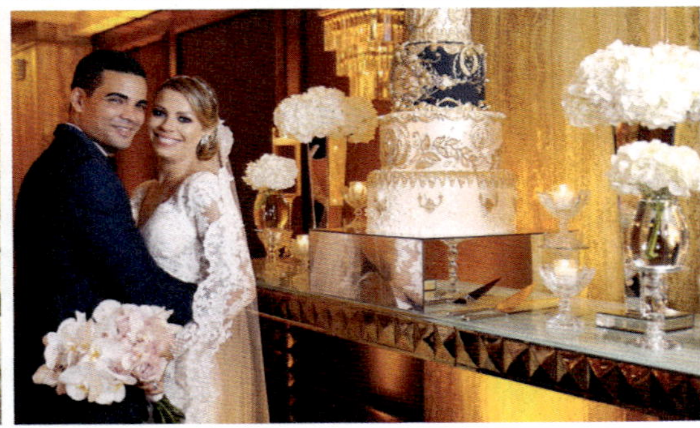

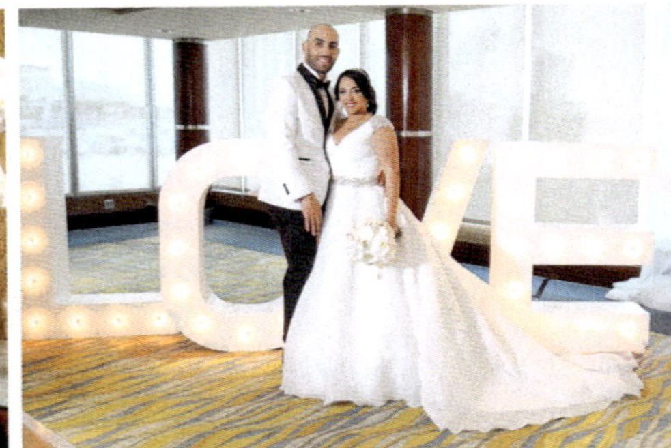

Piensa en los álbumes de tus abuelitos o de tus padres. En la fotografía *tradicional* encontramos una foto más posada o formal de los momentos específicos que, por costumbre o tradición, no pueden faltar en el álbum de bodas. El fotógrafo de este estilo tiene un cuidado especial para que todo quede perfecto; sigue una lista de fotos y de poses que realizará durante todo el evento y tiene total control de la iluminación, siendo mucho más marcada.

Algunas personas la relacionan con una fotografía más antigua, sin embargo, es una fotografía muy bien cuidada y realizada con mucha conciencia. La fotografía tradicional es clásica y no hay espacio para experimentar o inventar. En este estilo, el fotógrafo va dirigiendo a los novios y a todos los integrantes del séquito nupcial en todo momento. El resultado debe ser una foto correcta y limpia.

Fotografía espontánea de boda

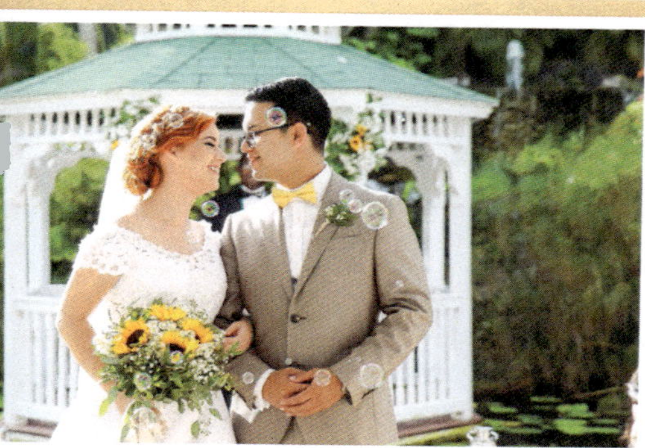

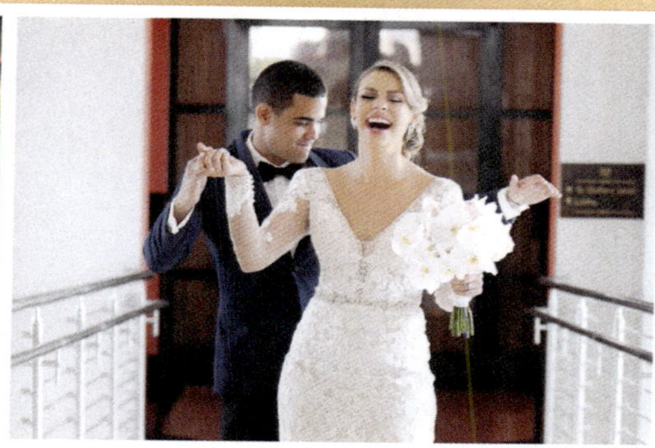

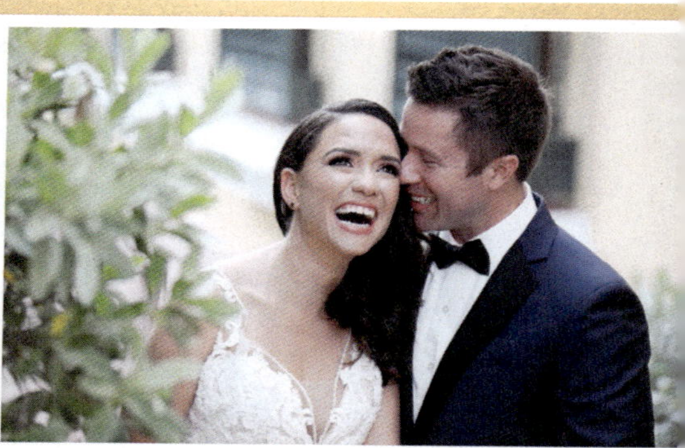

Es también conocida como la *fotoperiodística* y, en las bodas, es una mucho más natural en la que el fotógrafo observa en silencio y captura momentos espontáneos durante todo el día. Va documentando la esencia de cada momento con muy poca o ninguna dirección o intervención. En este tipo de fotografía, muchos fotógrafos optan por el uso de la luz natural, puesto que no hay tiempo de estar controlando todo desde el principio. Es muy importante que los novios estén conscientes de su labor, para permitirle estar muy cerca de ellos durante todo el día y que no se le escapen los momentos. Hay que tener en cuenta que este estilo es muy difícil de manejar, ya que requiere de vasta experiencia para capturar los detalles de forma rápida. Se necesita un profesional con mucho talento para lograr este tipo de imágenes y que el resultado sea el esperado o mejor.

FOTOGRAFÍA ARTÍSTICA Y DE MODA

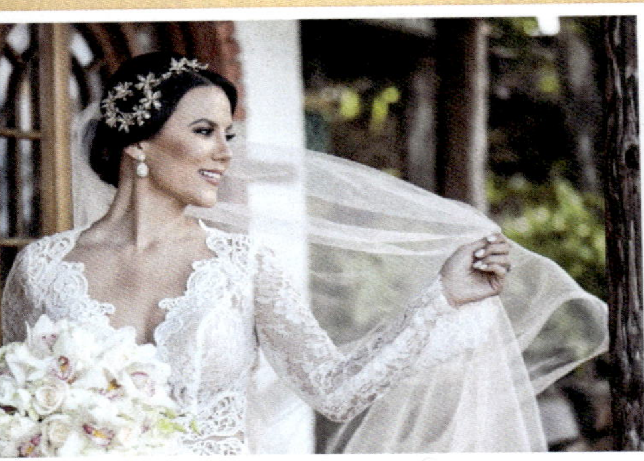

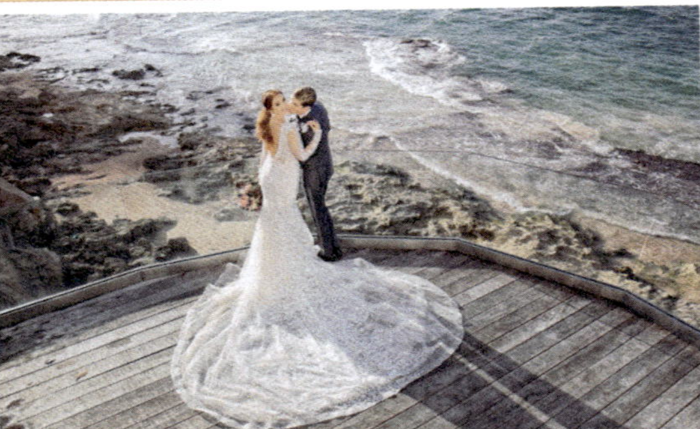

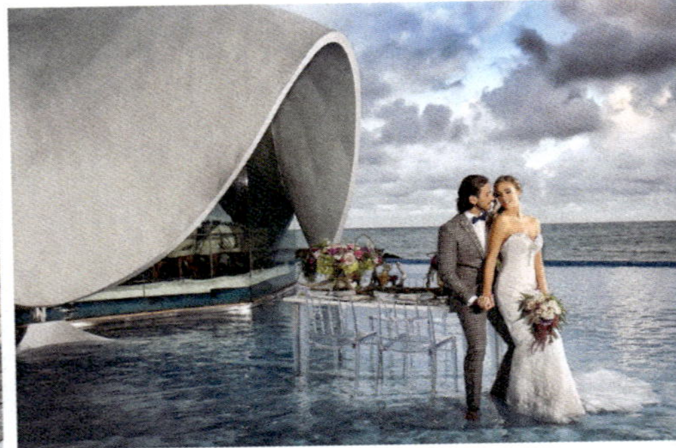

Piensa en las fotografías que ves en las revistas donde le dan un estilo más *fashion* o de moda al evento. El fotógrafo ve la boda desde un punto de vista artístico y tiene permiso de dirigir a los novios para conseguir poses diferentes. La creatividad del fotógrafo tiene un papel importante para darle rienda suelta al juego con la luz, las poses – que en este caso no son nada tradicionales– los puntos focales y los ángulos de las tomas. Aunque elijas o te guste este estilo de fotografía, siempre hay que combinarlo con el estilo documental, que captura lo que está pasando sin intervenir en el evento, durante la ceremonia y parte de la recepción, en momentos cuando no se pueda intervenir directamente con la pareja. Este estilo tiene su encanto.

Mis notas:

____

____

____

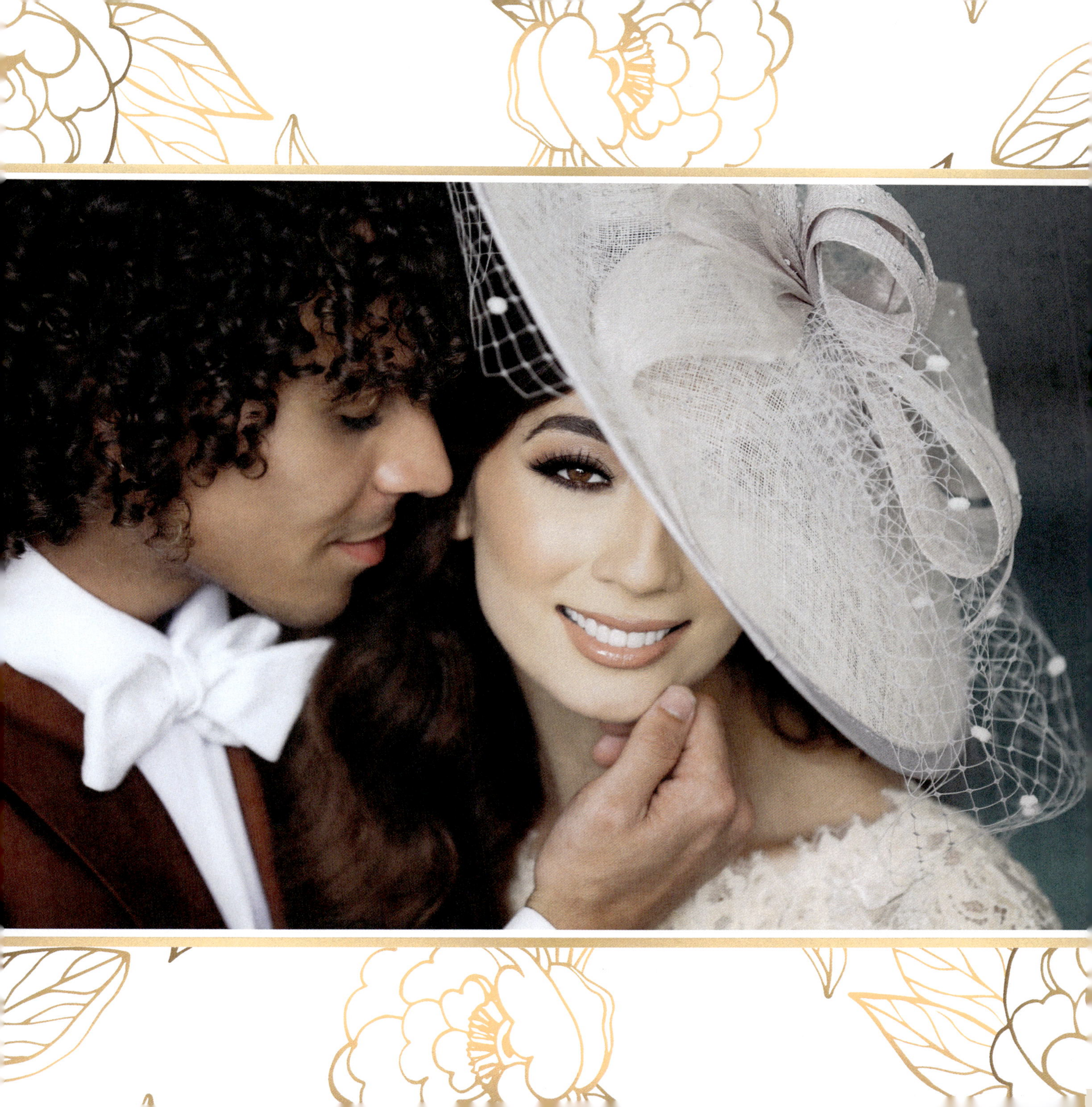

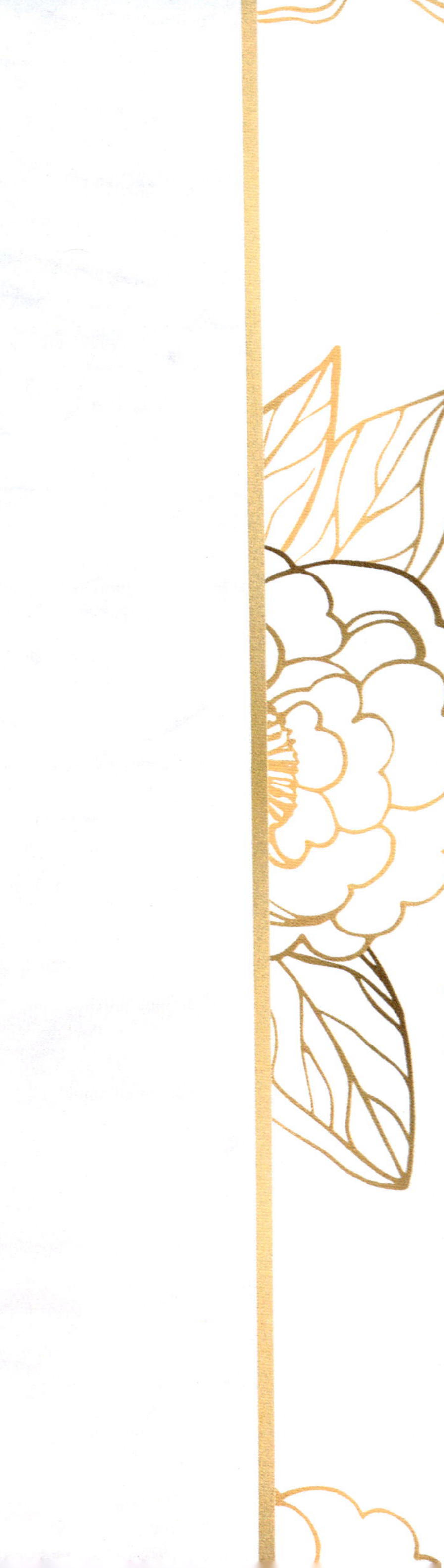

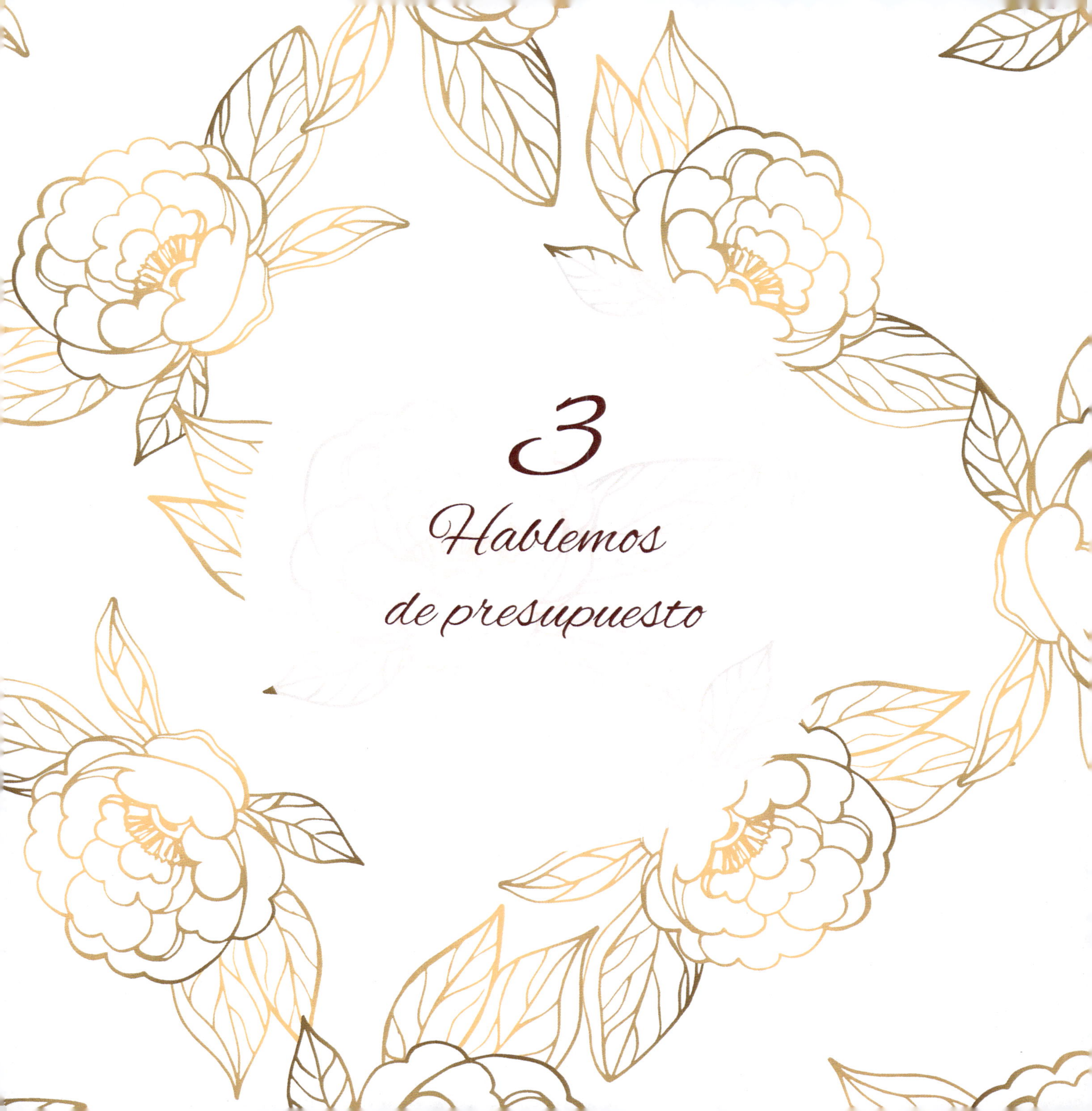

3

Hablemos de presupuesto

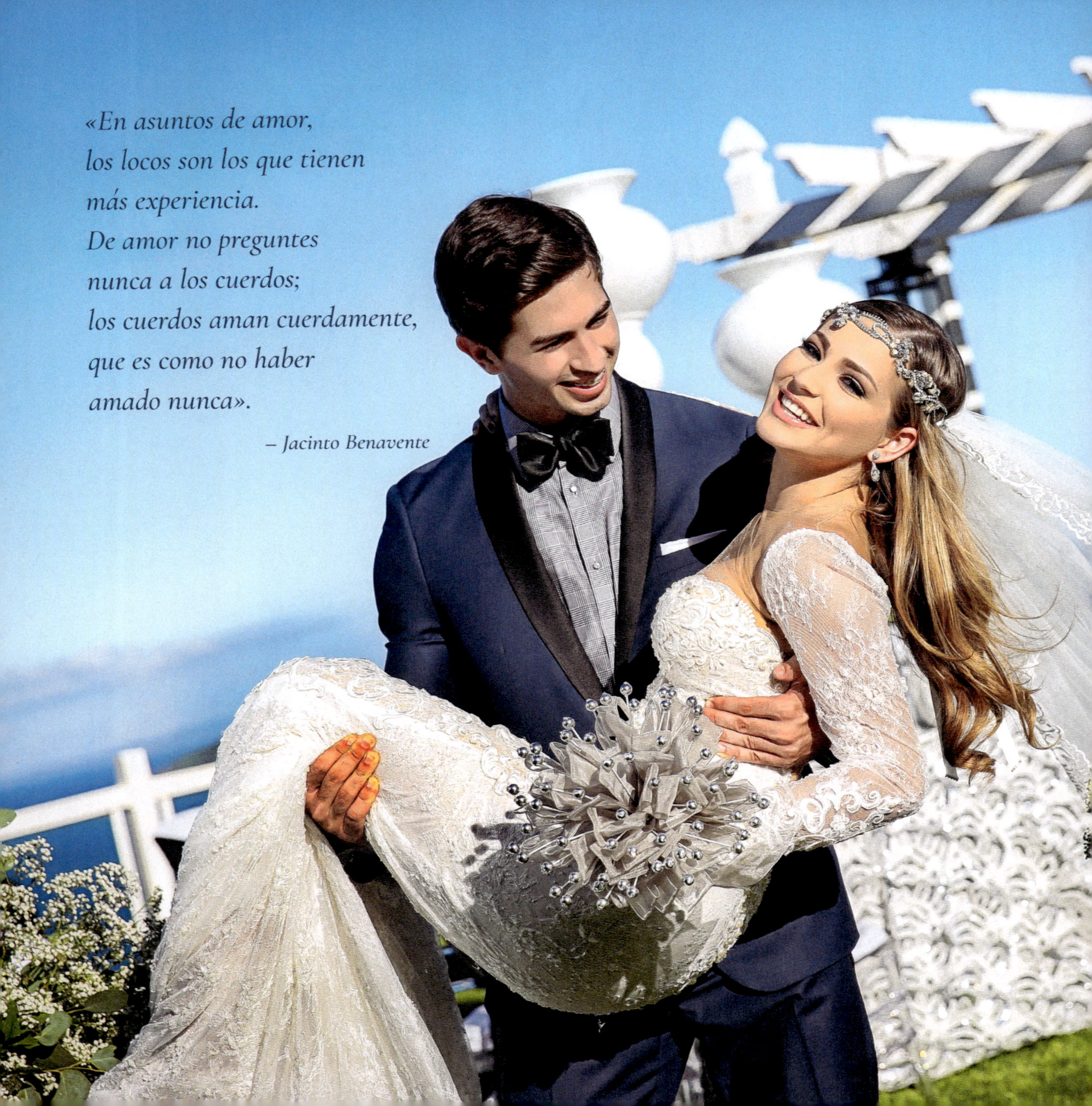
«En asuntos de amor,
los locos son los que tienen
más experiencia.
De amor no preguntes
nunca a los cuerdos;
los cuerdos aman cuerdamente,
que es como no haber
amado nunca».
– Jacinto Benavente

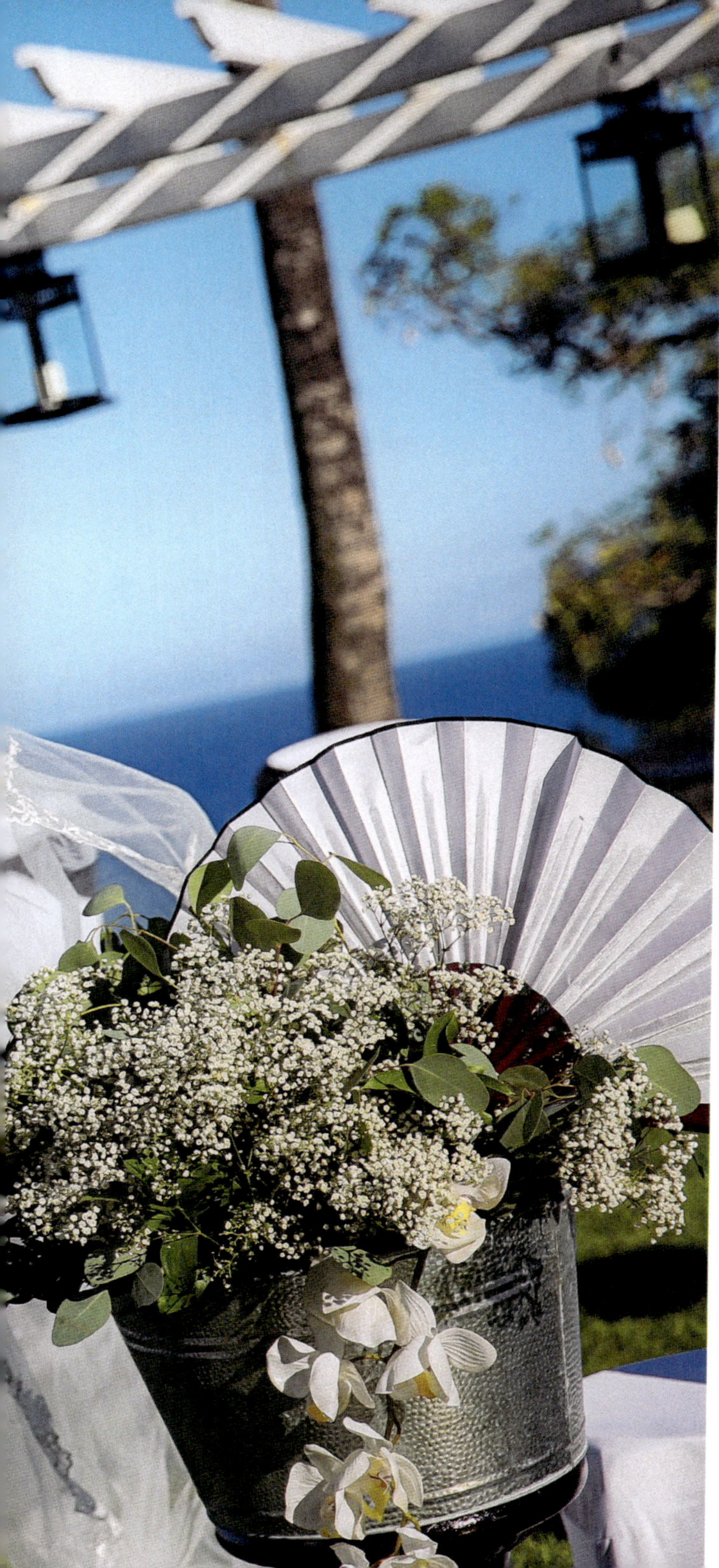

¿Te gustaría poder elegir ese artista fotográfico que te encantó desde el principio y no conformarte con las opciones que no son tus favoritas? Definitivamente que sí, porque tus fotos de bodas son lo más importante para ti. Será lo **único** que te quedará de ese día, por lo tanto, es vital que, desde el principio de la planificación, separes un **presupuesto razonable** para esta partida. El error de muchas parejas es dejar esto para lo último y no dar la importancia requerida en el momento indicado.

Nada me da más tristeza que recibir mensajes de novias arrepentidas de no haber planificado su presupuesto y, por ende, no poder contratar el servicio que realmente desean. Toman la decisión considerando el precio y no por el trabajo del fotógrafo y su química con ellas. Entonces, no debe ser sorpresa que el resultado final no sea el esperado. No permitas que esto te pase a ti. Planifica tu presupuesto para que elijas al profesional que puede realizar las fotos que sueñas.

¿Y si te digo que hay opciones y que puedes planificarte para tener el mejor recuerdo? Con una de mis novias creamos unos *gift-cards* (certificados de regalos) para darle opciones a sus invitados. La petición de la novia era que la ayudaran a tener el mejor recuerdo de su boda y que aportaran para su álbum. Así lo hicimos, algunos de sus invitados y familiares felizmente accedieron a su petición y ella pudo tener el álbum de sus sueños. Siempre habrá alternativas, es cuestión de buscarlas o crearlas, no permitas que las circunstancias te impidan tener las fotos soñadas de tu boda.

Contrato

Huye si el fotógrafo que decides contratar no tiene un contrato. Ni siquiera lo consideres. El contrato protege al fotógrafo y a ti como cliente. En ese contrato está separado el día de tu boda, tiene los términos bajo los cuales tu fotógrafo trabaja, especifica los detalles del servicio que recibirás y los componentes de tu colección de bodas. Siempre léelo bien para que estés clara de lo que incluye, además de las cláusulas de cancelación o posibles penalidades, y qué procedería si tu evento se mueve de fecha por alguna razón. El contrato también deja claro los métodos y manera de pago, esto es importante para que puedas planificar con antelación.

Mis notas:

___

___

___

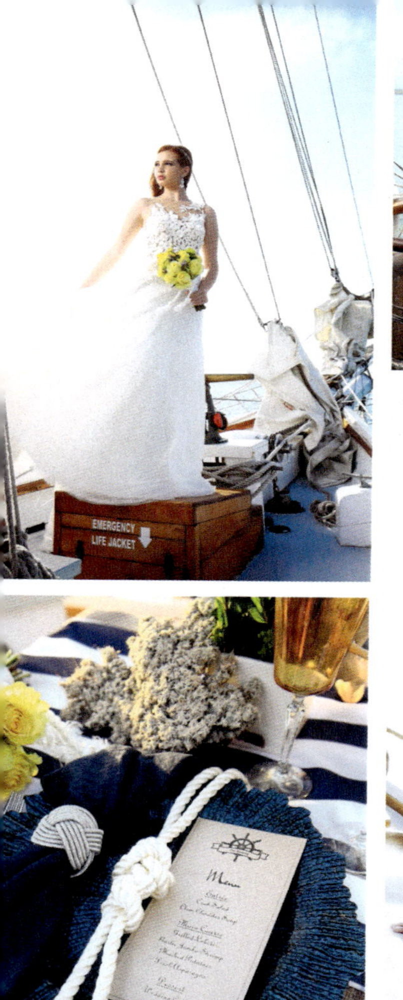
EMERGENCY
LIFE JACKET

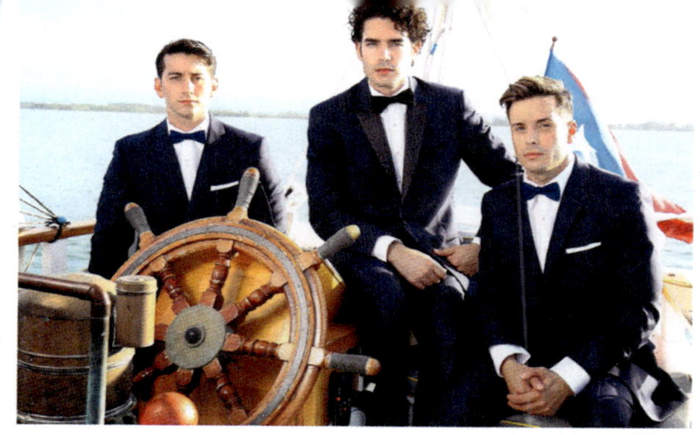

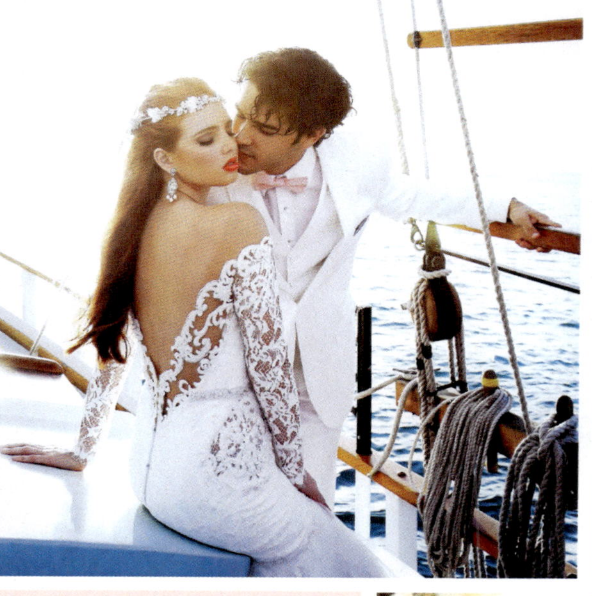

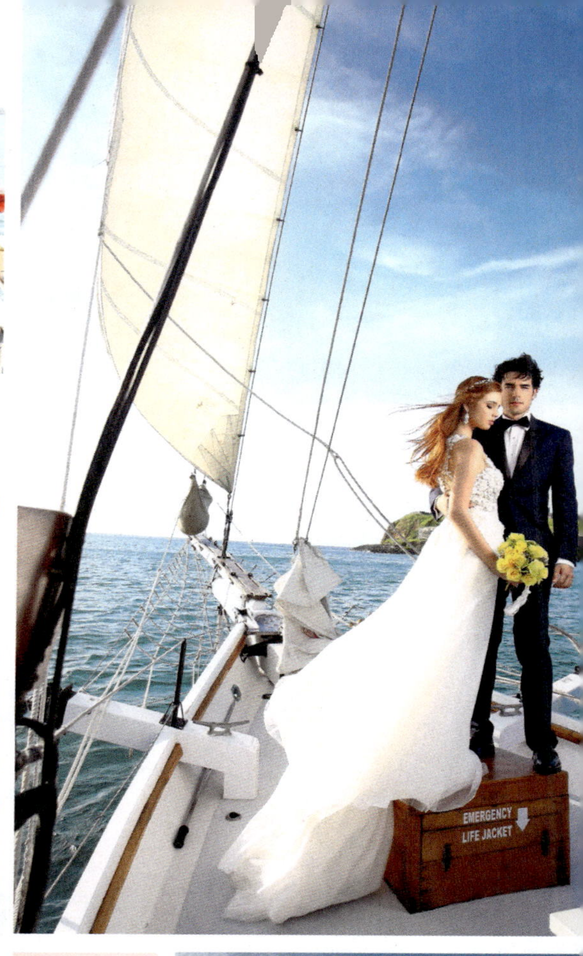
EMERGENCY
LIFE JACKET

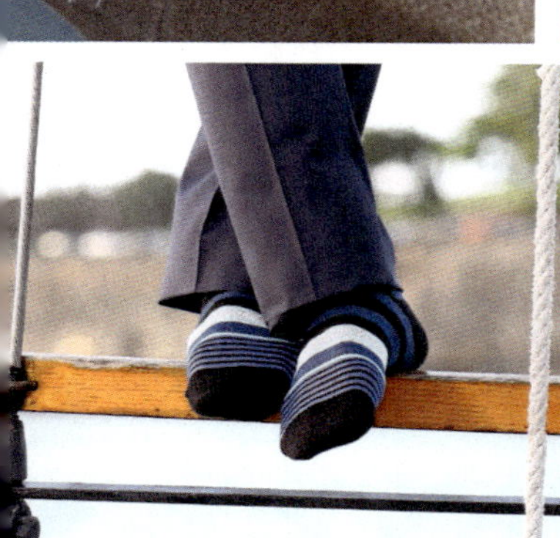

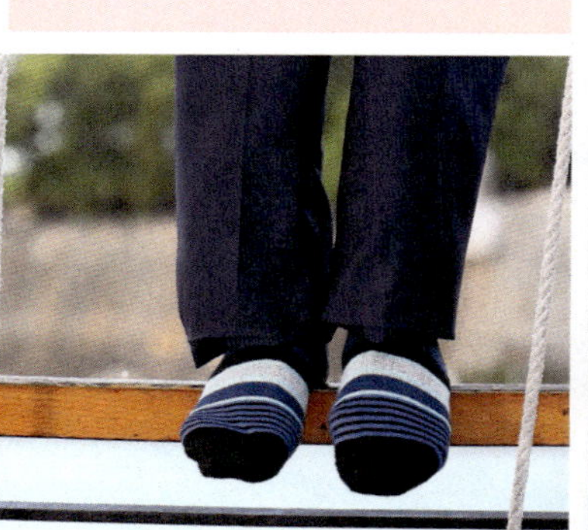

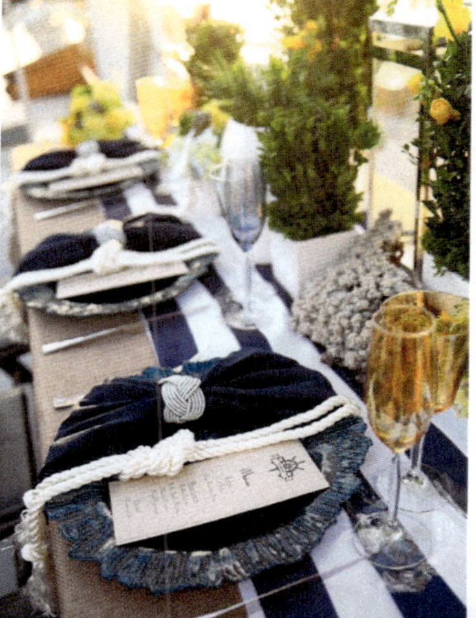

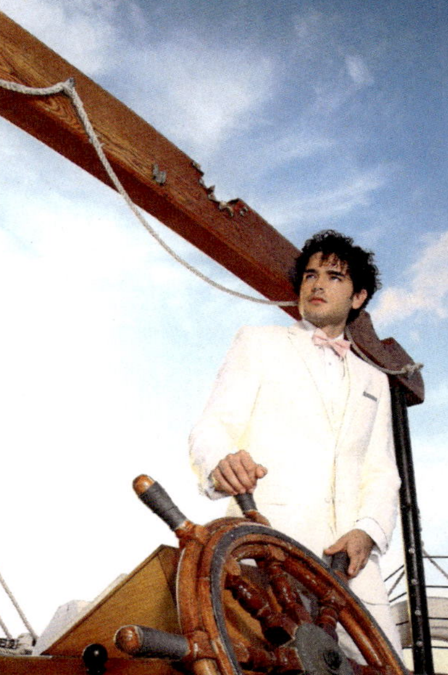

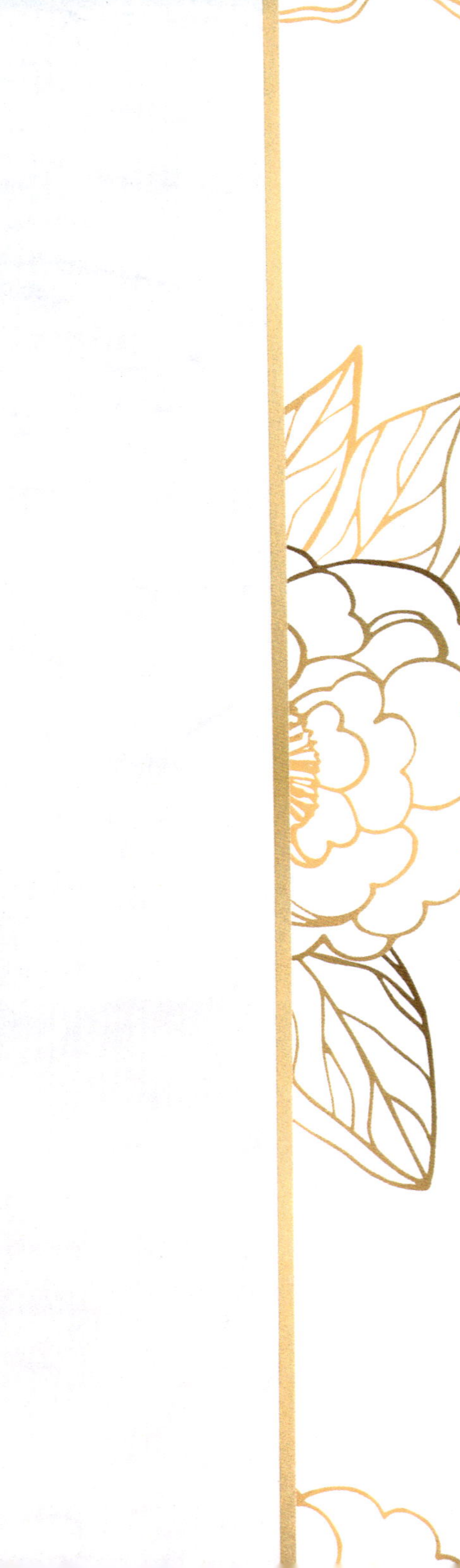

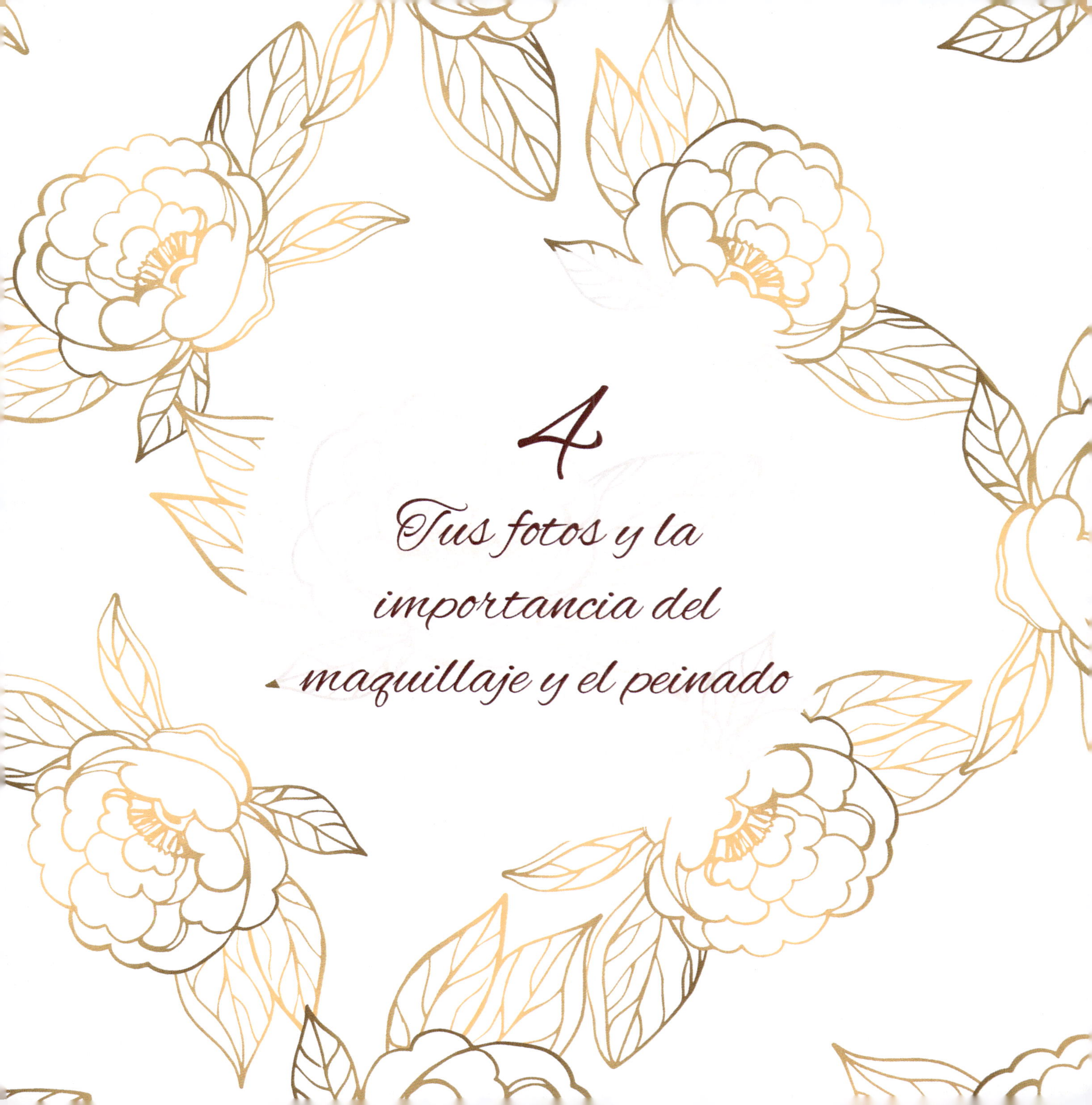

4

Tus fotos y la importancia del maquillaje y el peinado

«Me basta mirarte
para saber que con vos
me voy a empapar el alma».

– Julio Cortázar

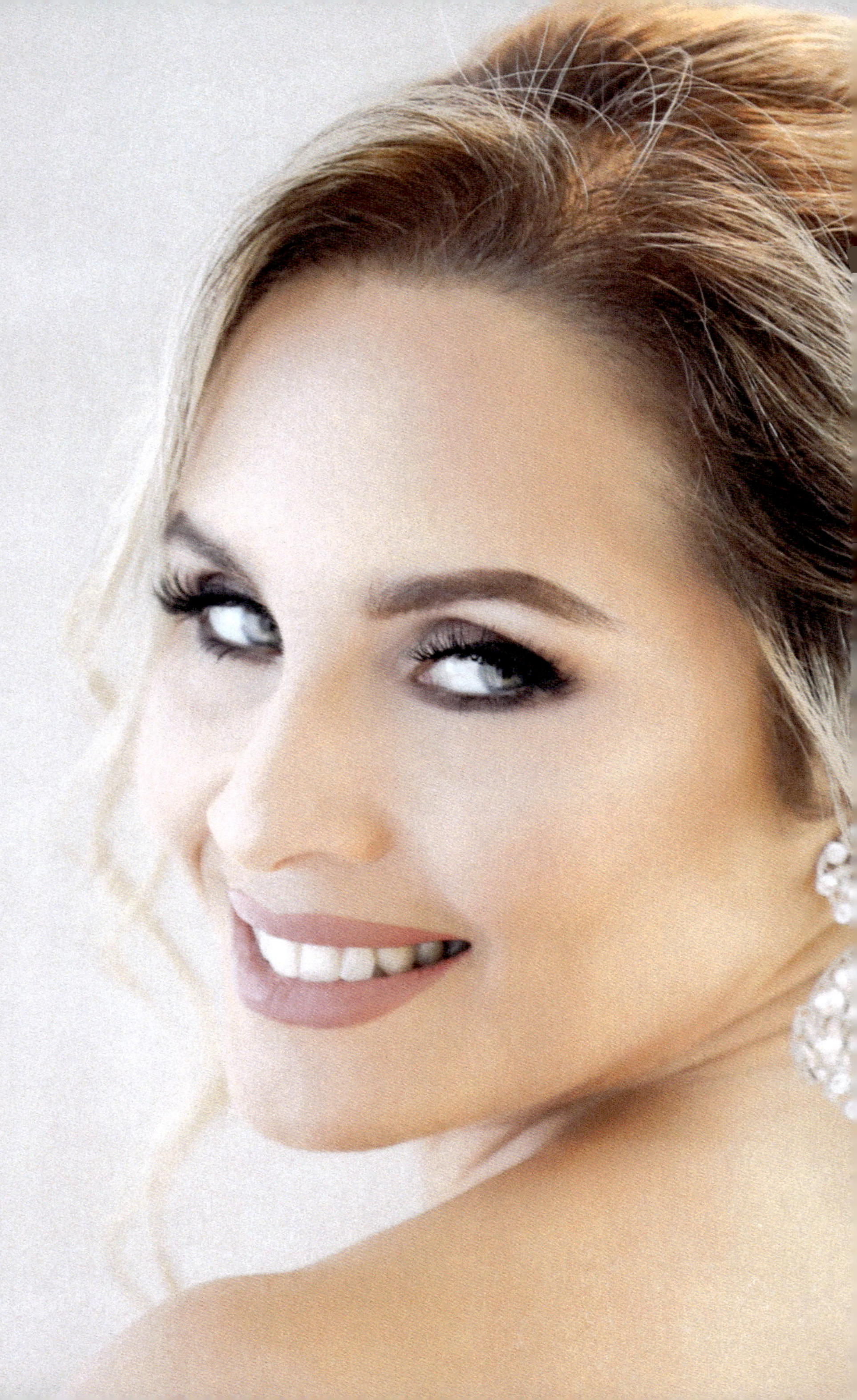

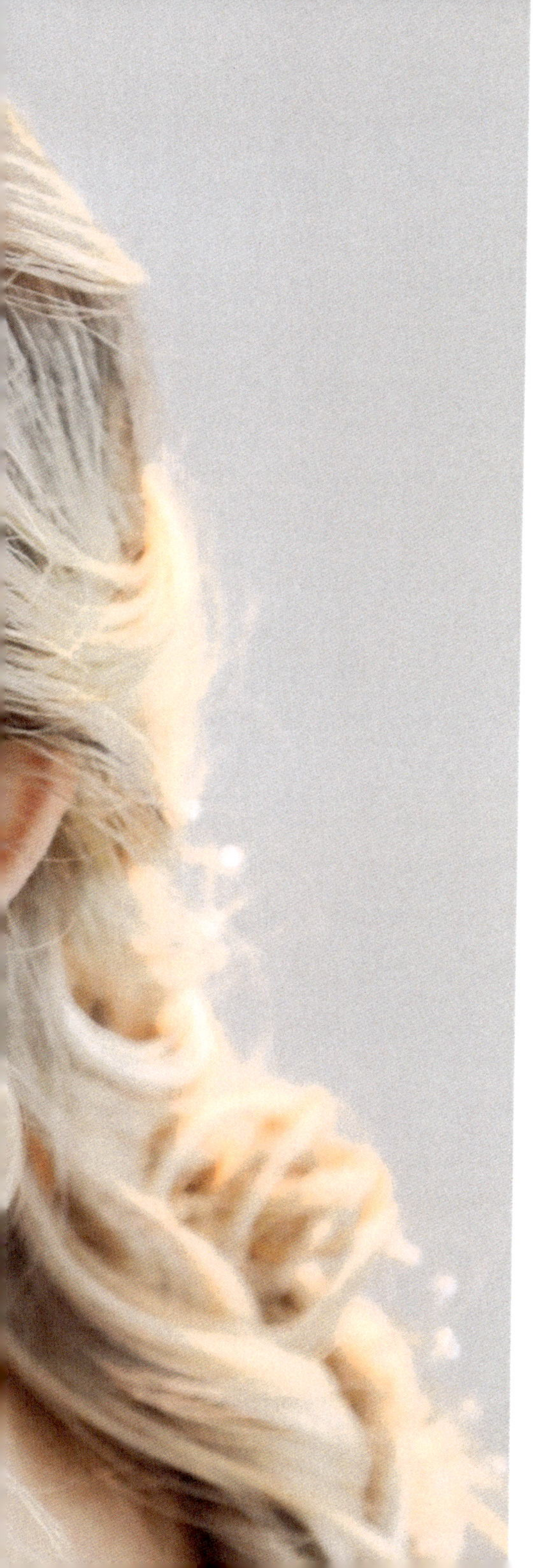

Todas las miradas estarán puestas en ti el día de tu boda, por eso este capítulo es tan importante y no lo podía pasar por alto, ya que **va de la mano con nuestro trabajo fotográfico para que los resultados sean excelentes.** Voy a partir de la siguiente premisa: **proyectamos lo que sentimos.** Me explico, si te sientes hermosa, eso es lo que vas a transmitir, pero, de igual forma, si te sientes fea o poco atractiva ese será tu reflejo. Mi trabajo como fotógrafa es capturar lo mejor de las personas, buscar su perfil, encontrar su ángulo especial, en fin, obtener la mejor imagen posible.

Uno de los consejos más importantes que te voy a dar es que elijas a un profesional en el área de maquillaje y peinado, tanto para tu arreglo el día de tu boda como para otras sesiones fotográficas. Recuerda que este trabajo estará enfocado en ti y es importante que tengas el peinado y el maquillaje exacto. Pero, ¿qué pasa si no estás a gusto o te sientes incómoda con tu arreglo? Créeme que el resultado no será el mejor. Es importante que te **sientas** a gusto con tu imagen. En ocasiones, mi experiencia ha sido llegar con la mejor disposición para comenzar la sesión de fotos y encontrarme novias con caras de no sentirse contentas con su arreglo y hasta llorosas. Como fotógrafa, sé que esto está directamente ligado a cómo se van a proyectar frente al lente y cómo afecta mi trabajo. Entonces, me toca lidiar con la situación y trabajar con su estado de ánimo. Si no se sienten a gusto con su imagen, no se sentirán a gusto de cómo se ven en sus fotos, independientemente de lo fabulosas que salgan. Por eso, es muy importante entender que **el maquillaje para retrato es diferente al que usamos diariamente.** El maquillaje se nota menos a través de la cámara. No te asustes si tu primera impresión es que tienes mucho maquillaje. Siempre les enseño un pequeño *preview* desde la cámara a mis clientas para que vean que están perfectas y se sientan seguras. El tipo de producto usado para maquillar no debe reflejar la luz y tiene que ser duradero, o sea, que se mantenga intacto durante todo el día. Eso solo lo consigues contratando un maquillista profesional.

Así de importante es la búsqueda y selección de ese artista que hará que luzcas con tu arreglo personal como una reina. Las fotos y el arreglo personal van de la mano. Para realizar las fotos, también necesitas el artista que te dejará como una modelo para que el producto final sea uno que sobrepase tus expectativas.

Cuando estés buscando las opciones para tu peinado y maquillaje en cuanto al estilo que quieres lucir, ten en cuenta el vestido que llevarás, el lugar donde se hará las fotos, si habrá viento o si deseas usar estilos distintos para tu *Love Story* y para tu boda. Una recomendación es que separes el espacio para una prueba de maquillaje, así tendrás una idea de cómo lucirás y si no te sientes cómoda, tienes la oportunidad de cambiarlo y sentirte satisfecha. Otro consejito que quiero darte es que aproveches tu prueba de maquillaje para tus fotos de *Love Story* o sesión preboda, ¡así le sacas provecho!

El día de tu boda, la puntualidad es un detalle extremadamente importante. Si el maquillaje no está listo a tiempo, las tomas coordinadas con el fotógrafo se atrasan. Habla con el experto maquillista/estilista para coordinar el tiempo que van a necesitar y puedas estar lista a tiempo. **Este, en ocasiones, es el detonante que hace que mis novias se estresen y no puedan proyectar su mejor imagen.**

Por lo tanto, tener un buen profesional en esta área es invaluable. Eres la reina de ese día, la estrella y todas las miradas estarán puestas sobre ti. Atrévete a sentirte radiante sin pena. Es tu día, ¡lúcete y disfrútalo!

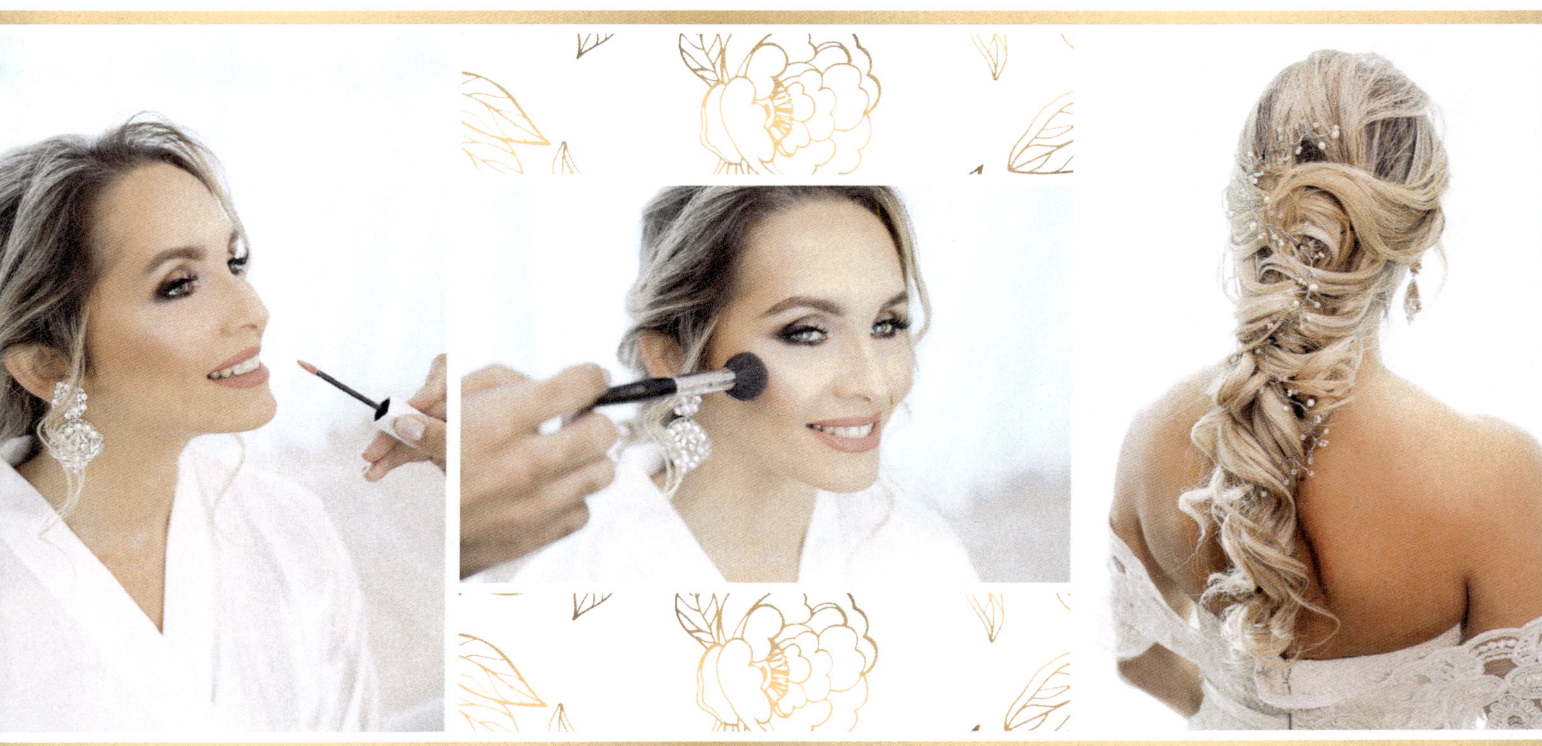

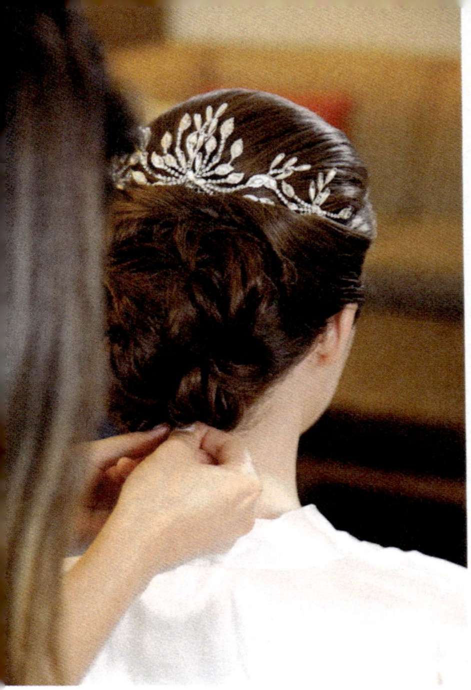

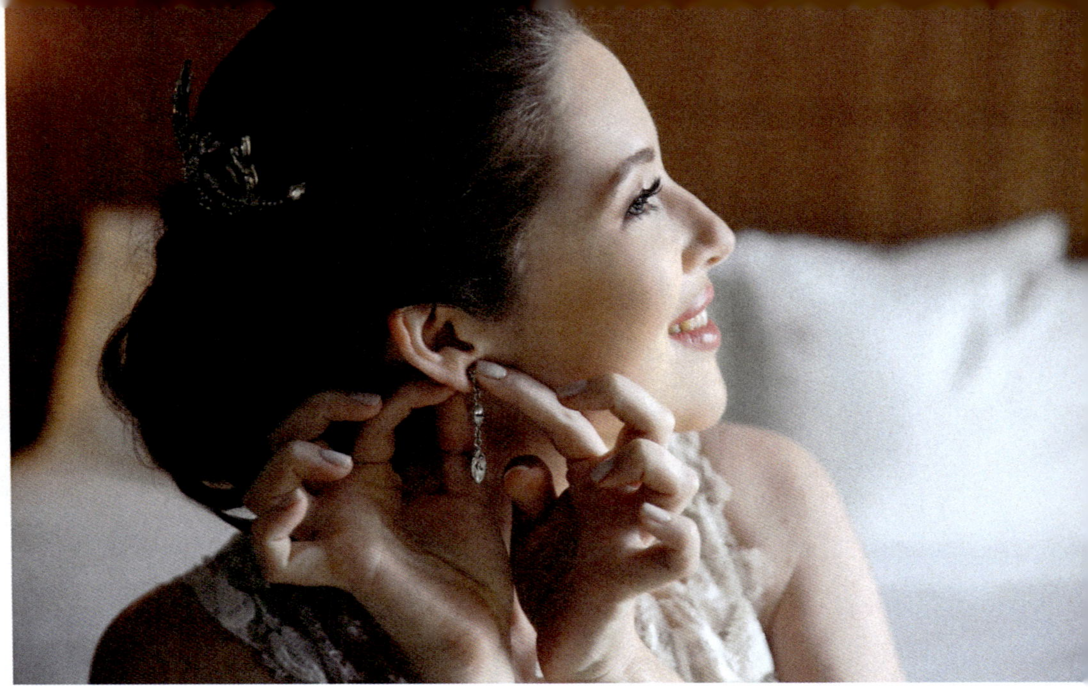

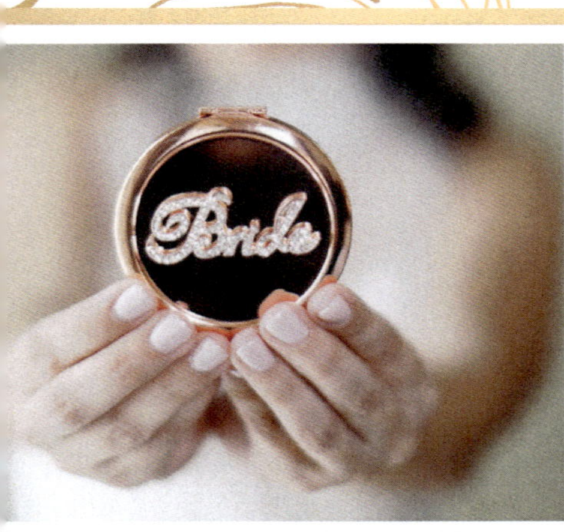
Bride

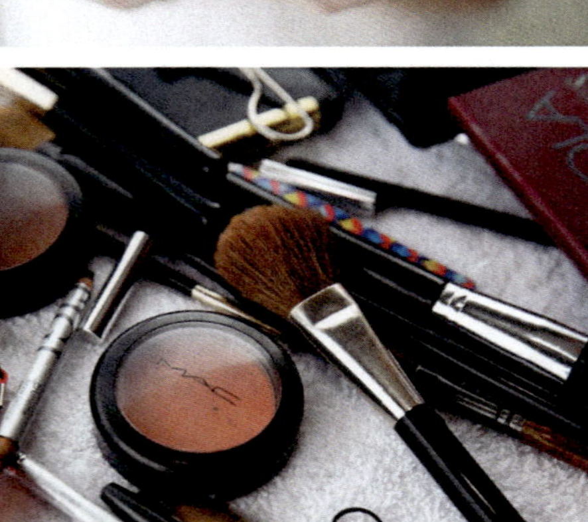

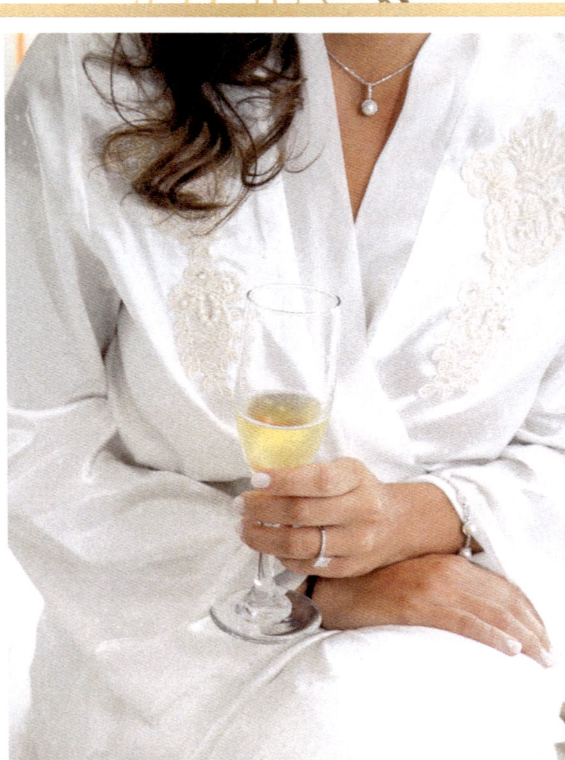

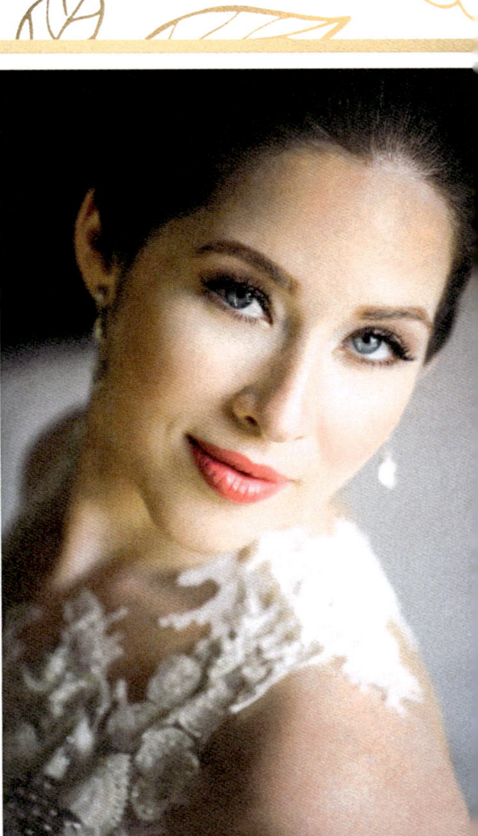

Elige el mejor artista del maquillaje:
(nombre, teléfono, redes)

Resultados obtenidos:

Recomendaciones/testimonios:

Ejemplos de su trabajo:

Experiencia con bodas:

Mis notas:

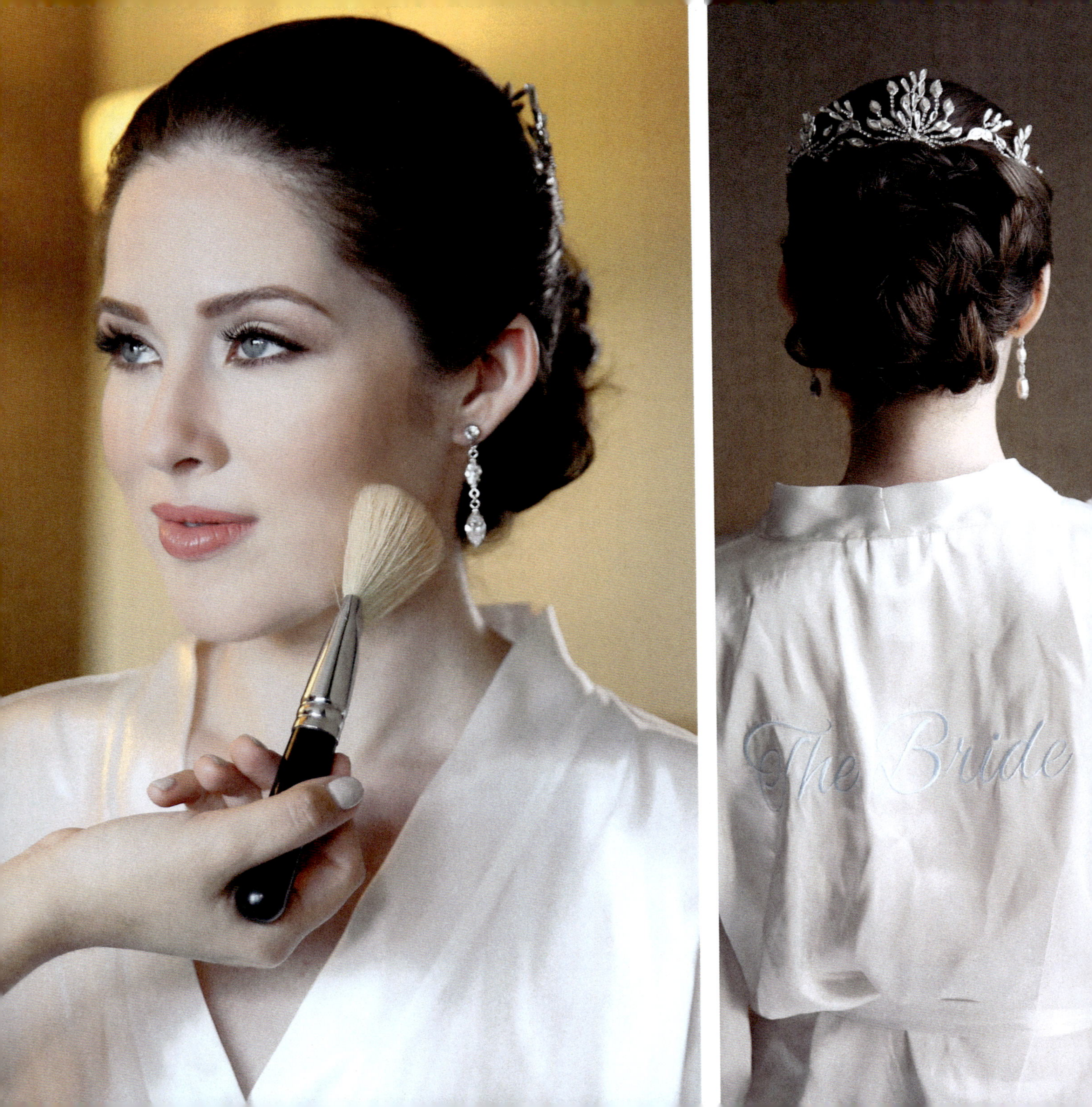
The Bride

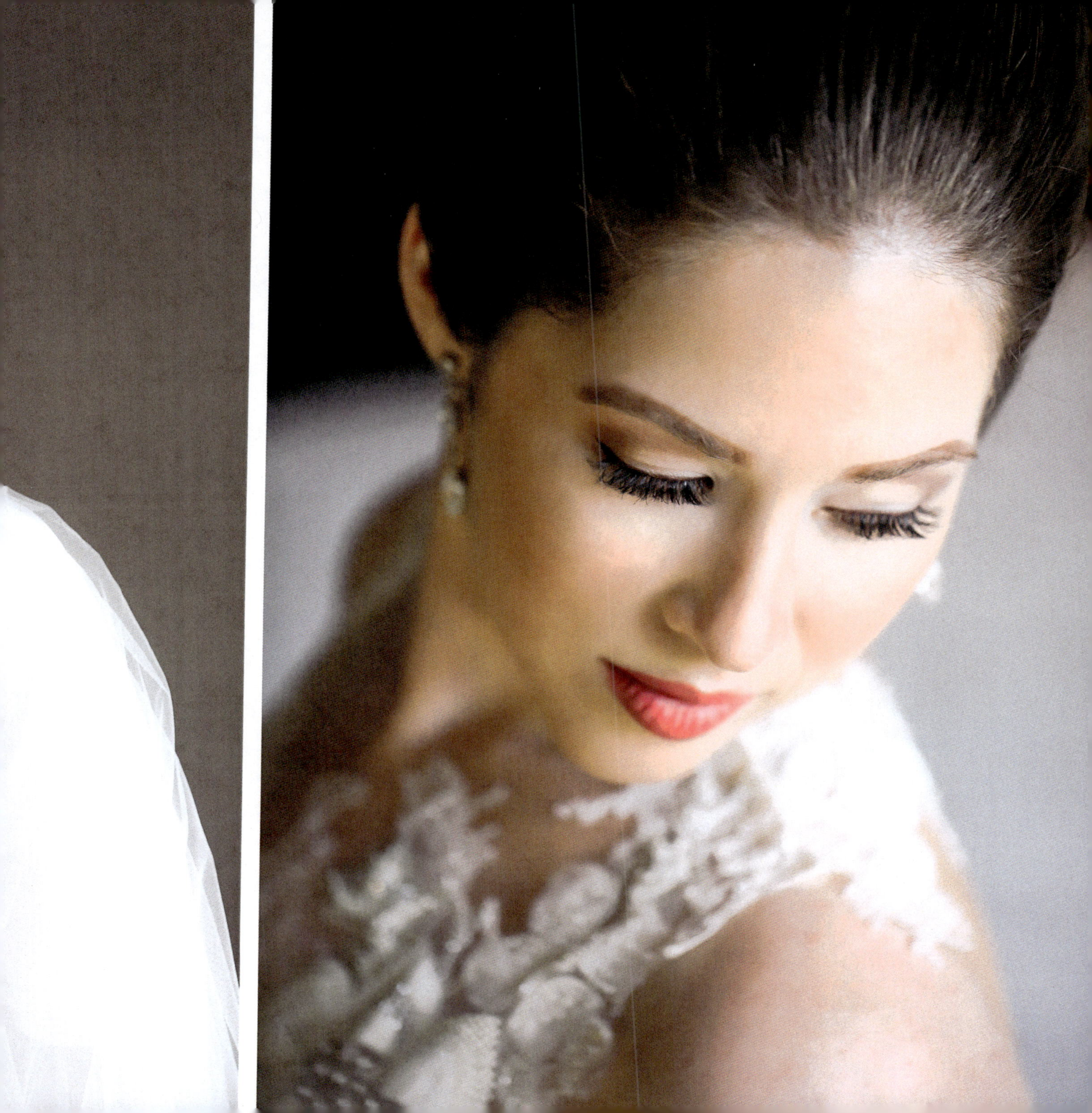

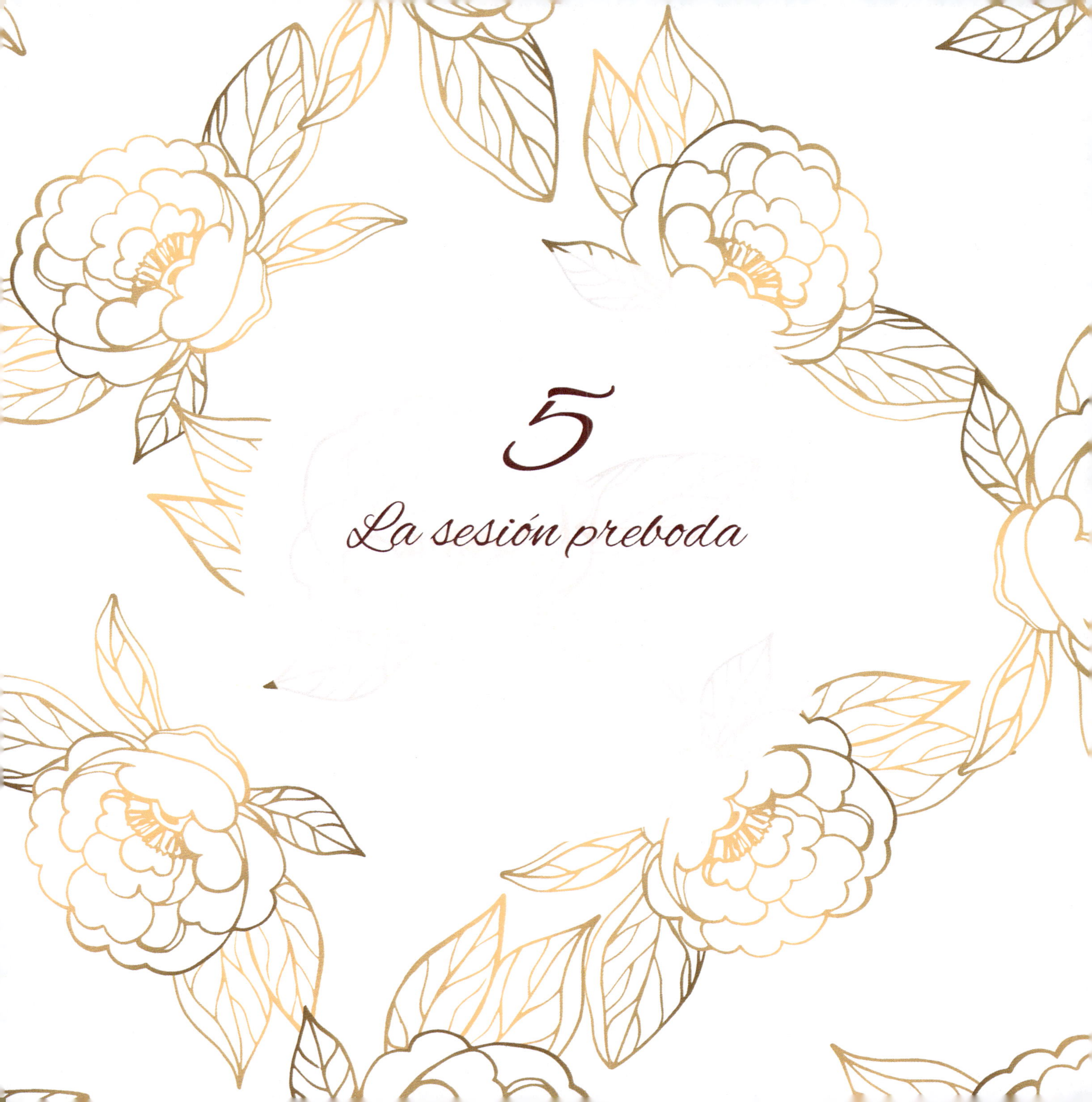

5

La sesión preboda

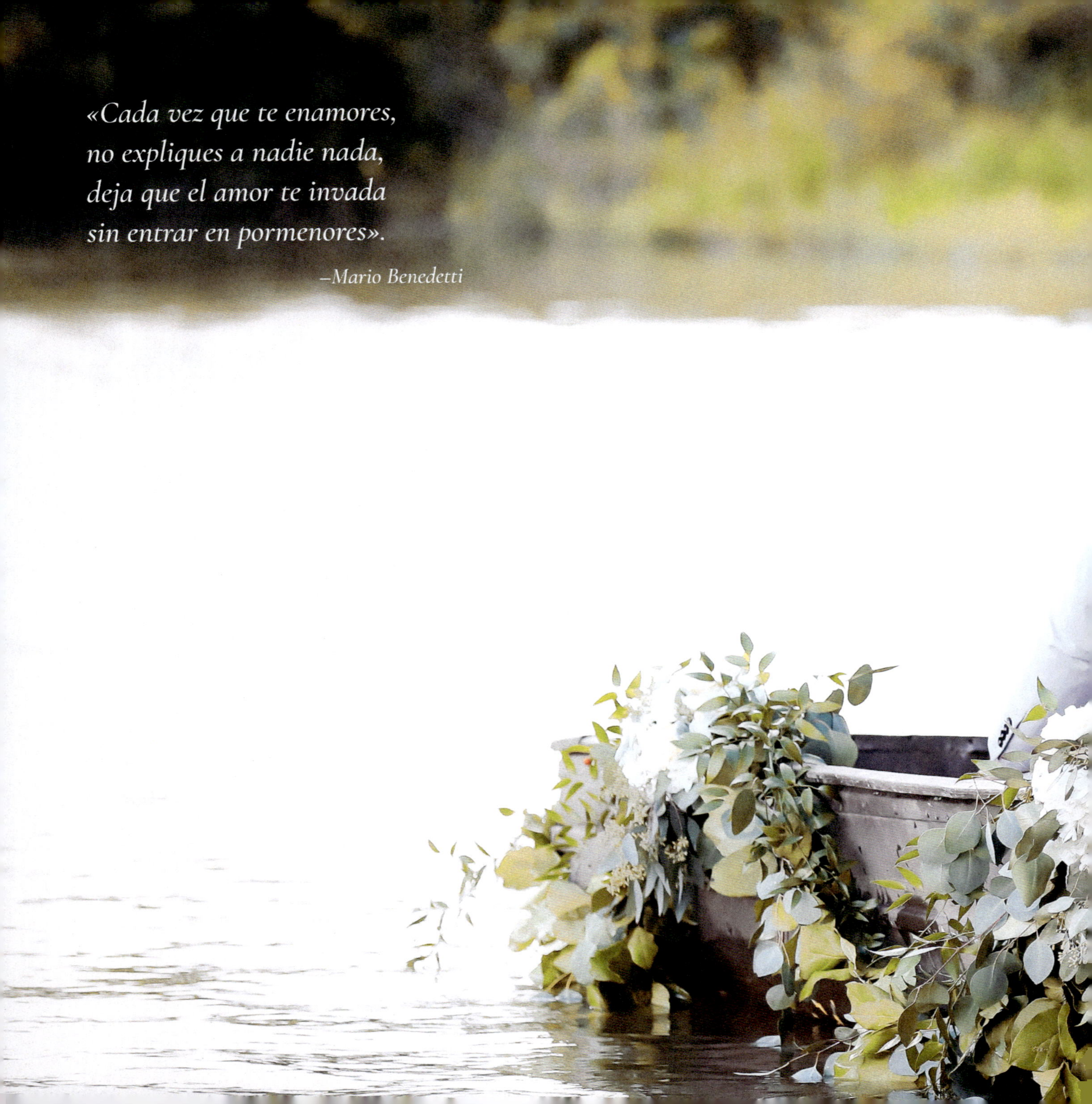
«Cada vez que te enamores,
no expliques a nadie nada,
deja que el amor te invada
sin entrar en pormenores».
–Mario Benedetti

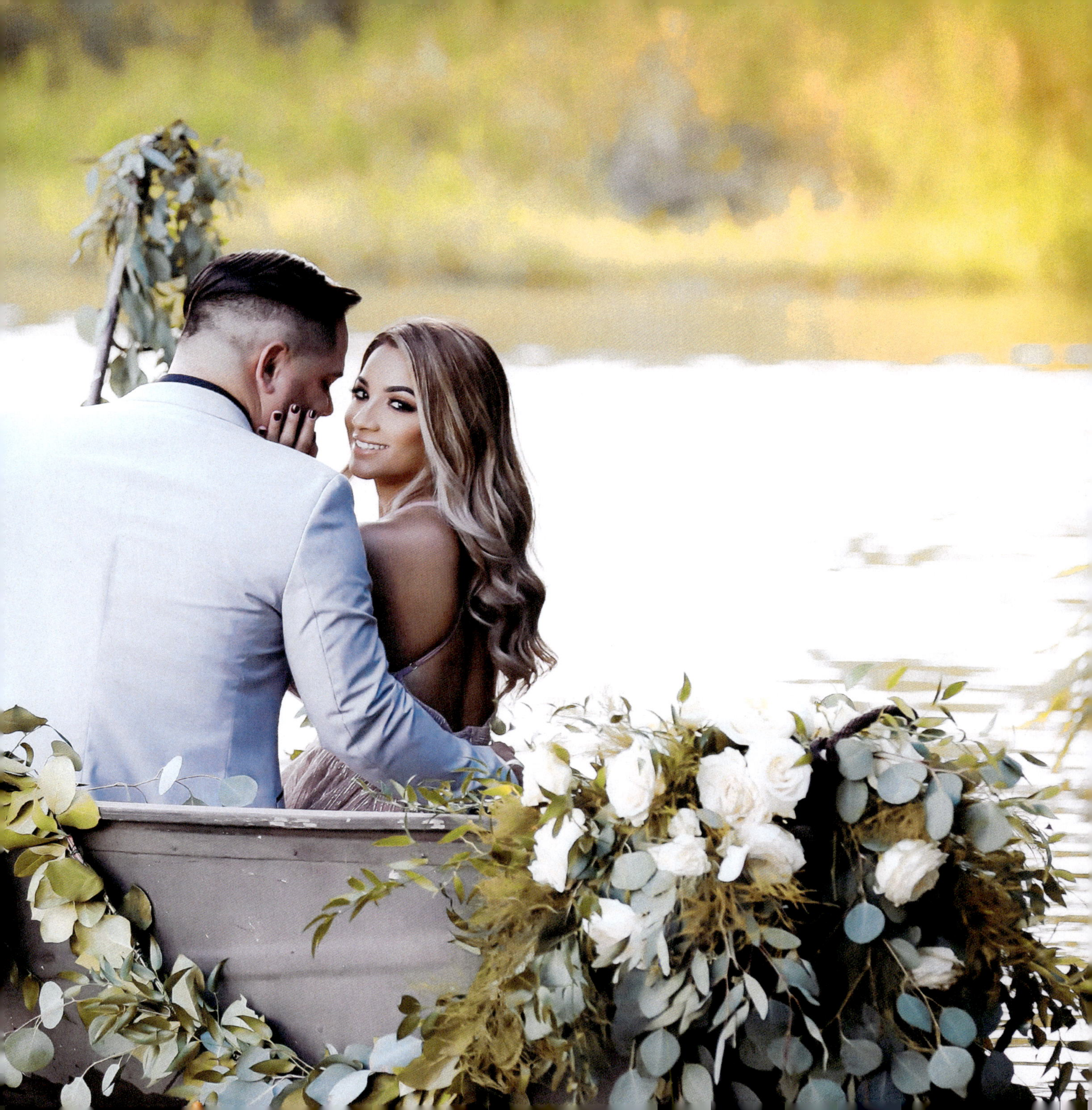

Love Story

Esta parte es mágica y es que la sesión preboda o *Love Story* tiene muchas ventajas. Es una sesión fotográfica mayormente en exteriores donde se captura la relación de pareja antes de ser esposos. **La sesión preboda es la oportunidad perfecta para pasarlo de maravilla y construir una relación especial, ese lazo de confianza con tu fotógrafo. Por eso es recomendable que utilices el mismo fotógrafo para todas las sesiones relacionadas a tu boda.**

Antes de esta sesión, muchas parejas no han tenido una experiencia frente a un fotógrafo profesional y el tener una cámara de cerca los intimida. Esta sesión te da la oportunidad de acostumbrarte a estar frente al lente de forma natural, cómoda y segura. Mi recomendación es que no lo dejes fuera de tu paquete de boda.

Durante la sesión de *Love Story* aprenderás muchas cosas, además de conocer la manera de trabajar de tu fotógrafo. Coordinarás junto al profesional, el lugar y la hora para tu sesión fotográfica, ya que es la oportunidad de aprovechar la luz natural junto al lugar ideal. Después de la sesión te sentirás aún más confiada el día de tu boda.

Para hacer tu sesión preboda, busca el lugar perfecto y la vestimenta ideal. Muchas parejas escogen un tema para su sesión, y se visten de acuerdo con el mismo. Combinan su vestimenta –ya sea de época, elegante, tropical, etcétera– con el lugar, lo que hace que sus fotos sean únicas.

Recuerdo una pareja que decidió hacer sus fotos en una pizzería porque ir a comer pizza es su pasatiempo favorito. Su originalidad causó que esta sesión fuera reseñada en los diarios de mi país. De igual forma, puedes incluir a tus mascotas para hacer de esta sesión una muy especial y emotiva.

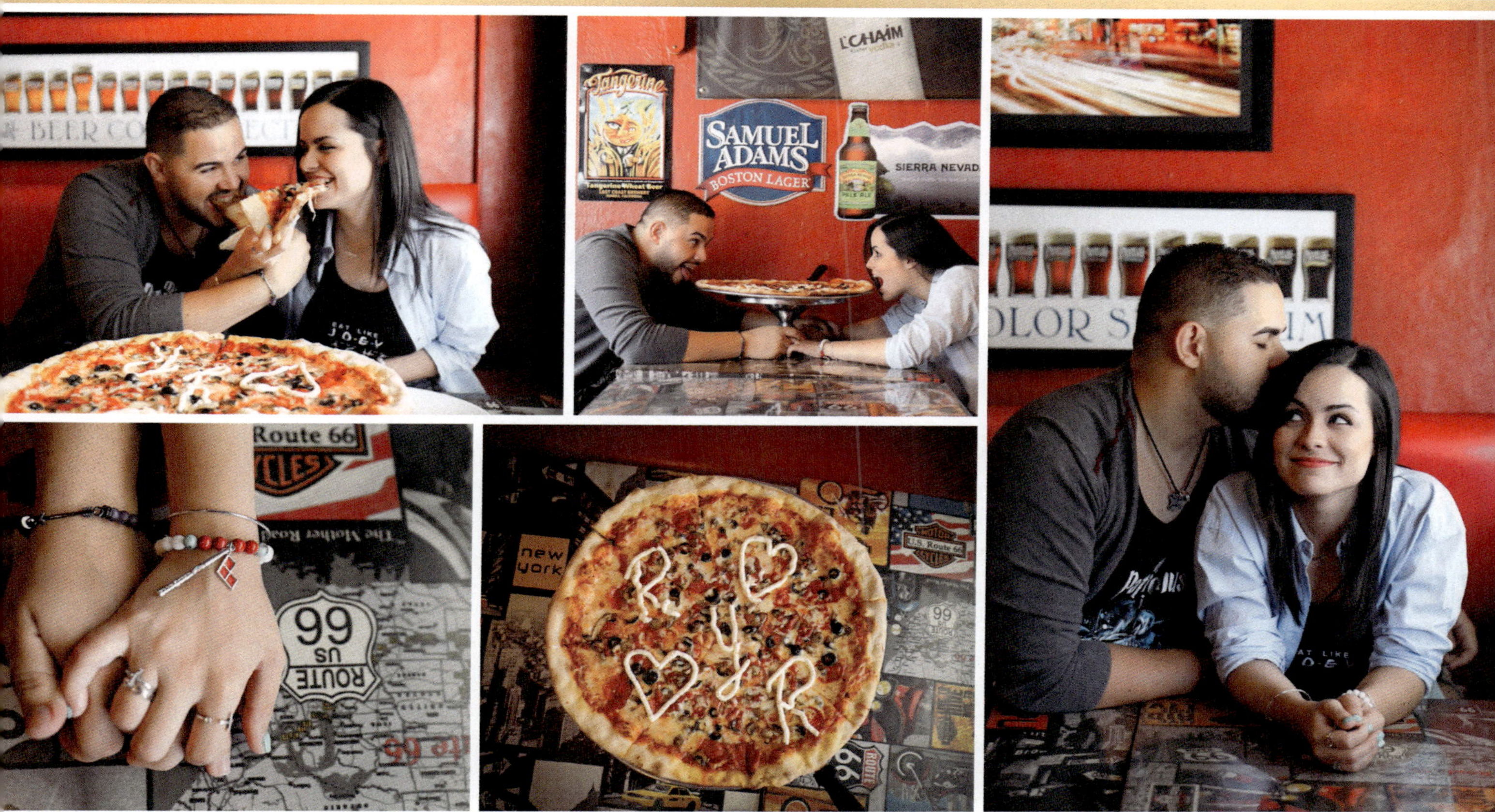

Recomendaciones para tu sesión preboda:

- Coordina con anticipación quién estará a cargo del arreglo personal de ambos.
- Si tu sesión está programada para la tarde, procura que tu cita para el peinado y maquillaje sea temprano en la mañana. Así podrás estar puntual. Recuerda que tus fotos en exterior deben ser con luz natural y esta tiene un periodo fijo.
- Decide si vas a hacer tu sesión con un estilo particular. Los novios aprovechan y hacen fotos distintas y su sesión preboda se convierte en una muy divertida.
- Busca el lugar ideal para ustedes como pareja. Como, por ejemplo, un escenario verde lleno de árboles, la playa o un lugar con alguna estructura arquitectónica interesante como una casona o un castillo.
- Elige la vestimenta adecuada para ambos y que esté en armonía con el tema y lugar escogido. Muéstrale a tu fotógrafo las ideas que consigas en revistas o páginas como *Pinterest,* entre otras. Consúltale si ese tipo de vestimenta es el más adecuado según tu tema. Pregúntale a tu fotógrafo si pueden llevar un cambio de ropa adicional como alternativa o que puedes alternar.
- Disfruta tu sesión y **confía en la creatividad** de tu fotógrafo.

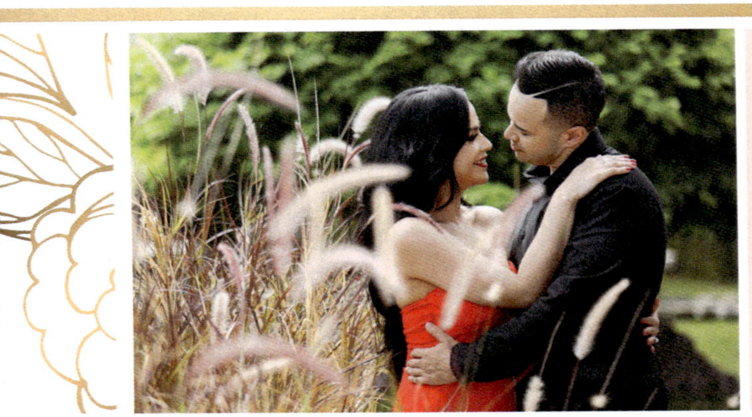

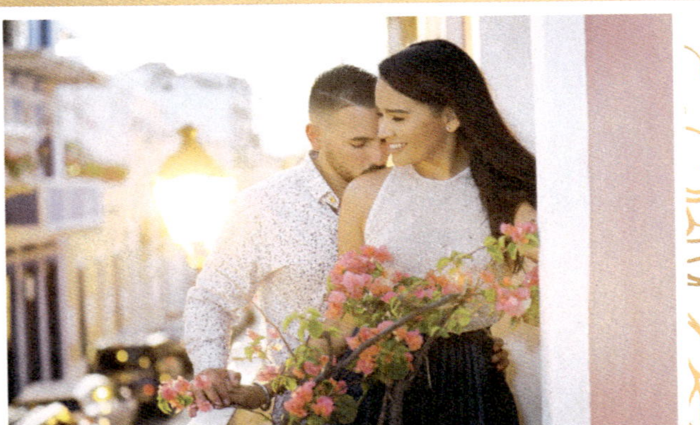

¿Qué puedes crear con tus fotos de la sesión preboda?

- Foto para usar en la recepción
- *Guestbook* (registro o libro de invitados) o álbum de la sesión
- *Save the date*, notificación para que los invitados separen la fecha de la boda
- Fotos para las invitaciones
- Fotos para publicaciones o un *website* de la boda
- Fotos para decorar su nuevo hogar
- Hacer una presentación para proyectarla durante el coctel o la recepción

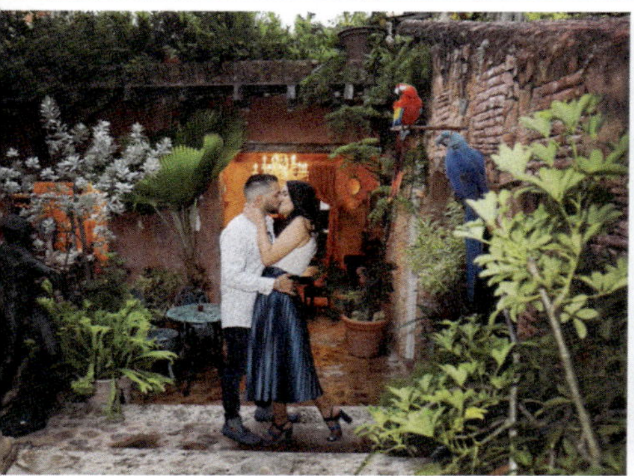

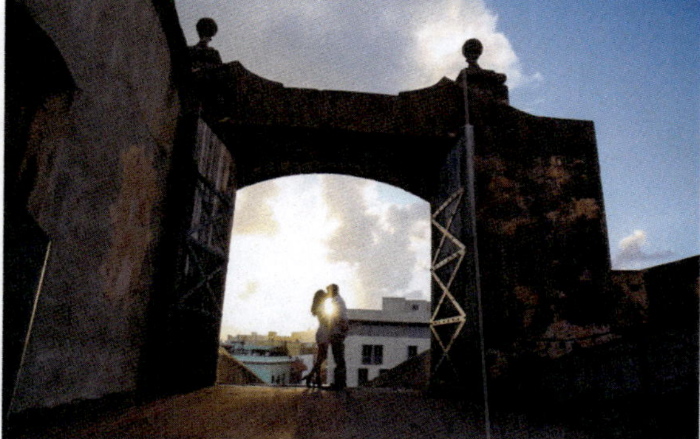

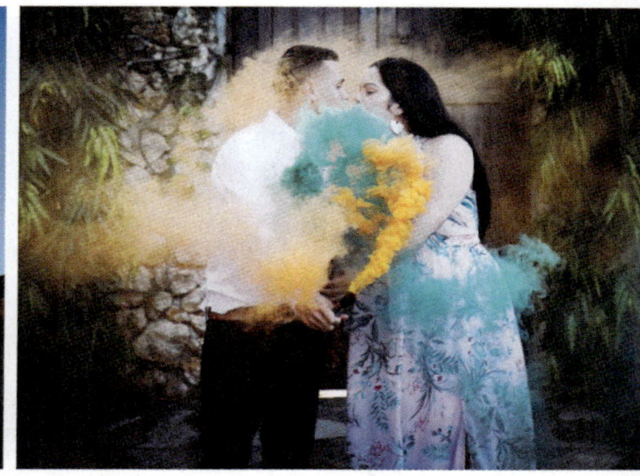

♡ **Mis notas:**

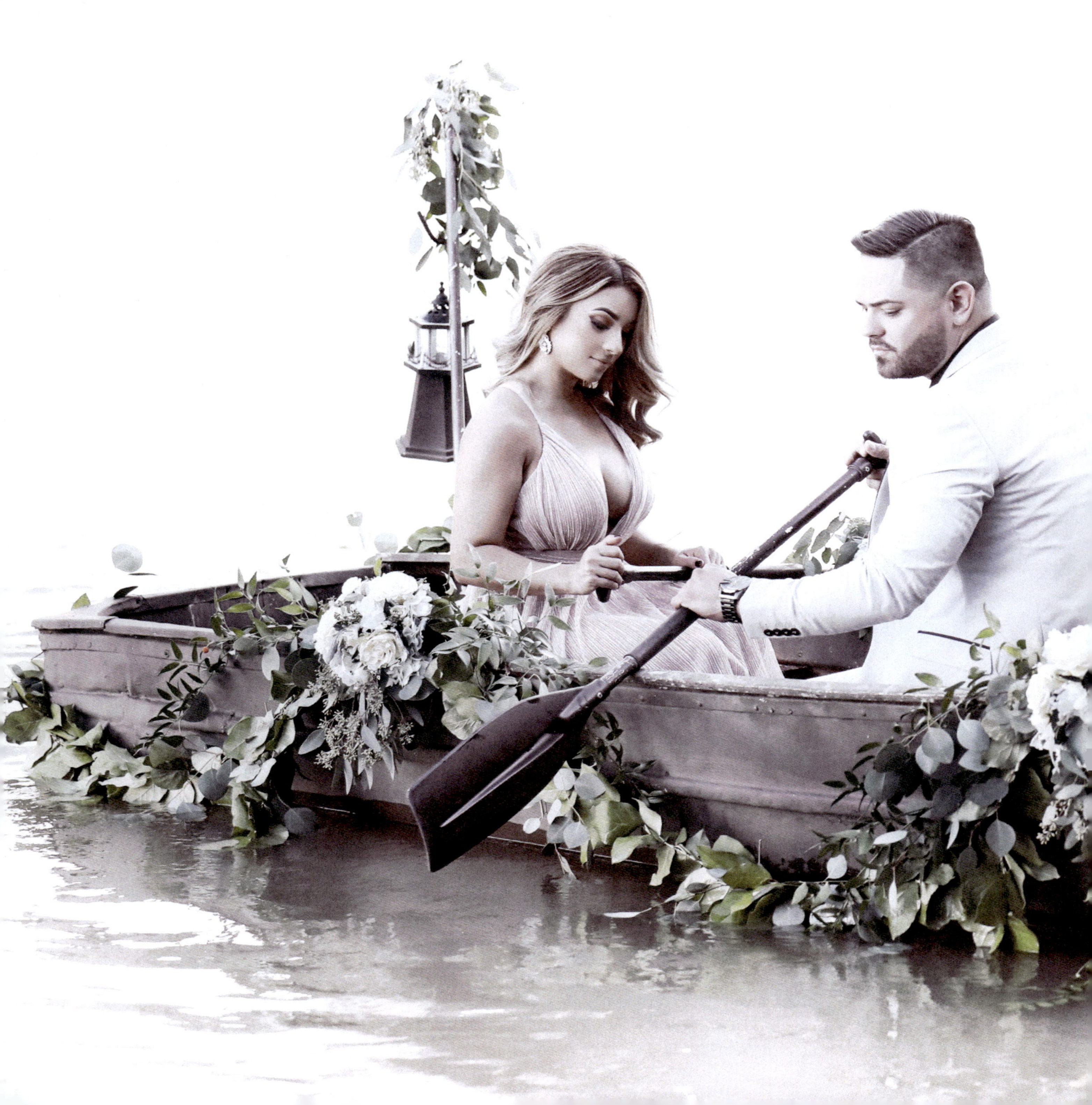

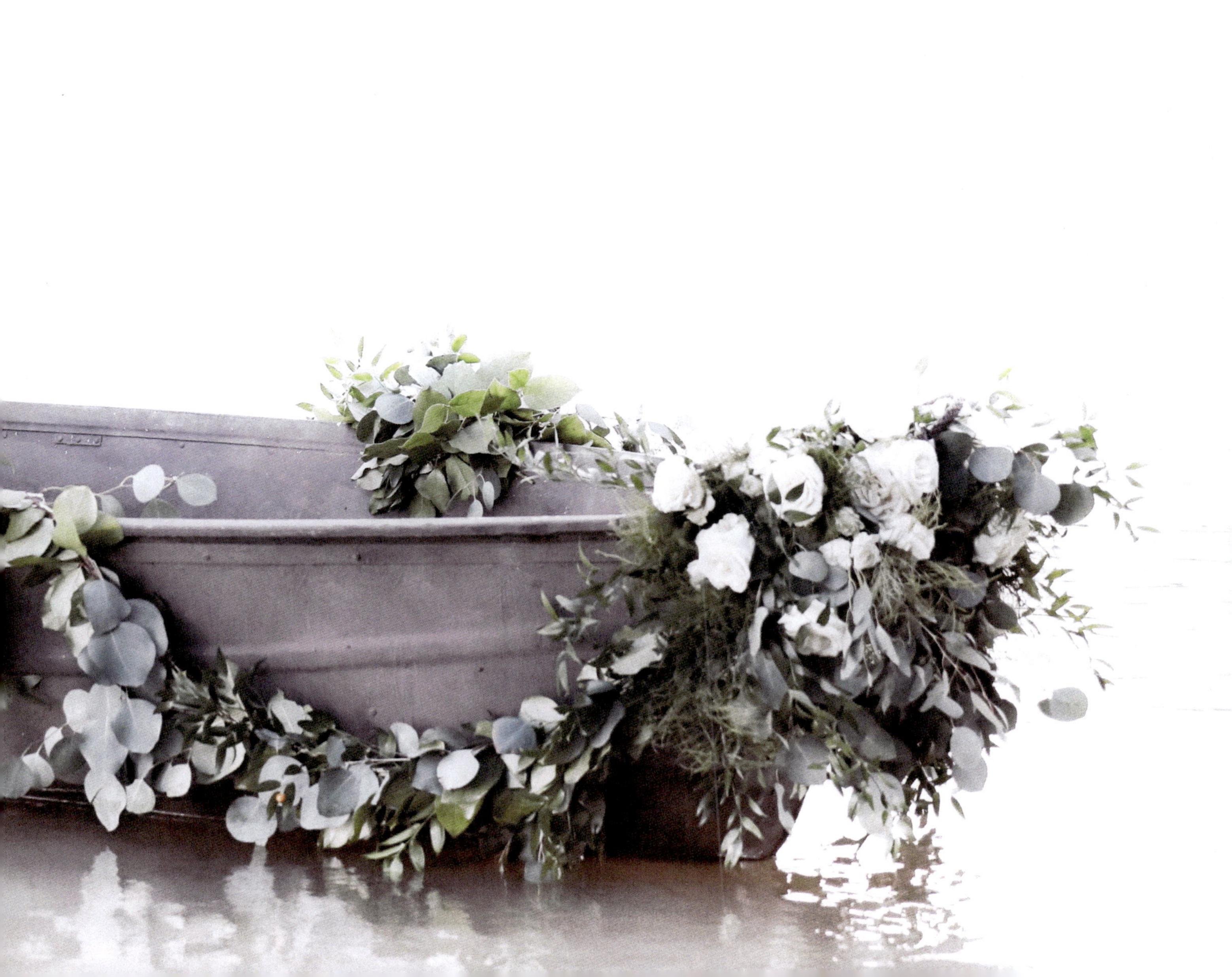

Segundo enfoque:

Prepárate para el «¡Sí, quiero!»

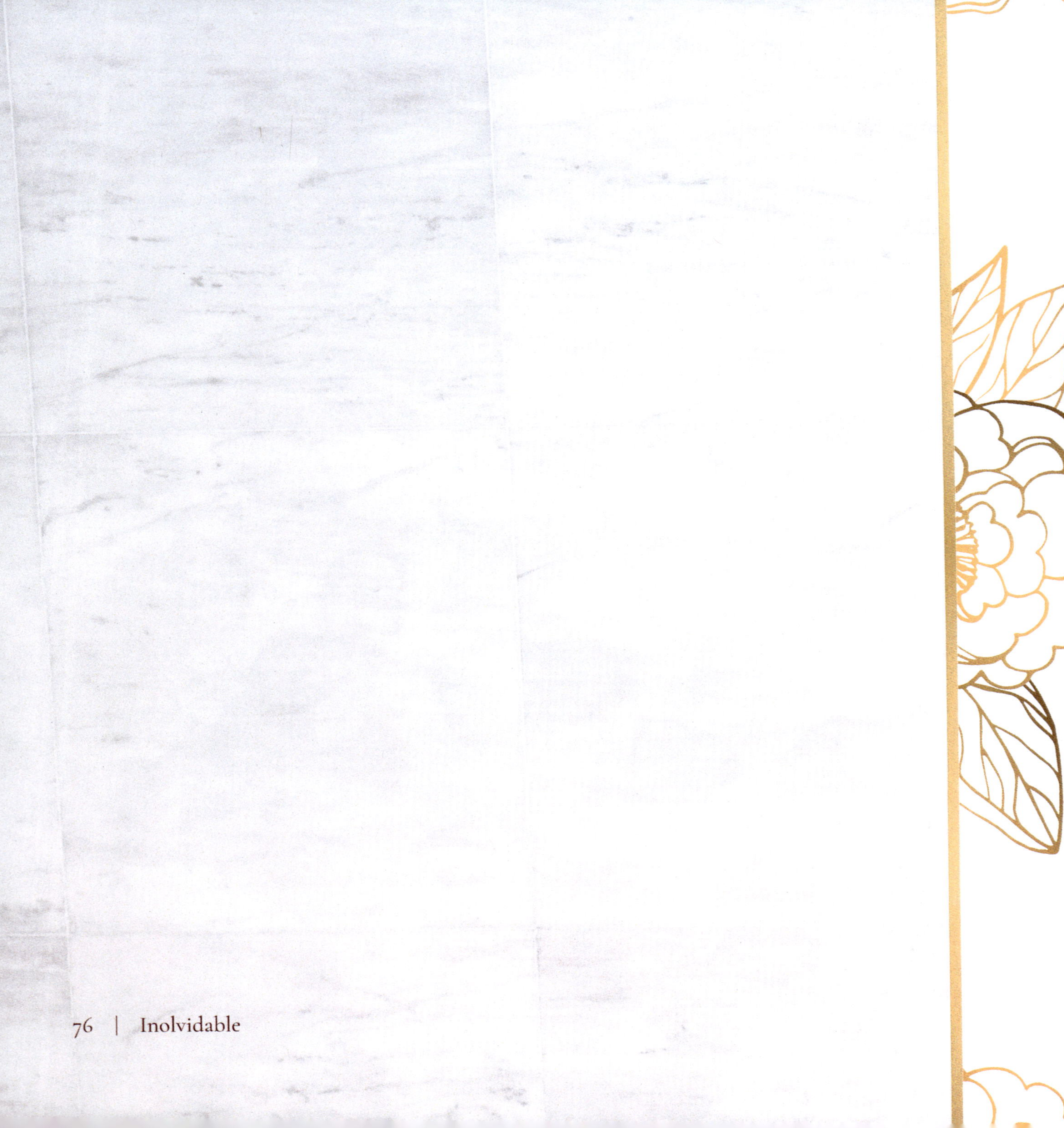

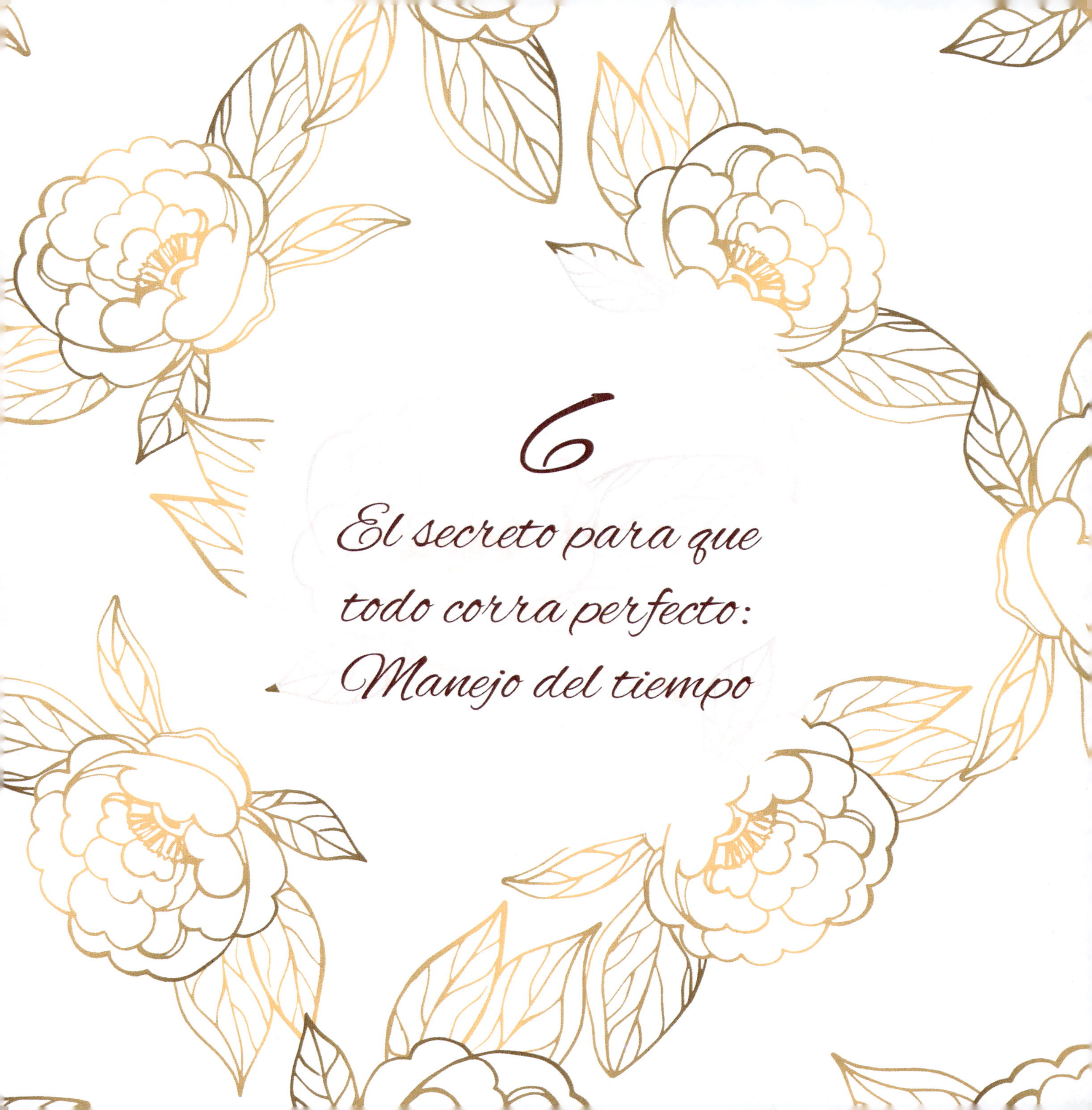

6

El secreto para que todo corra perfecto: Manejo del tiempo

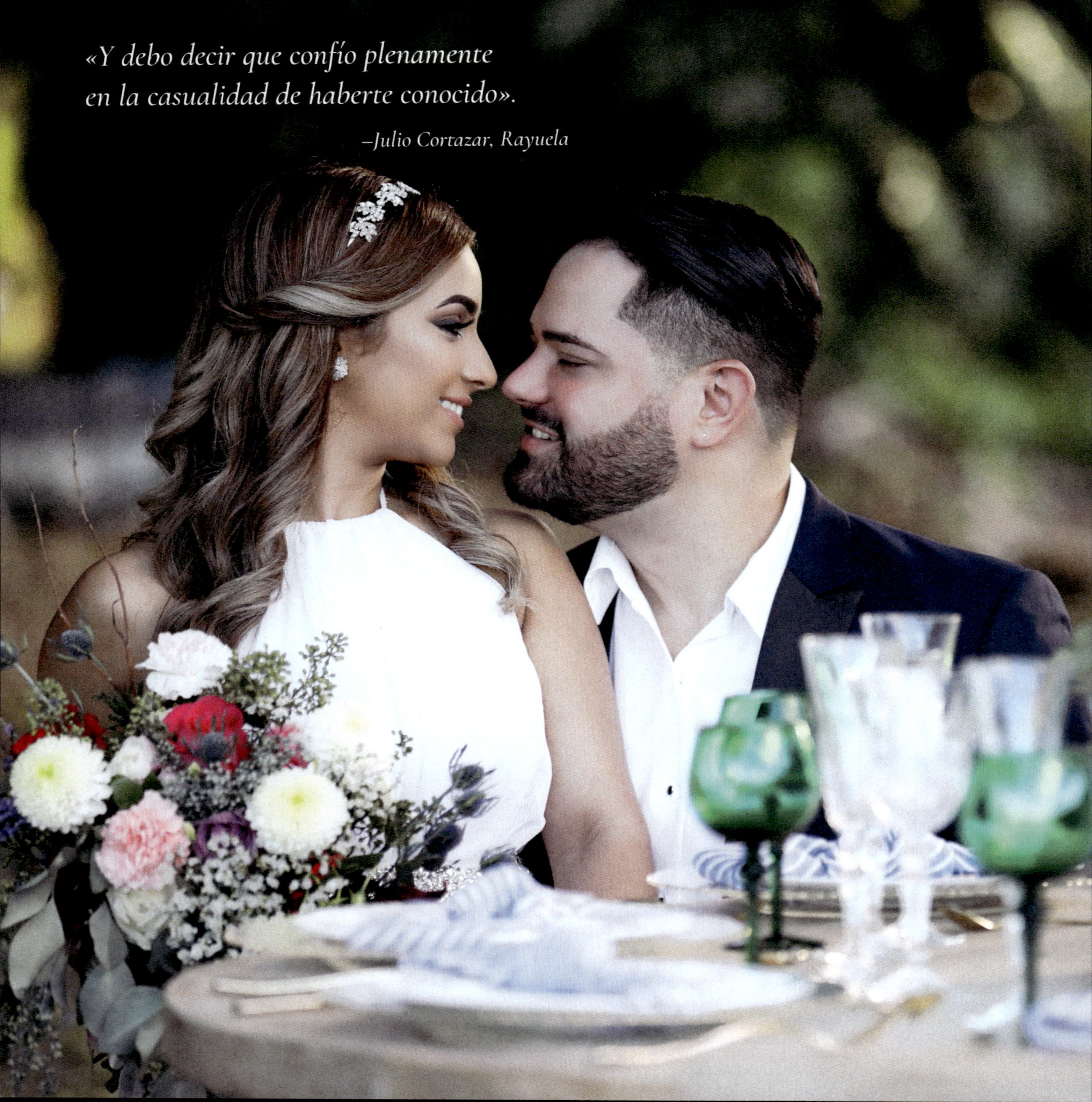
«Y debo decir que confío plenamente
en la casualidad de haberte conocido».
–Julio Cortazar, Rayuela

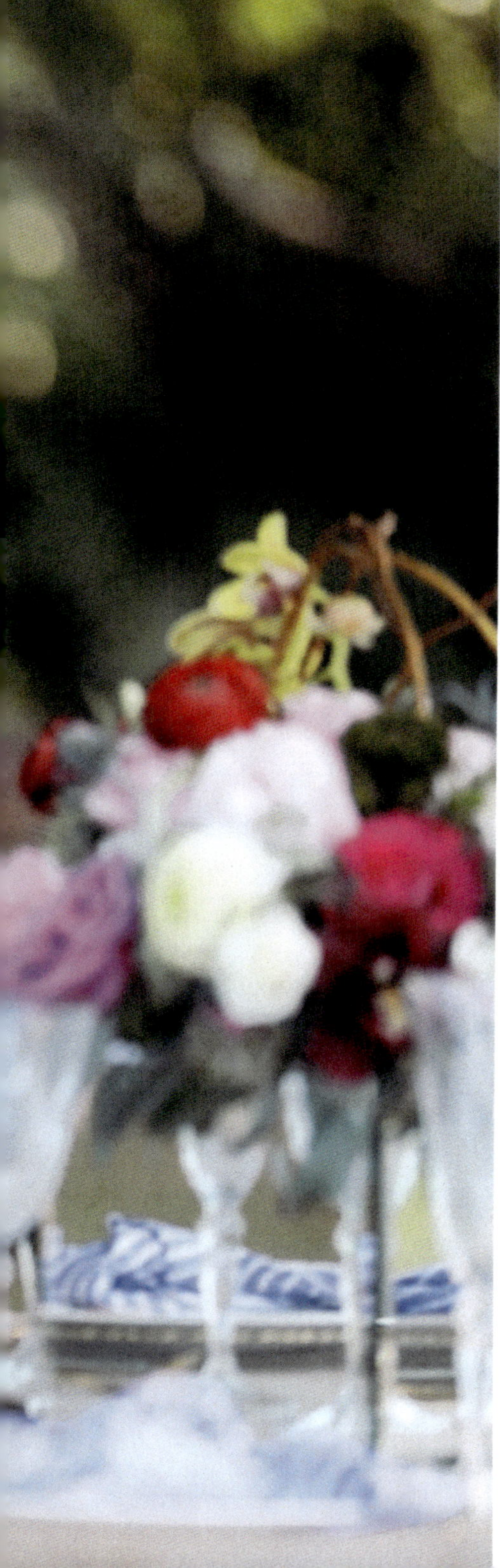

El día de tu boda pasa rápido. Lo que a veces nos toma hasta más de un año planificar, se nos va en un abrir y cerrar de ojos, así que mira el tiempo como un gran tesoro y planifica cada hora de una forma que no se te escape o afecte nada porque no hubo tiempo. Por mi experiencia a través de los años, uno de los temas que más enfatizo es el manejo de las horas y el tiempo porque es la razón principal por la cual puedes tener o no tener plasmados todos los momentos que tanto deseaste del día de tu boda.

Te estoy revelando **el secreto más importante para que todo quede perfecto: MANEJA BIEN EL TIEMPO EL DÍA DE TU BODA. Cada suplidor que elijas tiene que ser puntual** para que todo fluya de la mejor manera. Y esto los incluye a todos: los novios, el séquito, maquillista, fotógrafo, coordinador y decorador, entre otros. Cuando digo todos: es **TODOS.**

Siempre recomiendo que contrates un coordinador o coordinadora de eventos, ya que te ayudará para que tu boda sea insuperable. **Una coordinadora responsable y con**

experiencia va a trabajar un itinerario *(timeline)* contigo, así que todos debemos respetarlo y seguirlo. Asimismo, enfatizo en la puntualidad para que cada uno podamos hacer nuestro trabajo en el tiempo establecido.

Puedo darte muchas anécdotas, pero la más que recuerdo es la historia triste de esta novia que no pudo tener sus fotos de preparación debido a que su maquillista terminó su arreglo justo a la hora de la ceremonia... ¡no tuvimos más opción que salir corriendo a la iglesia! En ese momento, ella no tenía la conciencia de que, por la prisa, no se pudieron tomar sus fotos de preparación. Lo más triste de esta historia es que, cuando la novia recibió sus muestras, no tenía documentado ese momento que era tan especial para ella. Me dolió tanto verla llorar... Si hubiera estado lista a tiempo, hubiera tenido sus fotos de preparación. No quiero que esto te suceda a ti, ni a ninguna otra novia y por eso recalco la importancia de la puntualidad.

Siempre les indico a las novias que deben estar ***maquilladas y peinadas dos horas antes de la ceremonia,*** *para poder tomar todas esas fotos esperadas de su preparación.*

Las fotos de preparación incluyen los *portraits* de la novia, su vestido, fotos con sus familiares, los detalles... Así que, ten muy presente la puntualidad el día de tu boda. Si le dedicaste meses a la planificación de uno de los eventos más importantes de tu vida, organízate para asegurarte de que tendrás cada momento documentado impecablemente. Pregúntale a tu fotógrafo a qué hora debes estar lista y qué necesita de tu parte para que todo fluya. Hazle el proceso fácil para que juntos puedan lograr esas fotos memorables. Este detalle será la clave para que tu día corra de ensueño.

Es crucial que todos sigamos al pie de la letra el itinerario que diseñó tu coordinador o coordinadora para que todo quede como lo soñaste.

¿Insistí lo suficiente sobre la puntualidad?

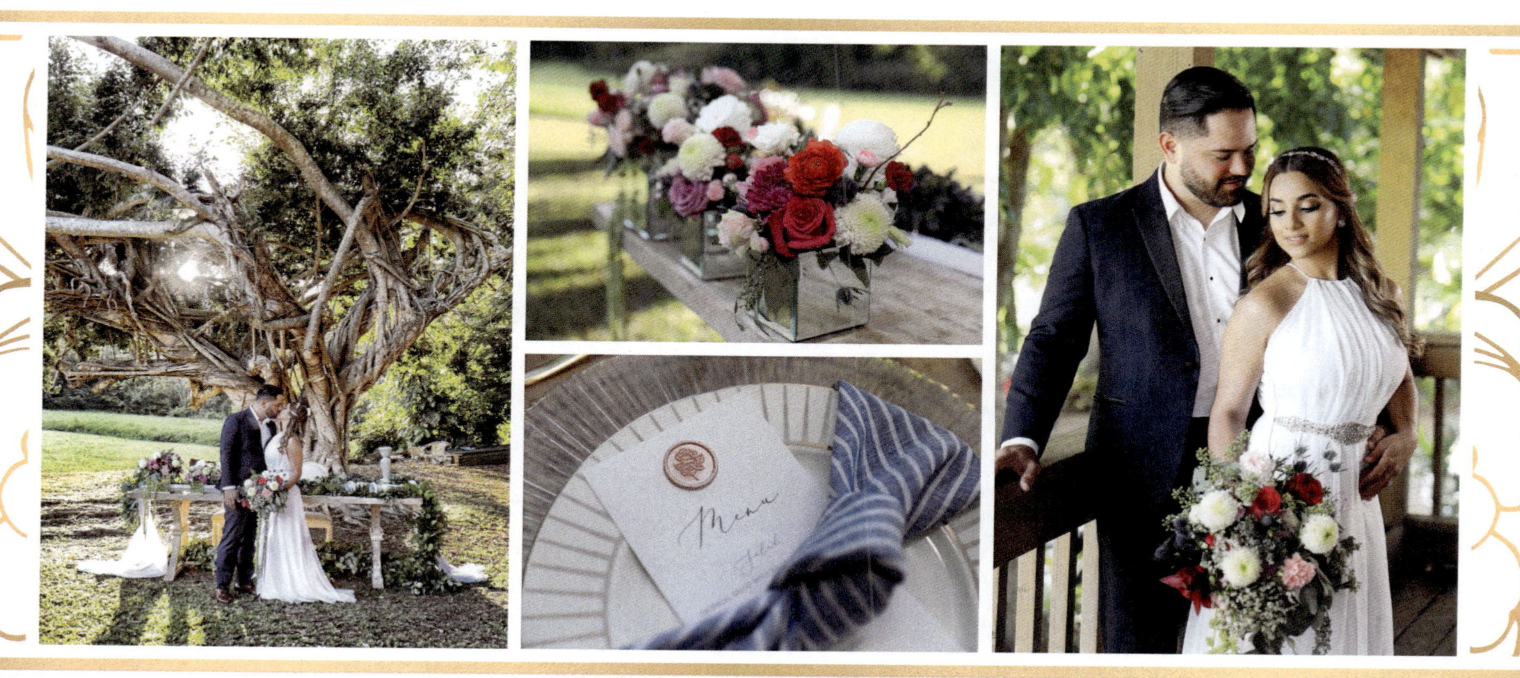

Mis notas:

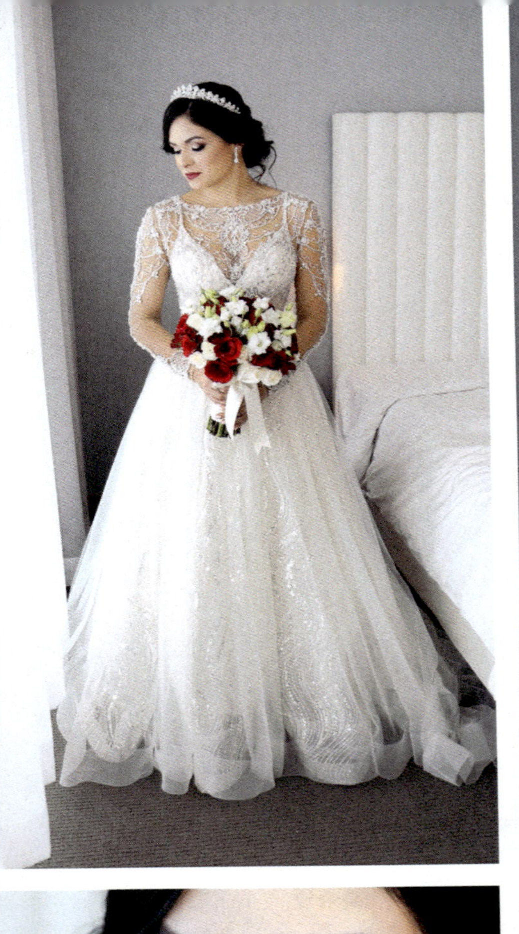

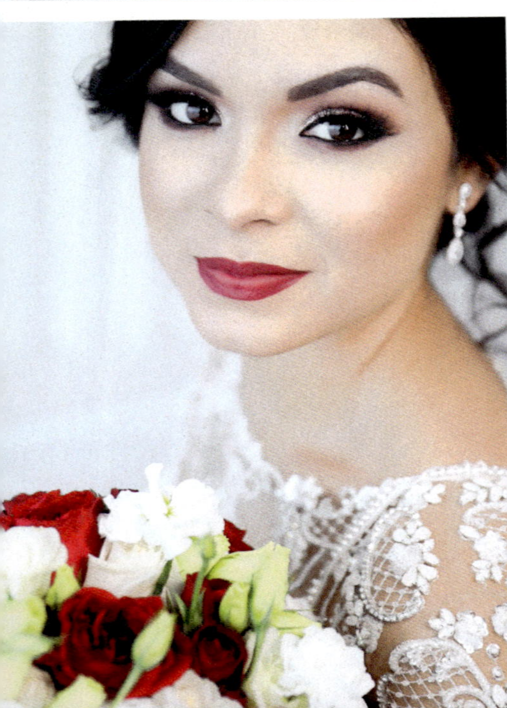

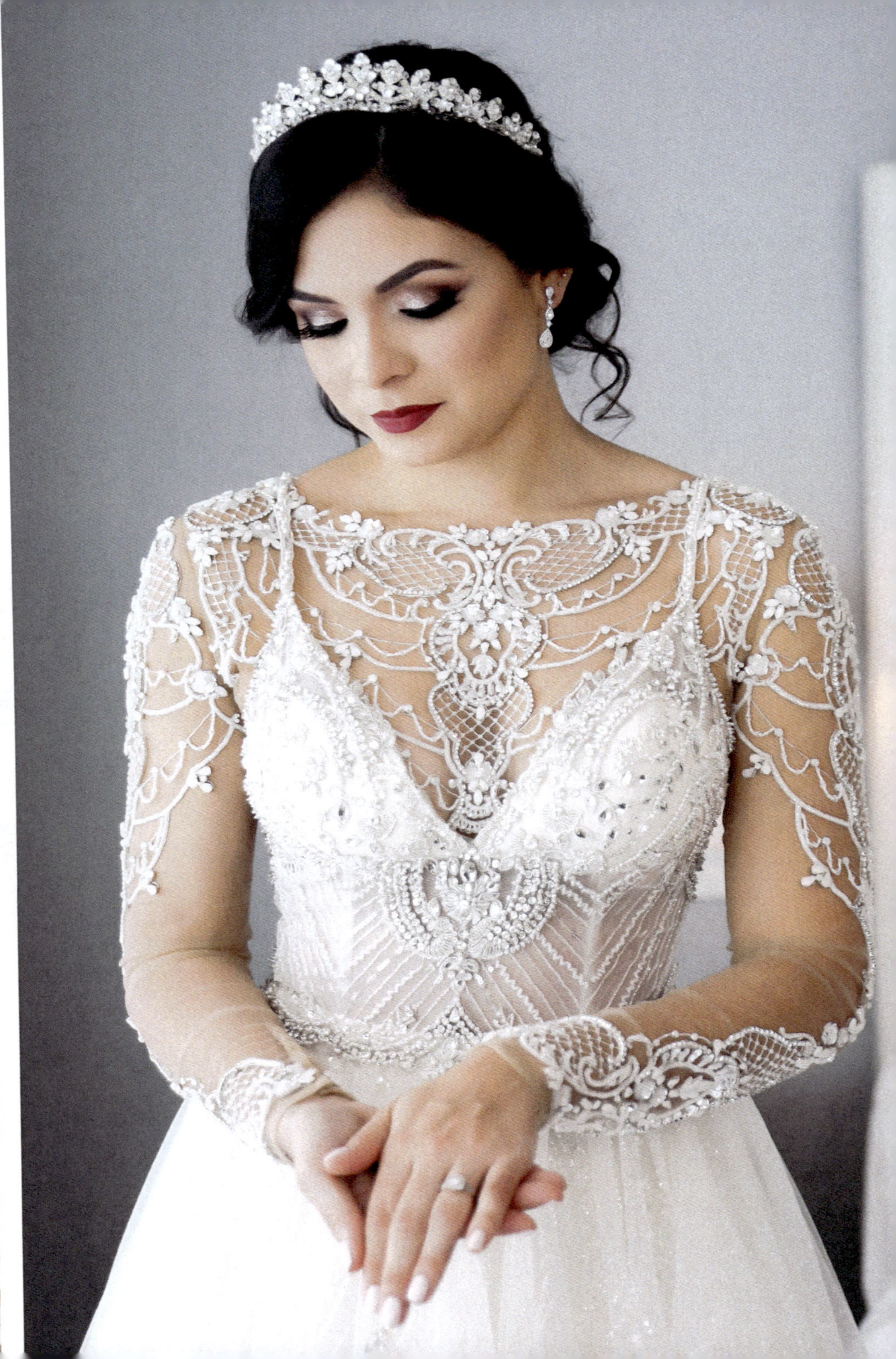

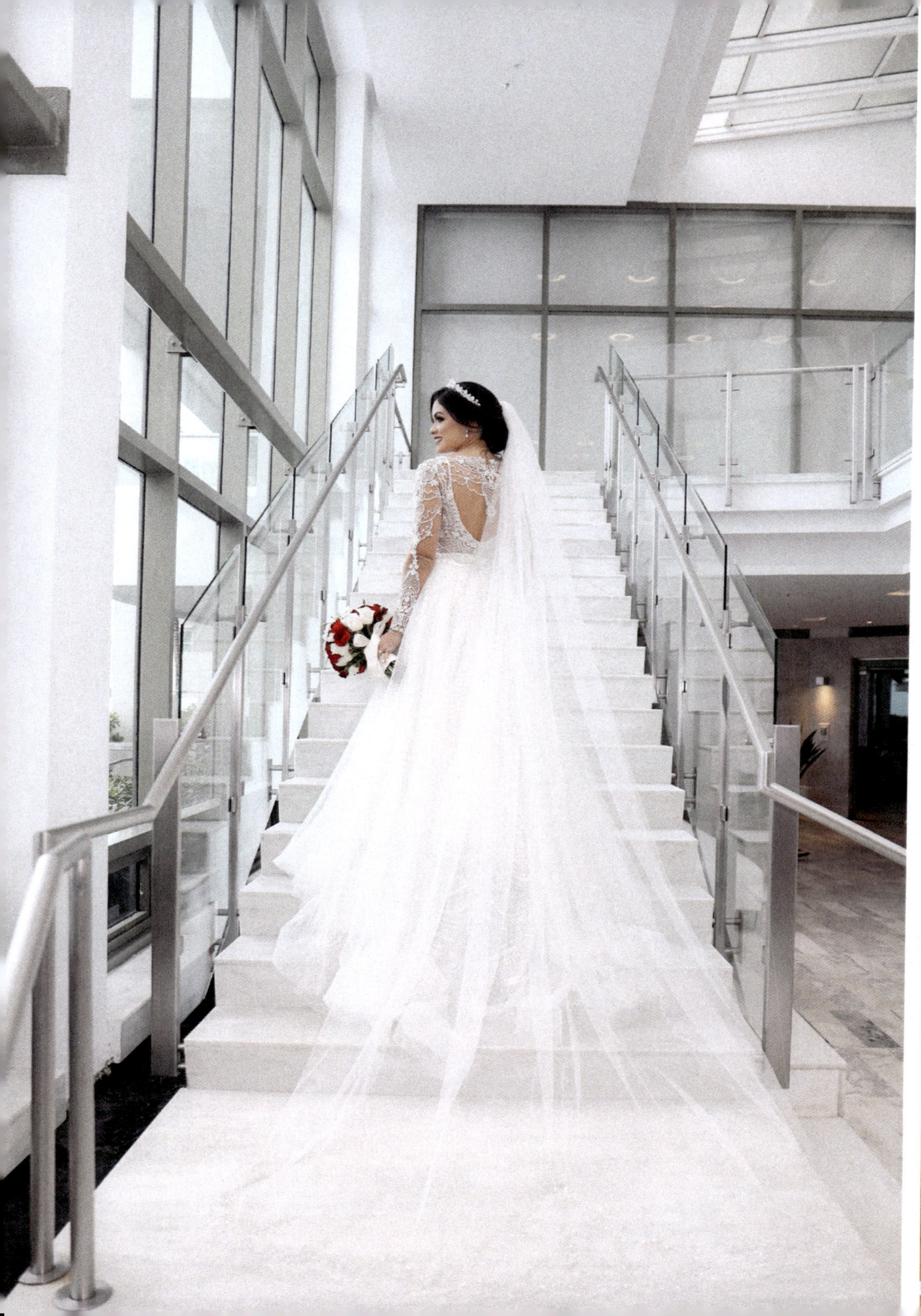

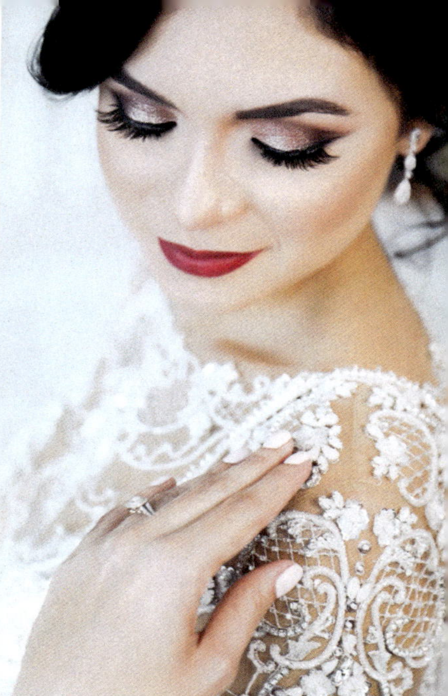

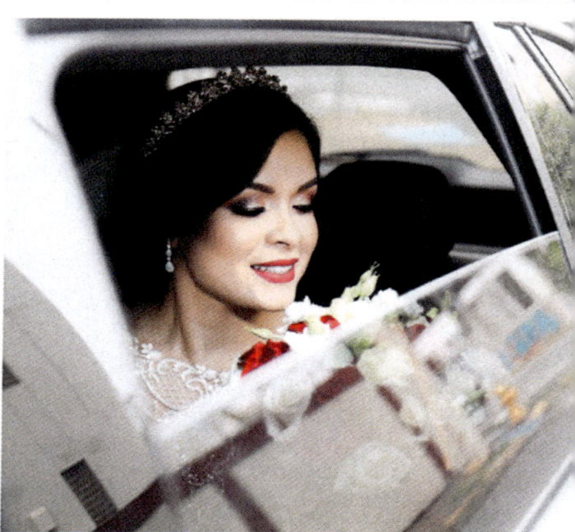

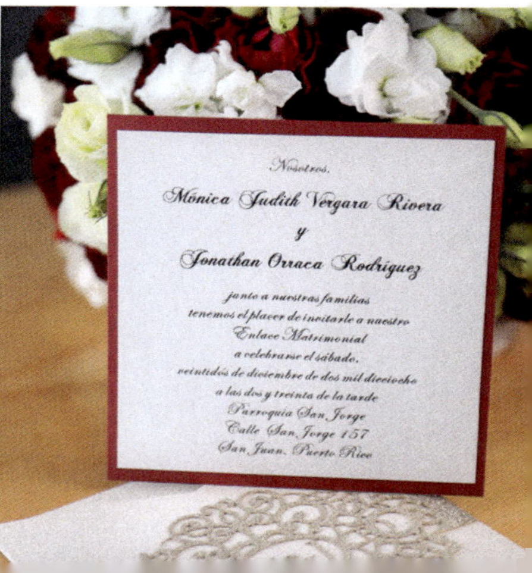
Nosotros,
Mónica Judith Vergara Rivera
y
Jonathan Orraca Rodríguez
junto a nuestras familias
tenemos el placer de invitarle a nuestro
Enlace Matrimonial
a celebrarse el sábado,
veintidós de diciembre de dos mil dieciocho
a las dos y treinta de la tarde
Parroquia San Jorge
Calle San Jorge 157
San Juan, Puerto Rico

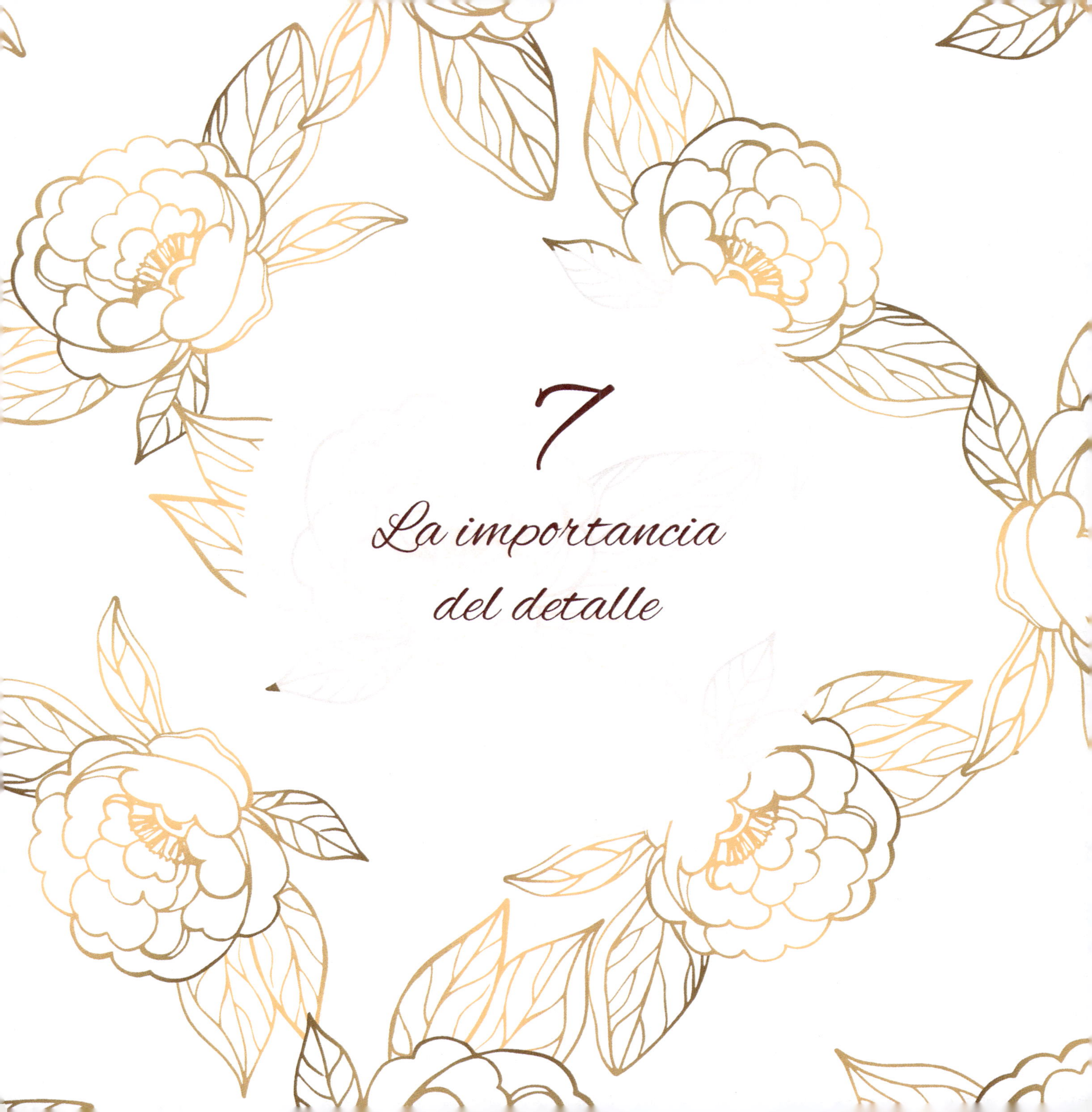

7

La importancia del detalle

«Las palabras nunca alcanzan
cuando lo que hay que decir
desborda el alma».

–Julio Cortázar

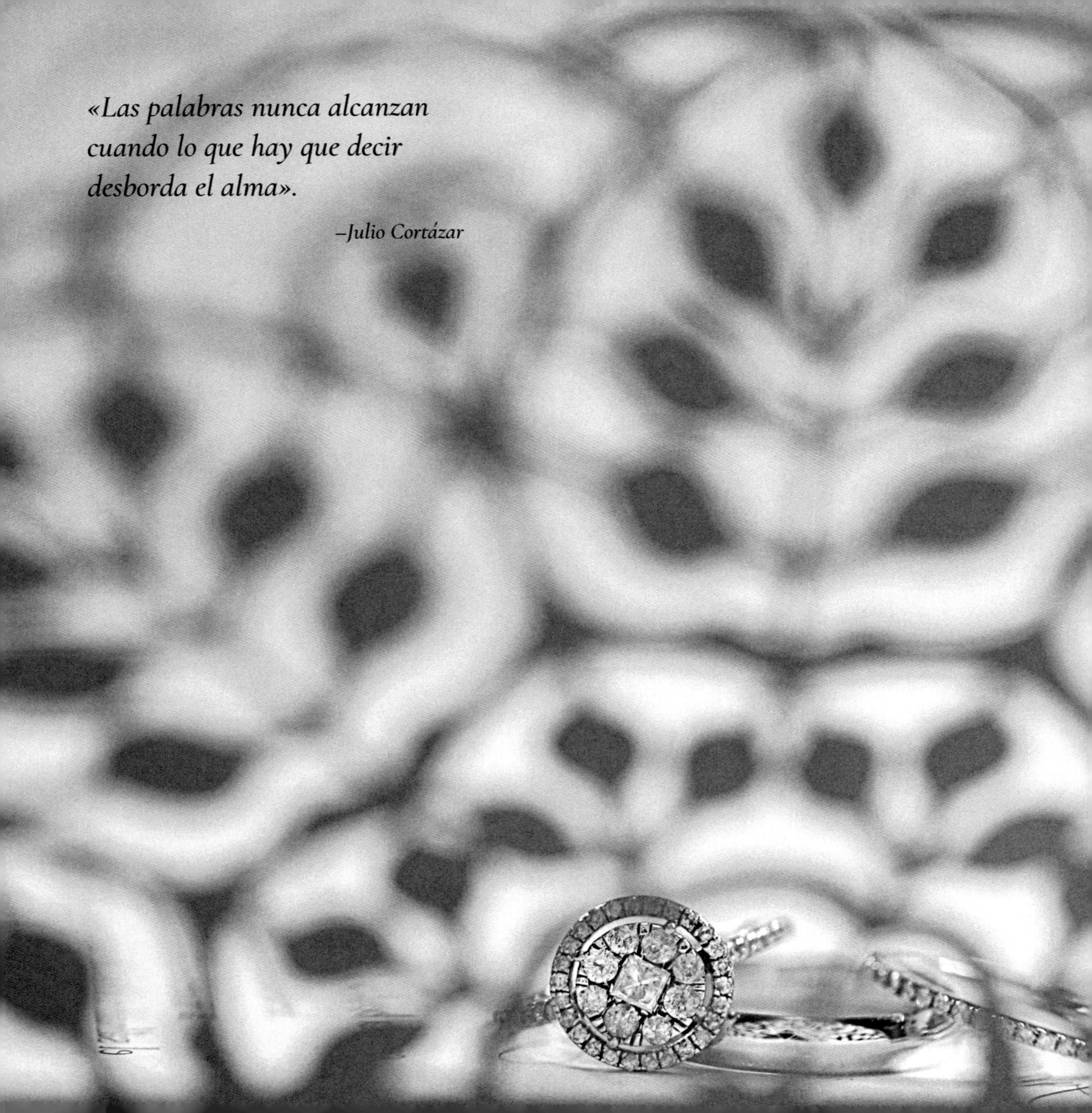

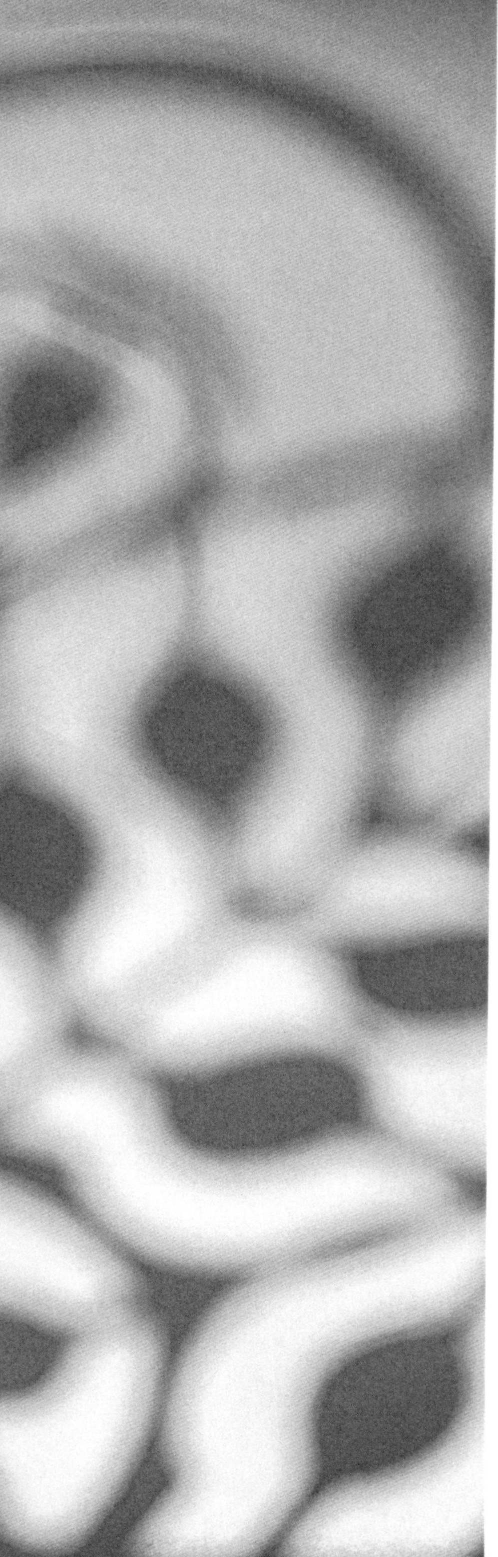

Siempre digo que soy una fotógrafa de detalles. Documentar tu día requiere atención al más mínimo elemento para capturar la esencia, espíritu y gustos de cada uno y lograr que se reflejen en cada foto a la perfección. El proceso de planificación de una boda está lleno de muchos momentos y detalles, y todos son importantes. Nuestro trabajo como fotógrafos es capturar la esencia de ese día en todos los aspectos. De las primeras tareas que hacemos el día de la boda al llegar a la habitación de la novia, es tomar todos sus detalles como anillos, invitación, ramo, liga, zapatos y traje, entre otros; y es que no solo se le toma fotos a la novia, sino que se determina un espacio de tiempo –que por mi experiencia es de aproximadamente 30 minutos– para tomar los elementos importantes de ese día especial. Cuando me reúno con mis clientes, siempre les digo que preparen sus artículos para las fotos y es que, hasta para escoger la cinta que va en tu invitación tuviste que elegir entre un mínimo tres o cuatro opciones, fue tiempo que invertiste y tu gusto está impregnado en cada detalle. Con este ejemplo, quiero que tengas claro que, si es así para escoger una cinta, imagínate para elegir tu vestido de novia, zapatos, joyería y hasta el color tema. En fin, cada elemento refleja tu gusto y la personalidad de ambos y es donde comienza la creatividad que se verá reflejada en tu álbum de bodas. Mi recomendación es que hagas una lista de esos detalles que no quieres que falten en tus fotos y prepara una caja con todo. Así, tan pronto llegue tu fotógrafo, se la entregas para que comience de inmediato a tomarles fotos y no se te quede nada. Entre los detalles que no deben faltar están los siguientes:

Tu lista de detalles para fotografiar

Novia

- [ ] Traje de la novia
- [ ] Aretes
- [ ] Brazaletes
- [ ] Collar
- [ ] Tiara
- [ ] Anillos
- [ ] Invitación
- [ ] Liga
- [ ] Zapatos
- [ ] Recordatorios
- [ ] Regalos para el séquito, para el novio, la novia...
- [ ] Gancho de los trajes
- [ ] Perfume
- [ ] Abanico
- [ ] Ramo
- [ ] Otros: ____________________

____

____

____

CONSEJO: Ten disponibles dos pares de zapatos, los que usarás para casarte y para las fotos, y otra opción para bailar durante toda la recepción.

Novio

- [ ] Corbata o lazo
- [ ] Traje o etiqueta
- [ ] Zapatos
- [ ] Medias
- [ ] Juntas
- [ ] Perfume
- [ ] Otros: ______________________

____

____

____

Mis notas:

____

____

____

____

____

____

____

____

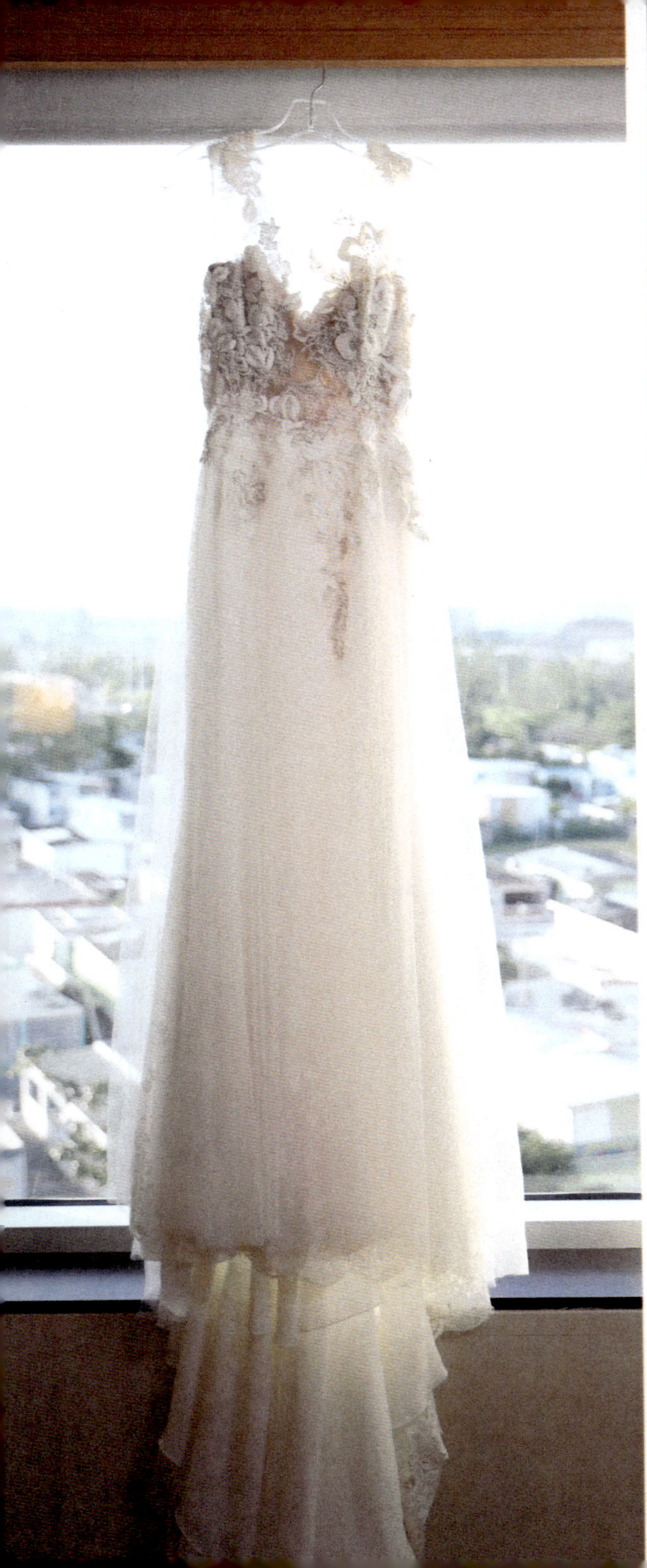

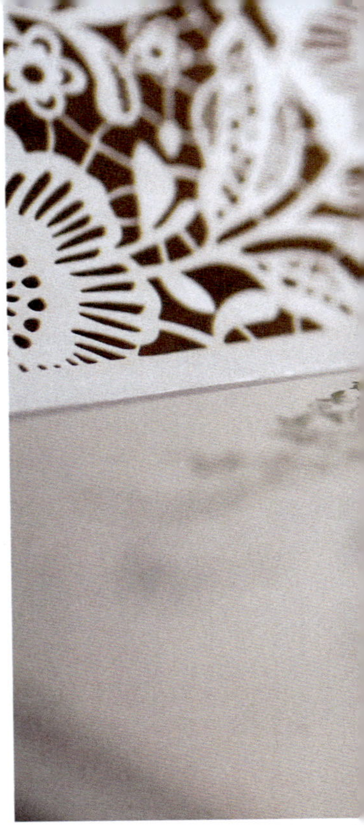

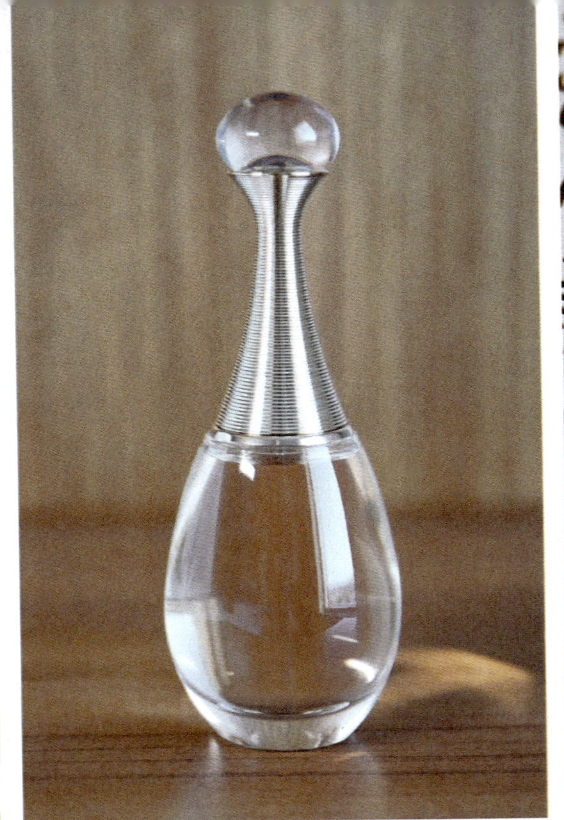

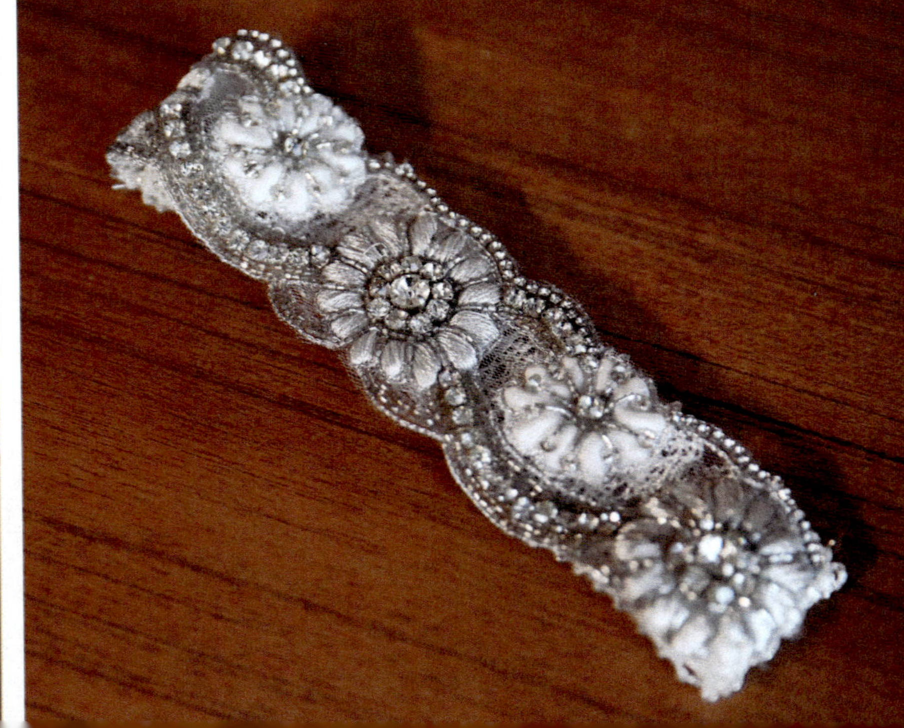

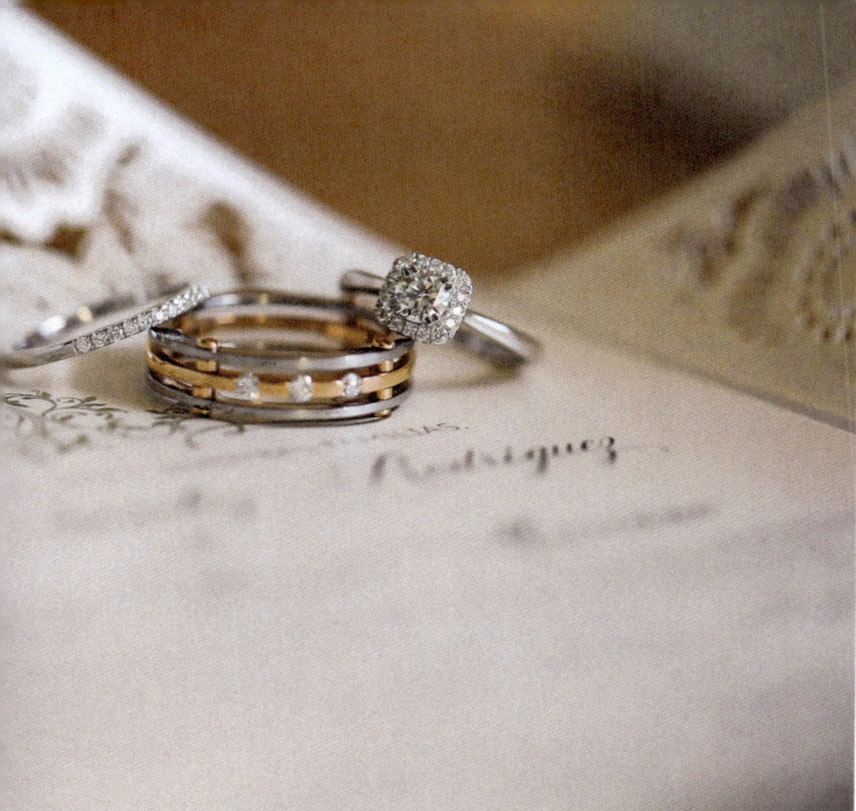

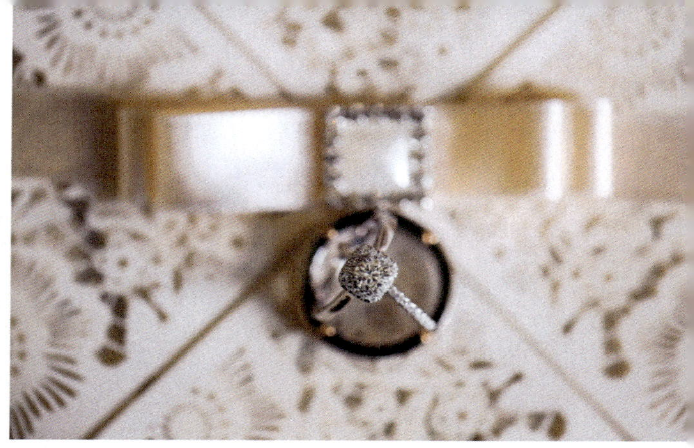

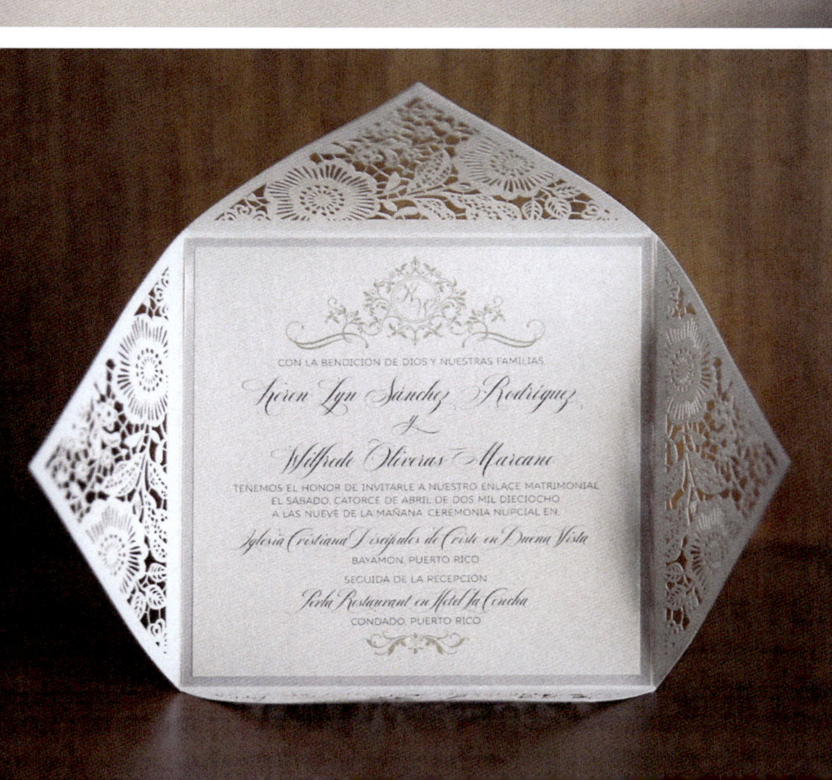
CON LA BENDICION DE DIOS Y NUESTRAS FAMILIAS
Keren Lyn Sánchez Rodríguez
y
Wilfredo Oliveras Marcano
TENEMOS EL HONOR DE INVITARLE A NUESTRO ENLACE MATRIMONIAL
EL SÁBADO, CATORCE DE ABRIL DE DOS MIL DIECIOCHO
A LAS NUEVE DE LA MAÑANA CEREMONIA NUPCIAL EN.
Iglesia Cristiana Discípulos de Cristo en Buena Vista
BAYAMON, PUERTO RICO
SEGUIDA DE LA RECEPCIÓN
Perla Restaurant en Hotel La Concha
CONDADO, PUERTO RICO

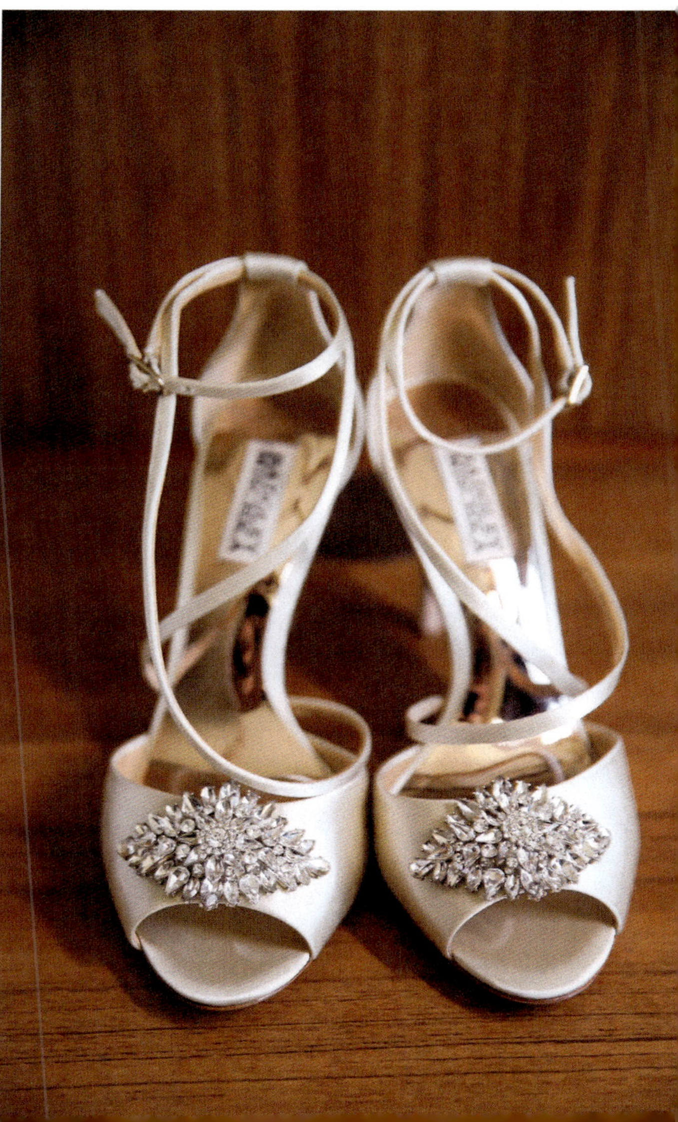

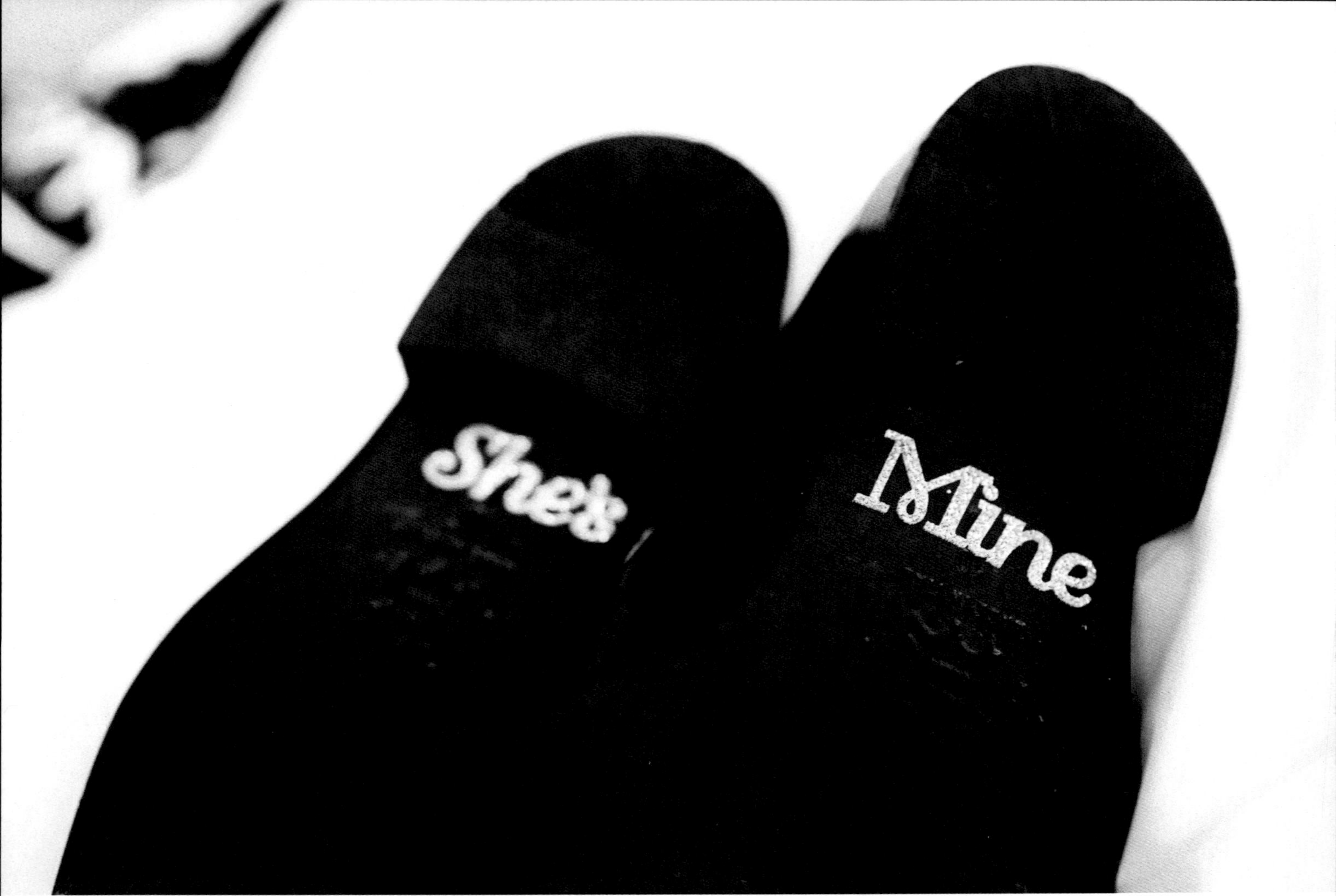

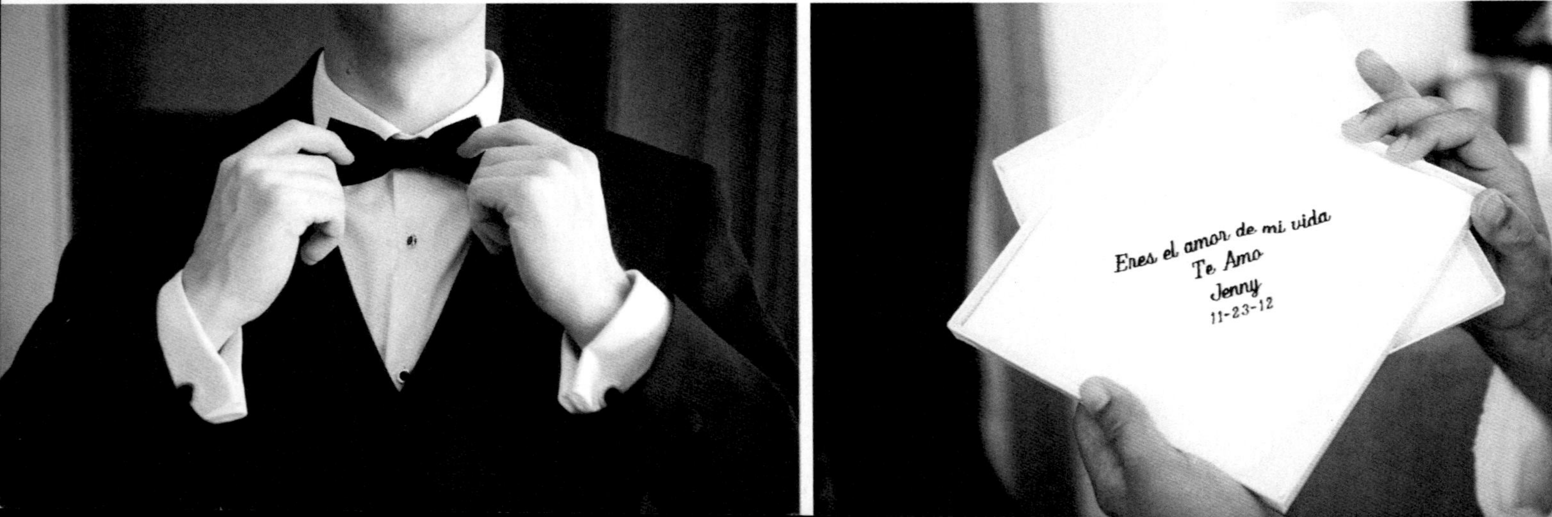
Eres el amor de mi vida
Te Amo
Jenny
11-23-12

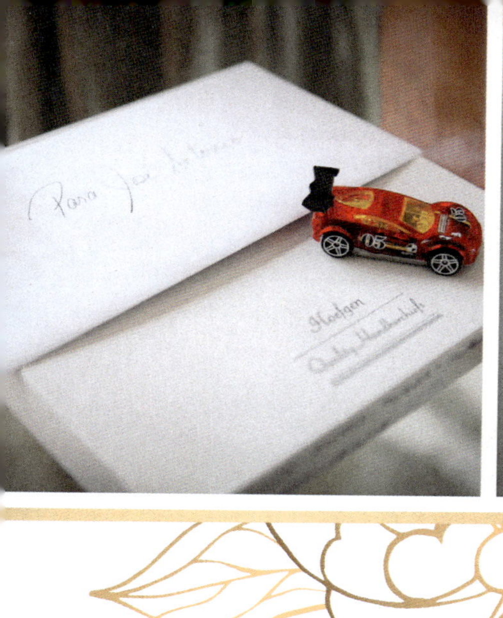

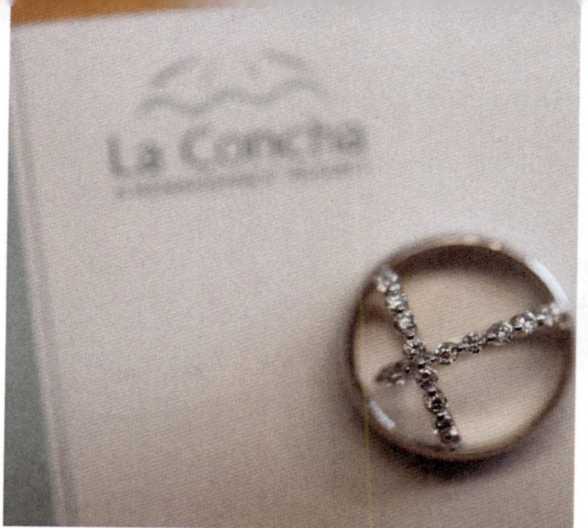

La Concha

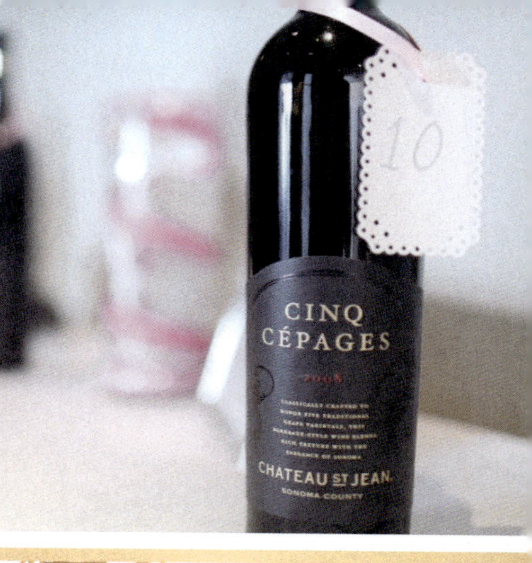

10
CINQ
CÉPAGES
CHATEAU ST JEAN
SONOMA COUNTY

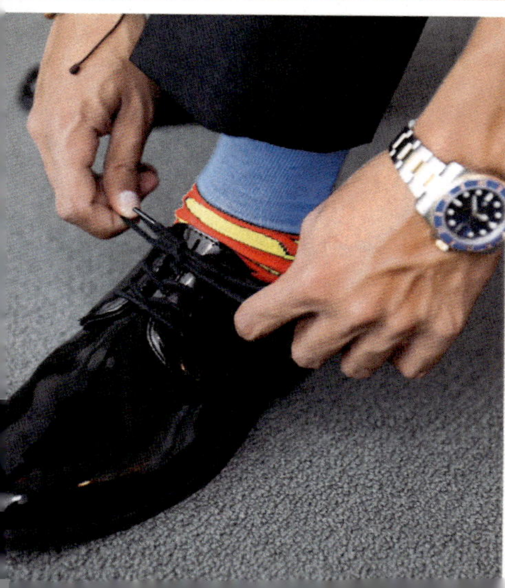

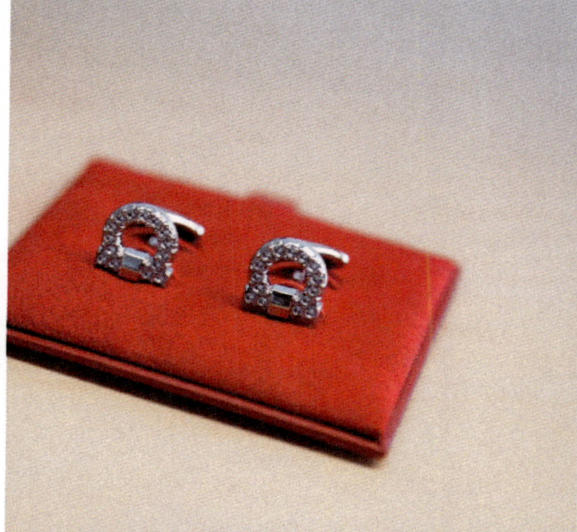

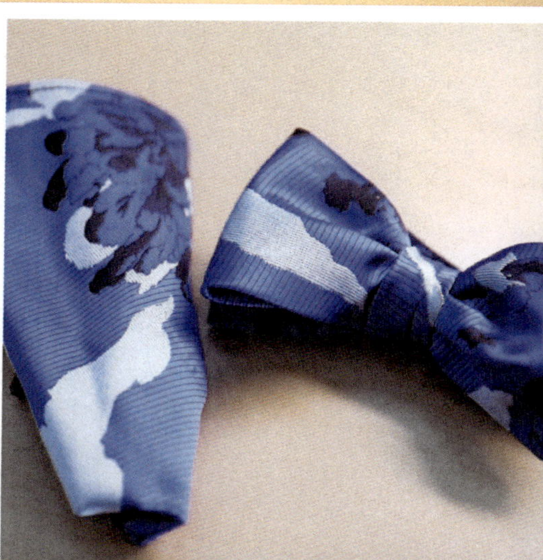

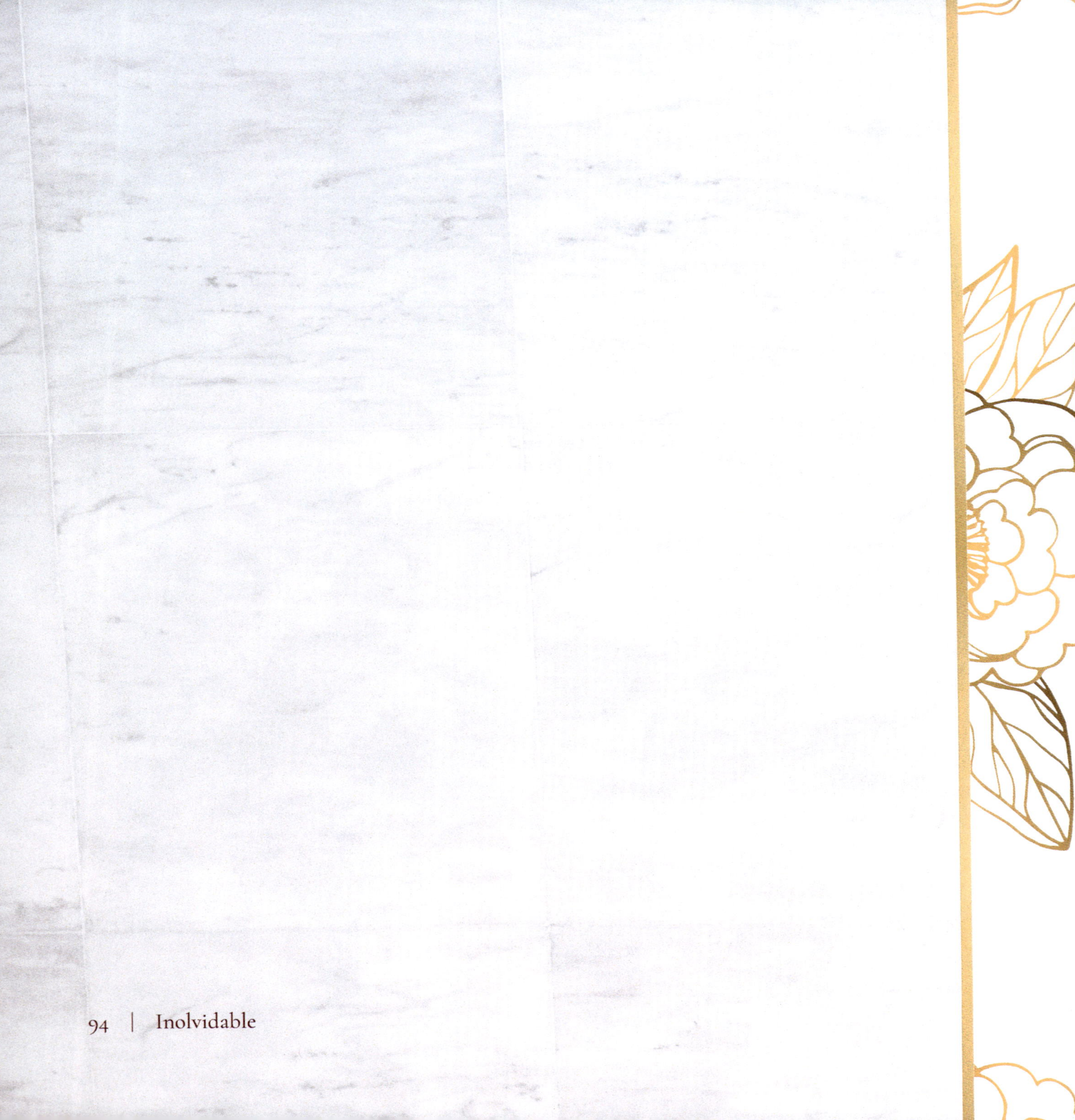

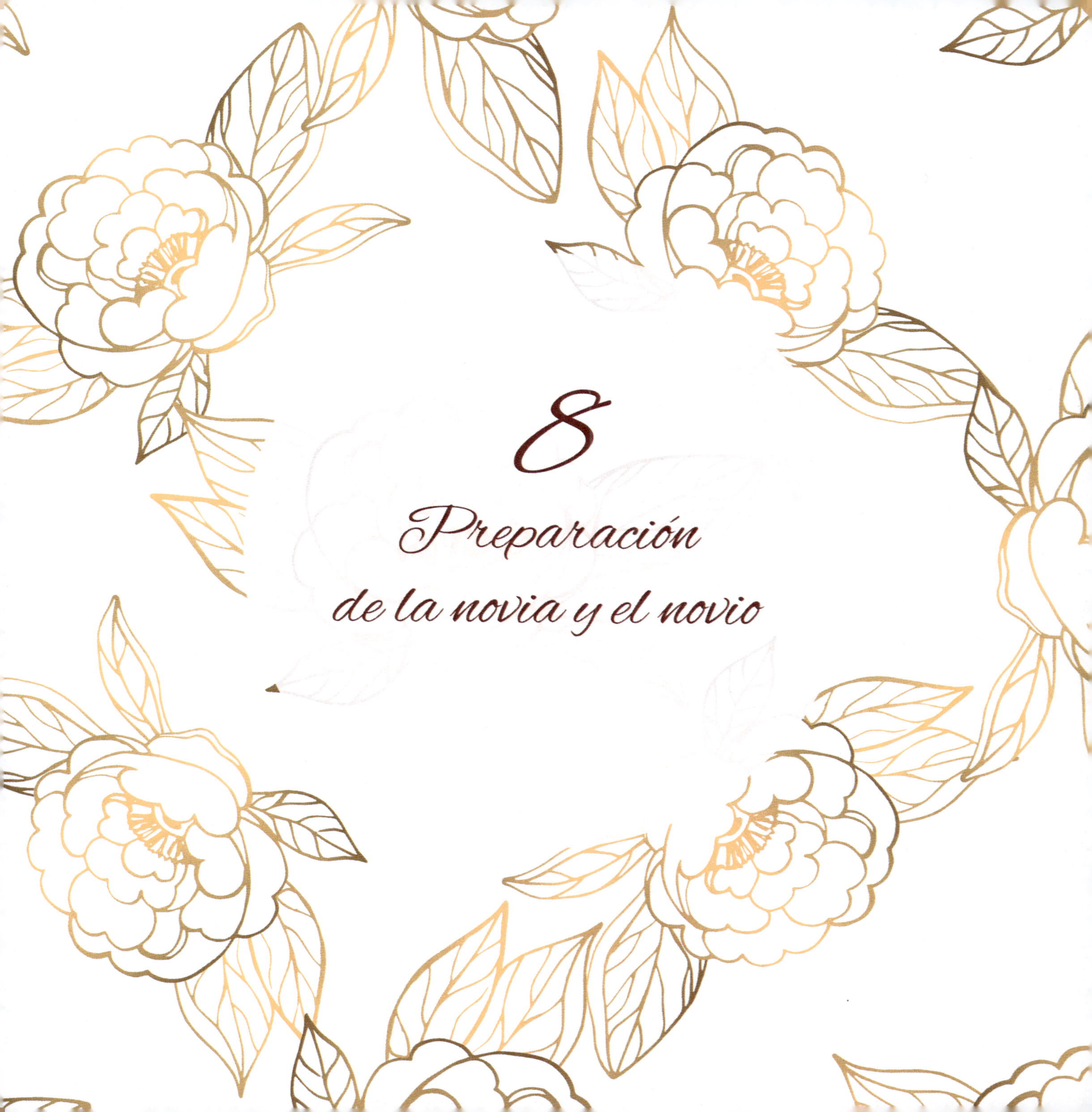

8

Preparación de la novia y el novio

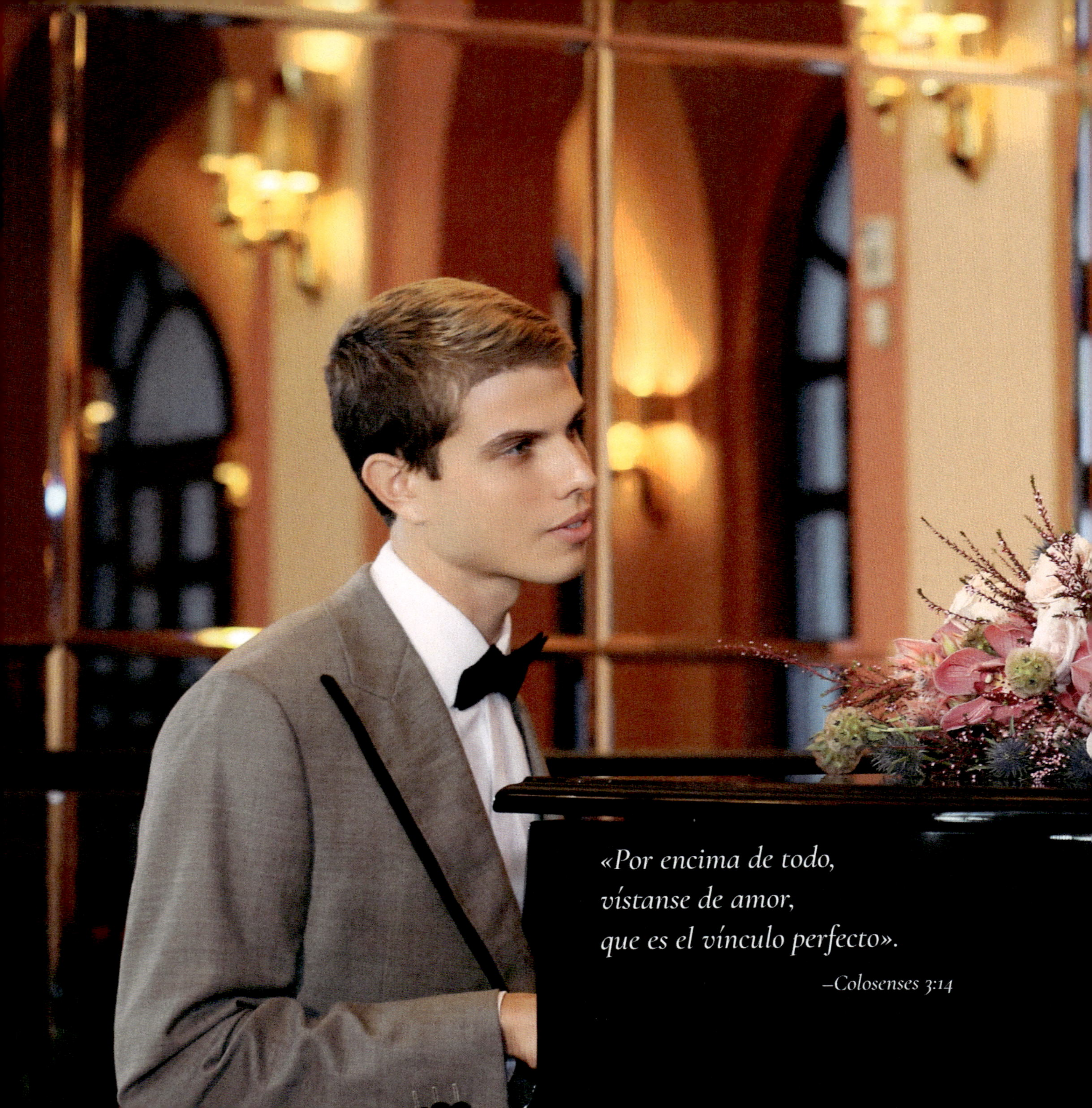

«Por encima de todo,
vístanse de amor,
que es el vínculo perfecto».

–Colosenses 3:14

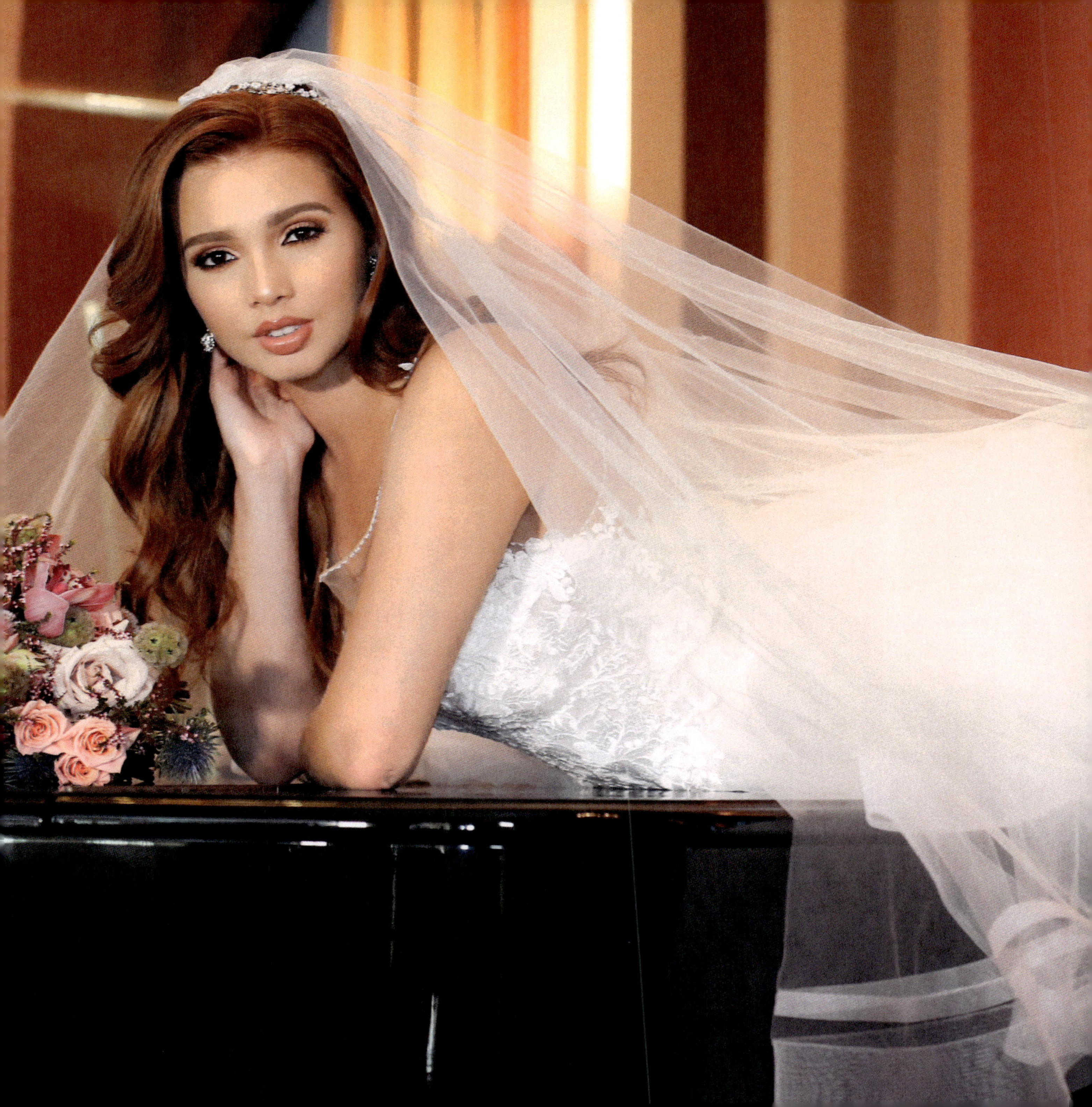

Sácale provecho

En mi experiencia, es recomendable que el fotógrafo llegue dos horas antes de la ceremonia a la casa o al hotel donde están los novios. En este momento, es importante que la novia ya esté lista (maquillada y peinada)
o casi lista para que así dé tiempo de capturar las imágenes en un ambiente tranquilo y acogedor; igualmente, el novio. En este periodo, se toman las fotos formales de la novia, el novio, las familias y el séquito.

Si vas a elegir la habitación de un hotel, mi consejo es que te asegures de que sea amplia, tenga buena iluminación natural (es recomendable que tenga ventanas en cristal y el cuarto sea luminoso) y su decoración esté a gusto con tu estilo. Algo que es bien importante, y tal vez un poco difícil por el trajín del día, es mantener la habitación organizada. Recuerda que el entorno se verá en tus fotos. Ten en cuenta que todo el equipaje y las cosas que no desees que salgan en tus fotos, deben ser guardados en un lugar no visible.

Muchas veces optamos por incluir fotos de nuestro séquito durante esta fase de preparación y aunque estas fotos son muy hermosas, para facilitar el manejo de estas de una forma más tranquila, te recomiendo que coordines otra habitación para el séquito. Así tus chicas se podrán arreglar y vestir más cómodas y, de una vez, podrán llevar todo tu equipaje a la otra habitación para que no estorbe durante la sesión fotográfica. Igualmente, lo recomiendo para el novio. Así tendrás una habitación perfecta para tus fotos de preparación junto a los tuyos.

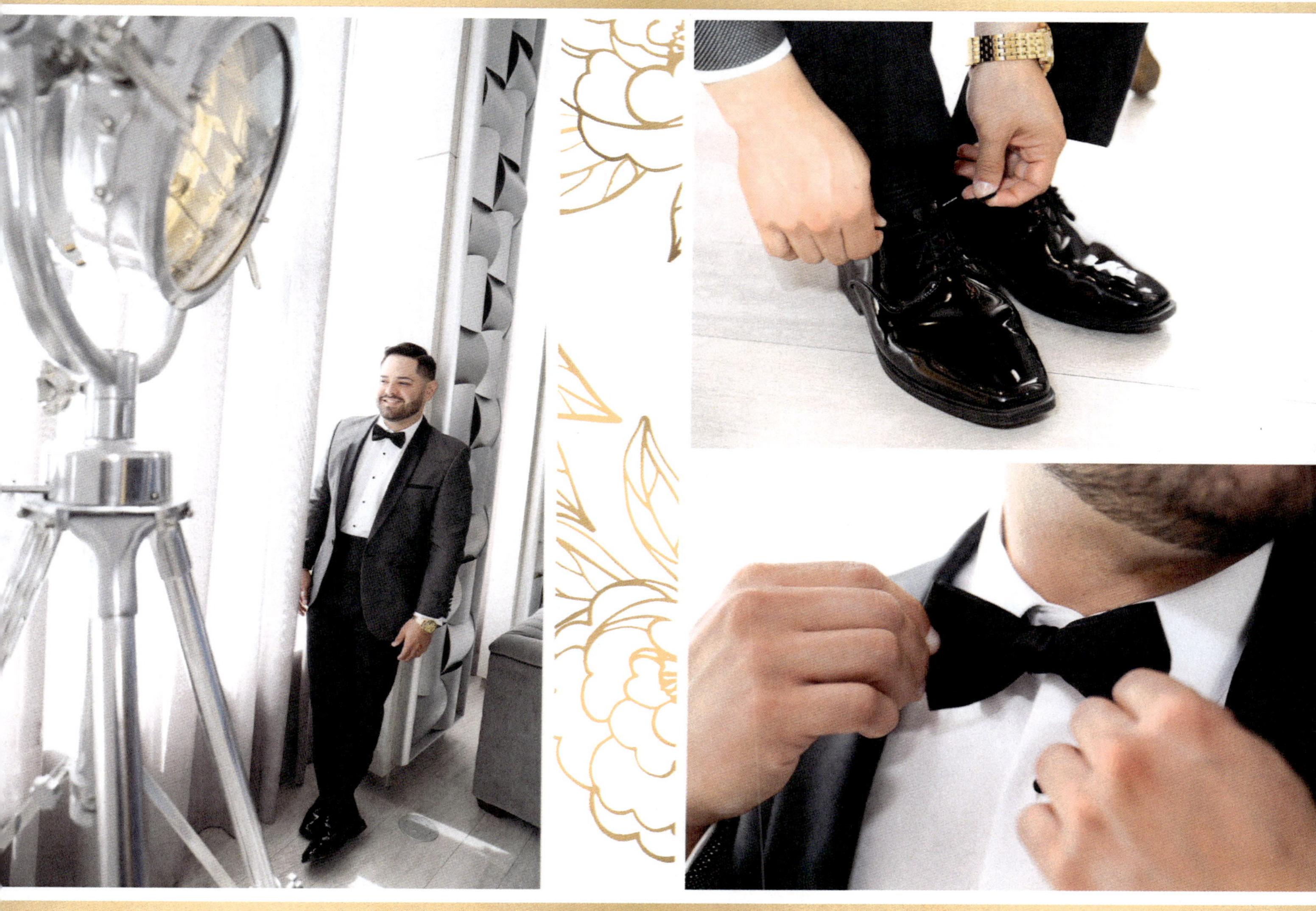

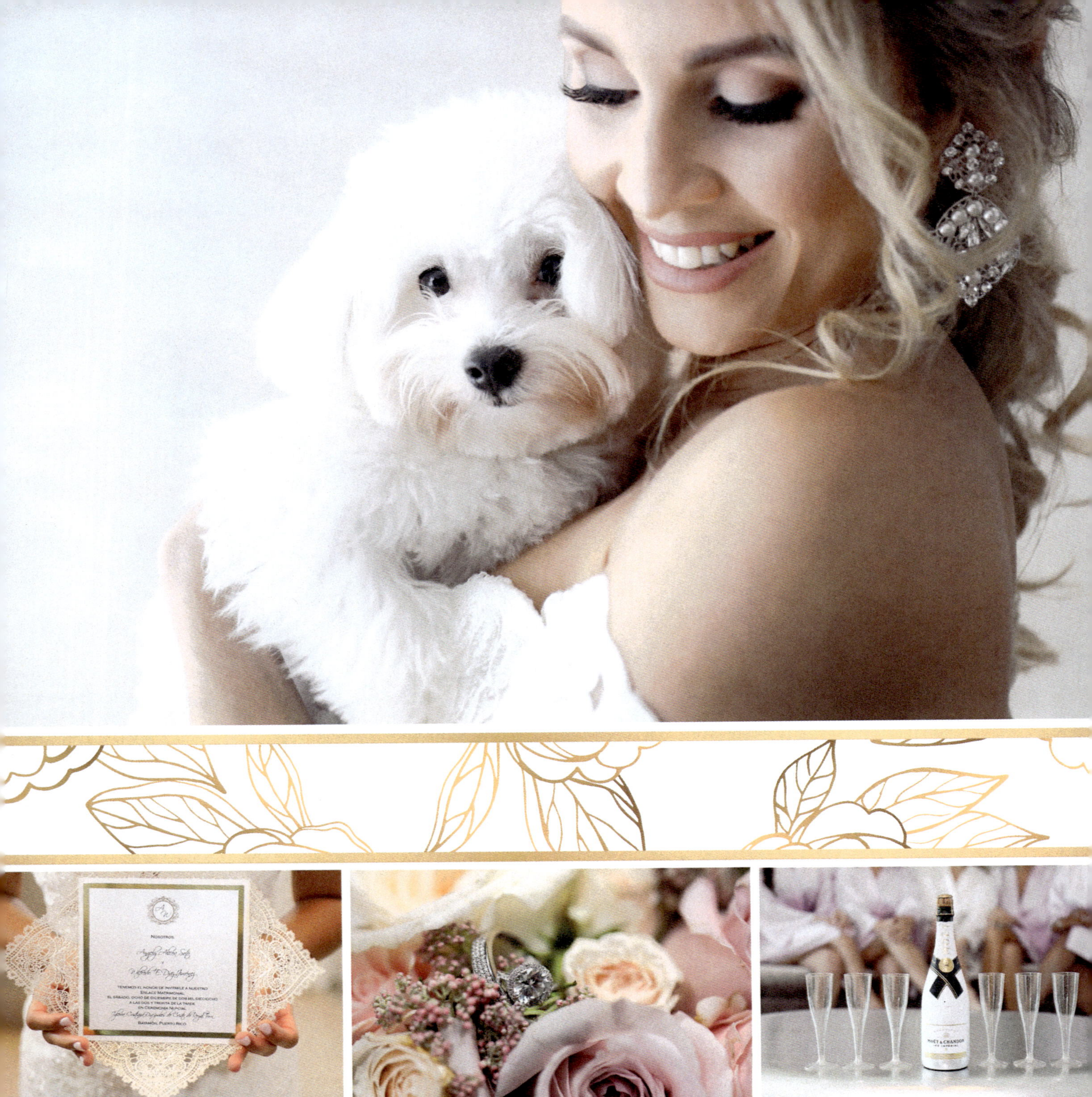
Nosotros
Tenemos el honor de invitarle a nuestro
Enlace Matrimonial
El sábado, ocho de diciembre de dos mil dieciocho
a las dos y treinta de la tarde
en Ceremonia Nupcial
Bayamón, Puerto Rico
MOËT & CHANDON

Para las fotos de preparación no debes olvidar:

- Desayunar y disfrutar tu mañana
- Citar temprano a la persona que tendrá a cargo tu arreglo personal
- Mantener todo organizado
- Estar maquillada y peinada, tanto tú como todo el séquito, por lo menos dos horas antes de la ceremonia, para que se puedan tomar todas las fotos que tienes programadas.
- Ten listos todos los detalles para que el fotógrafo pueda tomarlos.
- Habla con tu séquito para que estén en la mejor disposición para las fotos.
- Estar relajada
- Confiar plenamente en tu fotógrafo

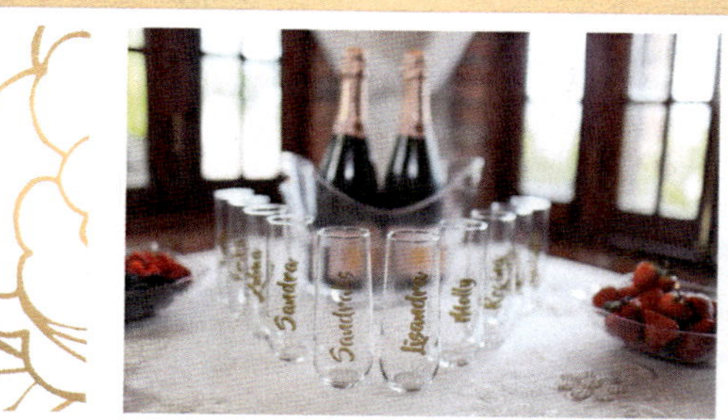

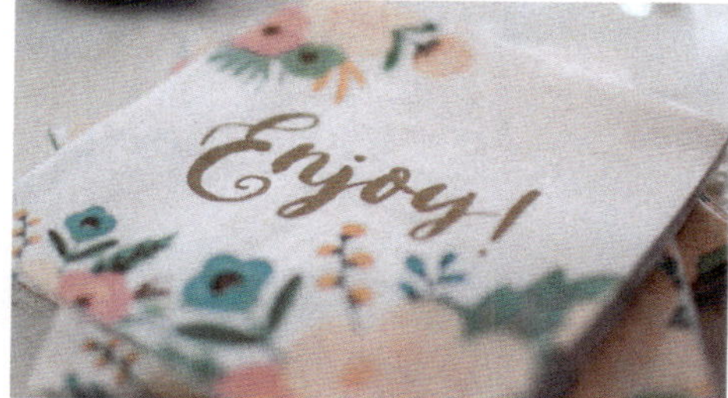

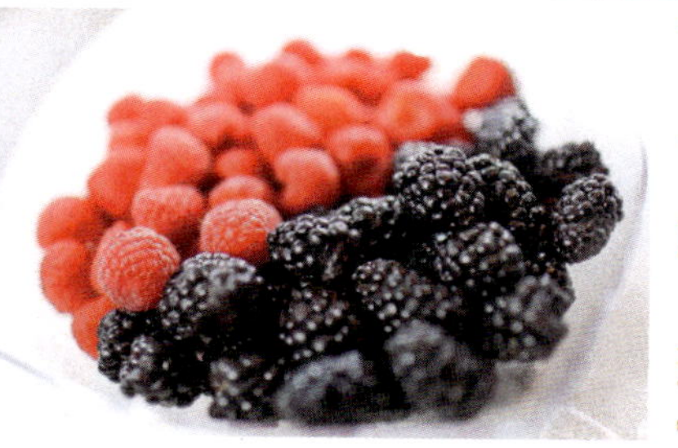

Mis notas:

___

___

___

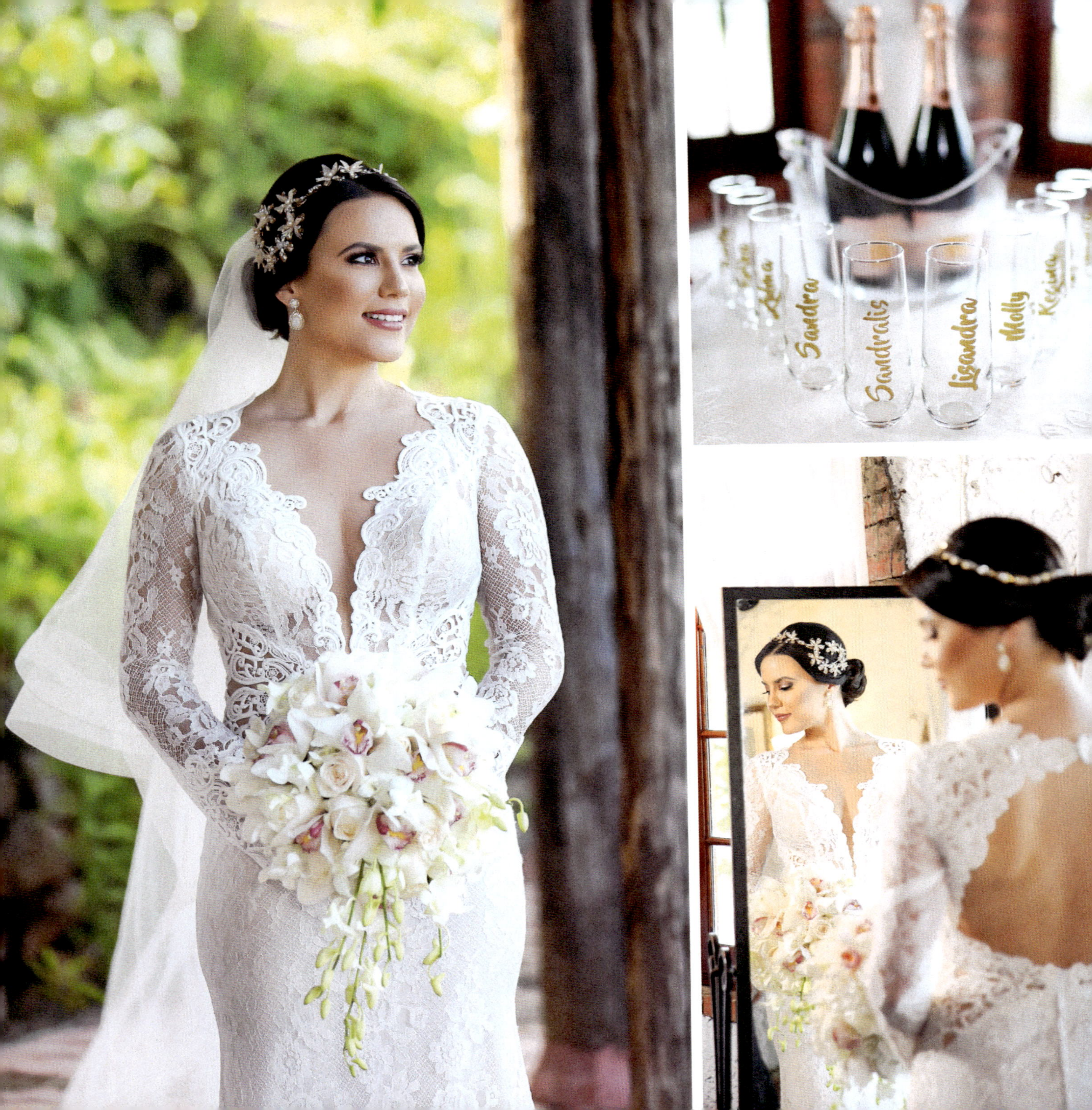
Sandra
Sandralis
Lisandra
Molly

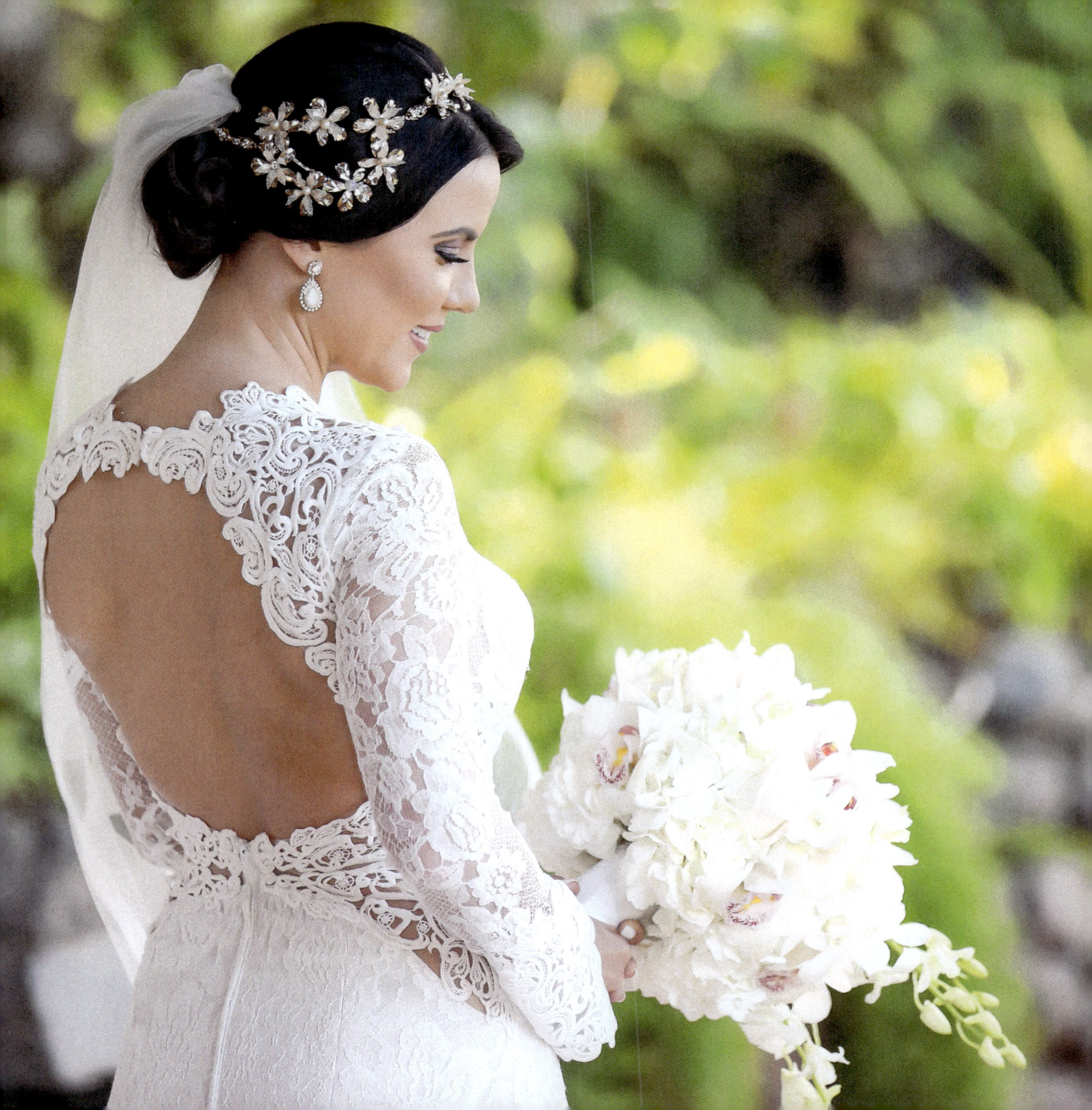

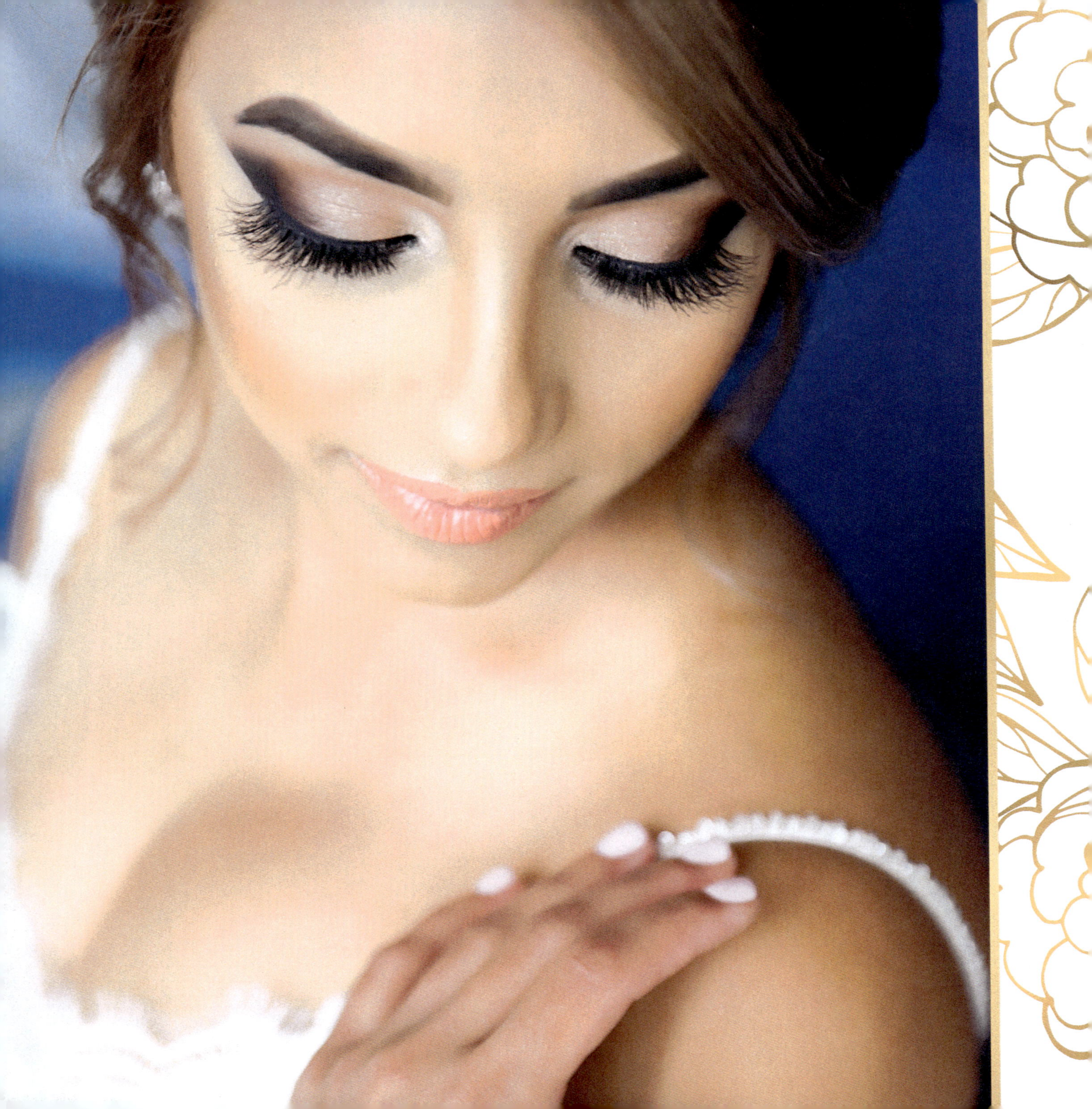

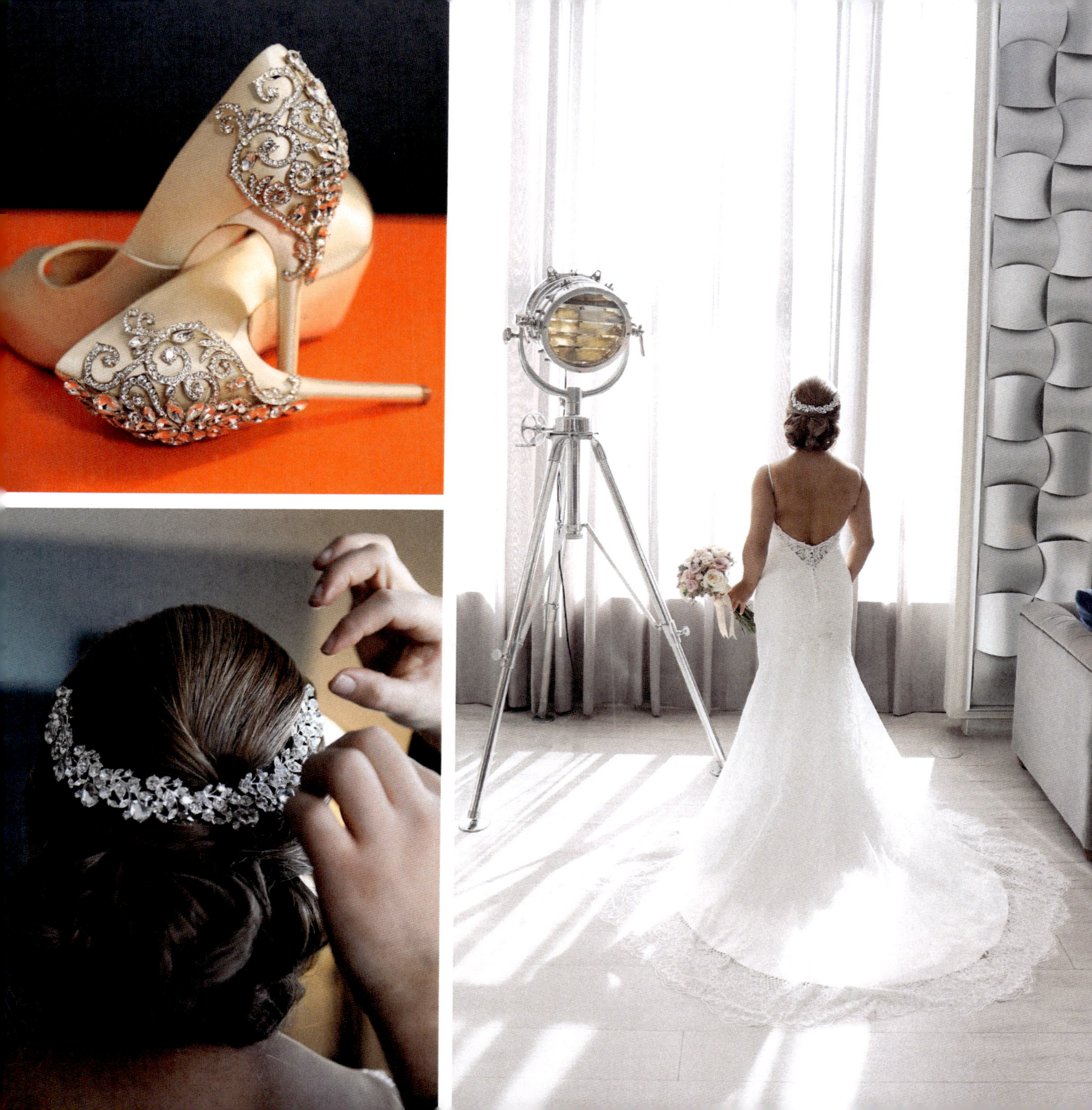

9

Primer encuentro o «First Look»

«Porque, sin buscarte, te ando encontrando por todos lados, principalmente cuando cierro los ojos».

–Julio Cortázar

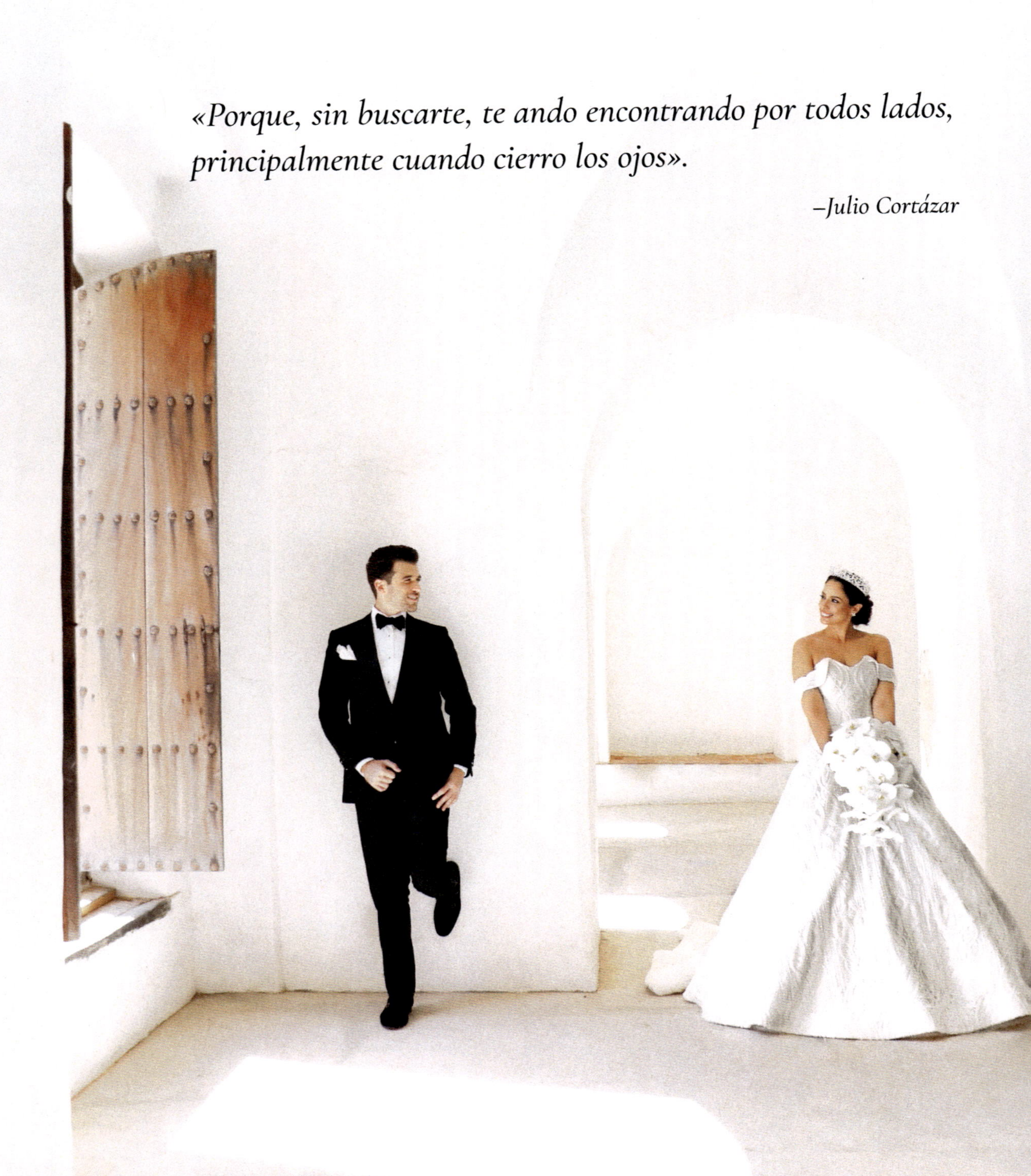

Si eres una novia muy tradicional, puedes saltar este capítulo; pero si eres una novia moderna y atrevida y quieres tener fotos aún más emotivas, hermosas y distintas, no dudes en considerar hacer un *First Look*. Y te preguntarás, ¿qué es un *First Look*? Todo comienza por decidir si verás a tu pareja el mismo día de la boda, antes de la ceremonia. Esta sesión está muy de moda y el fin es capturar el intercambio de miradas y la emoción cuando la pareja se ve por primera vez con el atuendo de boda. ¿Quiénes asisten al *First Look*? Mi consejo es que esta pequeña sesión sea una íntima entre ustedes y solo asistan los novios, el fotógrafo y el videógrafo para documentar el momento. Suele realizarse entre una a dos horas antes de la ceremonia.

Si eres tradicional, es muy probable que esta idea te escandalice, pero la verdad es que el *First Look* tiene muchas ventajas y te da la oportunidad de tener aún más fotos hermosas y espontáneas en tu día especial. En el *First Look* uno de los dos está de espaldas y el otro lo sorprende por la parte de atrás; el fotógrafo aprovecha este momento para capturar la emoción antes y después de verse por primera vez.

Los resultados son unas fotos maravillosas. He hecho estas sesiones muchas veces y te puedo decir que un *First Look* no le quita la emoción al novio de verte desfilar en la ceremonia, al contrario, son dos emociones totalmente distintas y, además, consigues tener más fotos únicas para tu álbum.

Siempre recuerdo a esta pareja cuando comencé a hacer este tipo de sesiones. Los cité una hora antes de la ceremonia y fue una sesión hermosa. Después de su *First Look*, aprovecharon para hacerse una sesión de fotos en exteriores y se fueron a preparar para el gran sí. Te cuento que el resultado de las fotos fue precioso, la sesión fue mágica, llena de miradas enamoradas y de risas todo el tiempo. Llegó el momento de la ceremonia y cuando el novio la vio desfilar, comenzó a llorar... en ese instante entendí que esa emoción no la sustituye nada. Así que te recomiendo que lo consideres porque, aunque rompe la tradición de no verse antes de la boda, muchos estamos de acuerdo en que ese momento especial, vale la pena tenerlo, sentirlo y, ¿por qué no?, también capturarlo para la eternidad.

Ventajas:

- El *First Look* es solo para los novios.
- Disfrutan un momento íntimo entre ustedes antes de la ceremonia.
- Tienen la oportunidad de hacer fotos juntos antes de la ceremonia.
- Si tu ceremonia es en una iglesia, puedes hacer tu *First Look* en exterior y agregar belleza a las fotos.
- Se captura la emoción cuando el novio ve a la novia por primera vez.
- Son fotos espontáneas que le dan un toque especial a tu gran día.
- Es una oportunidad de guardar otra anécdota emotiva de tu día especial.

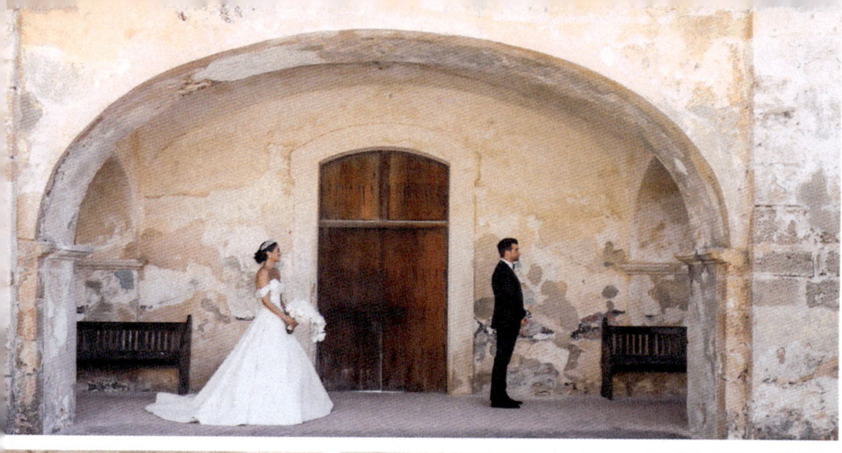
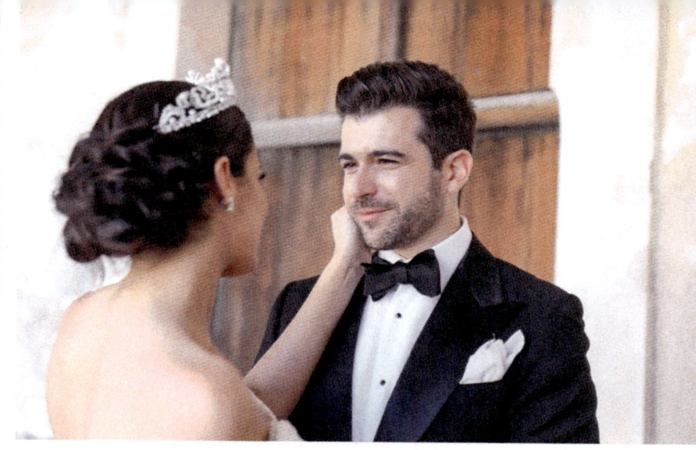
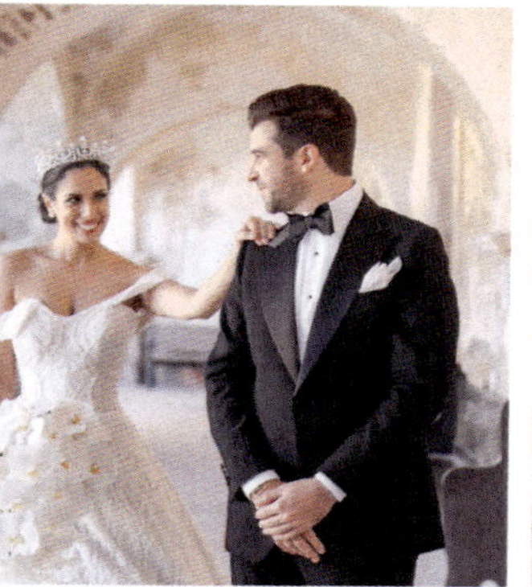
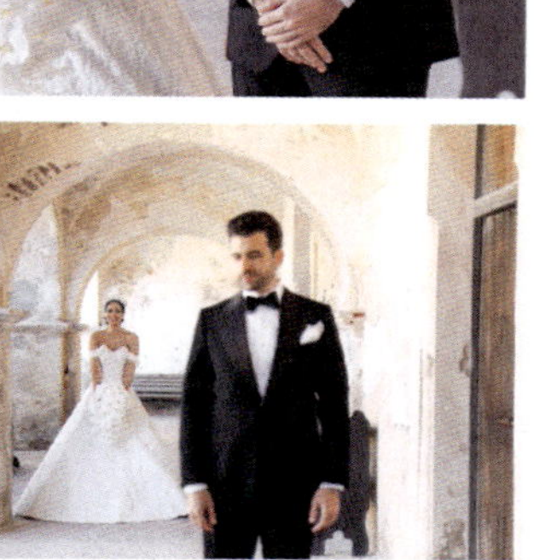
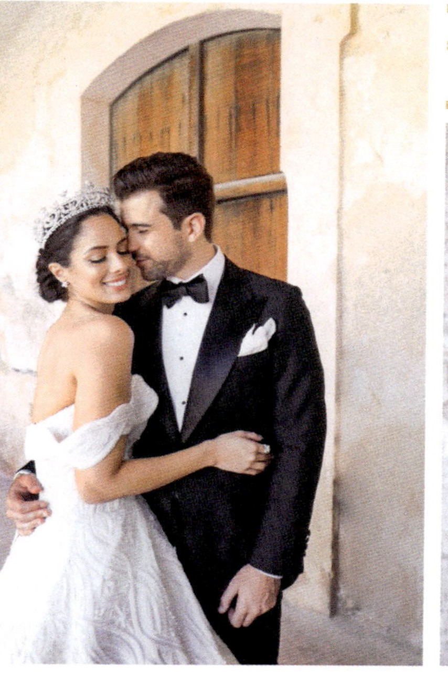
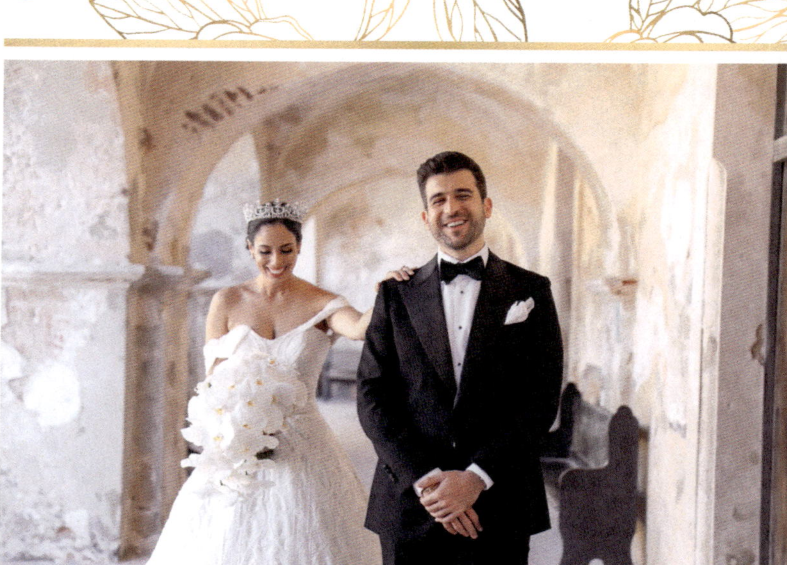

Mis notas:

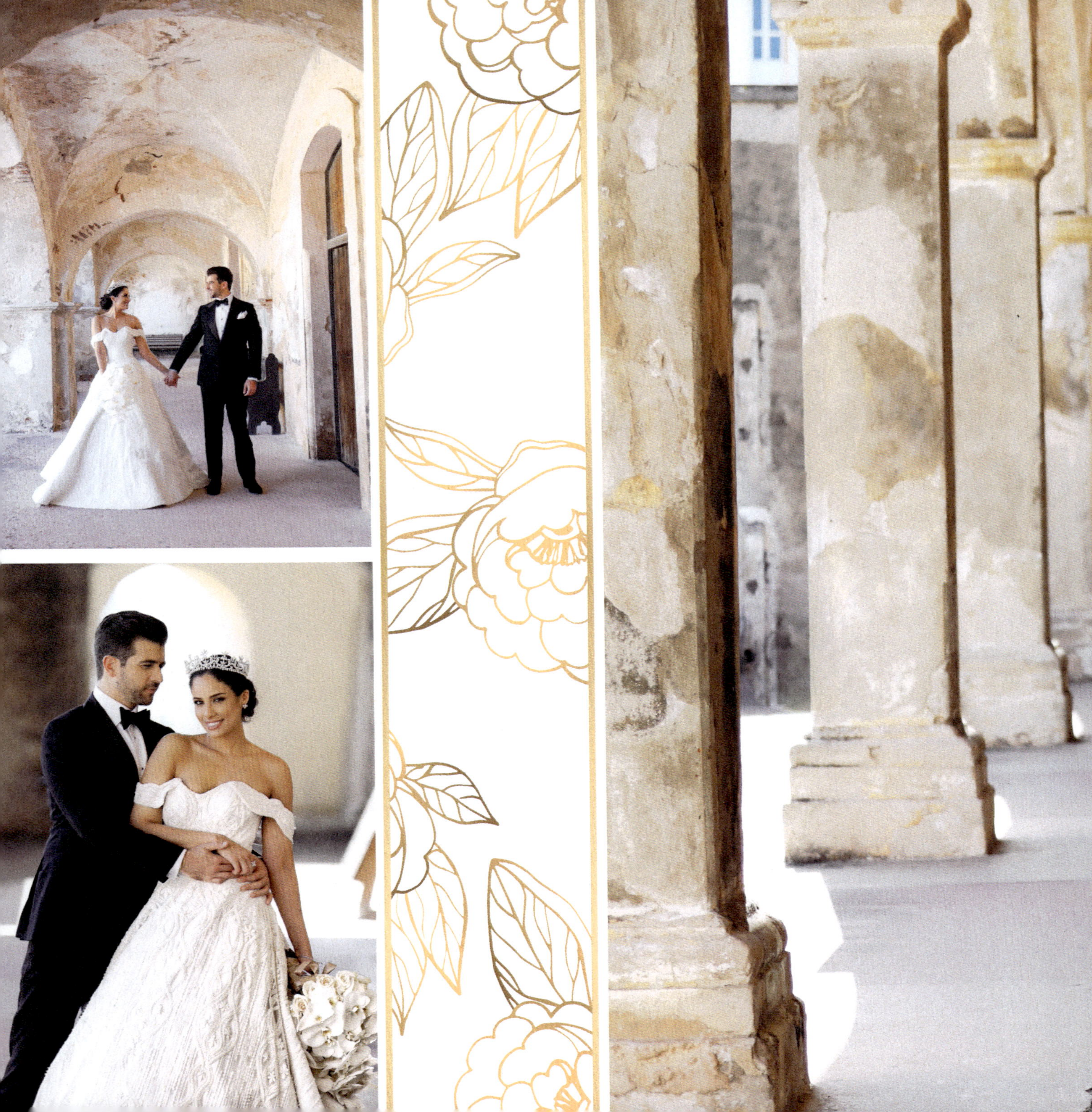

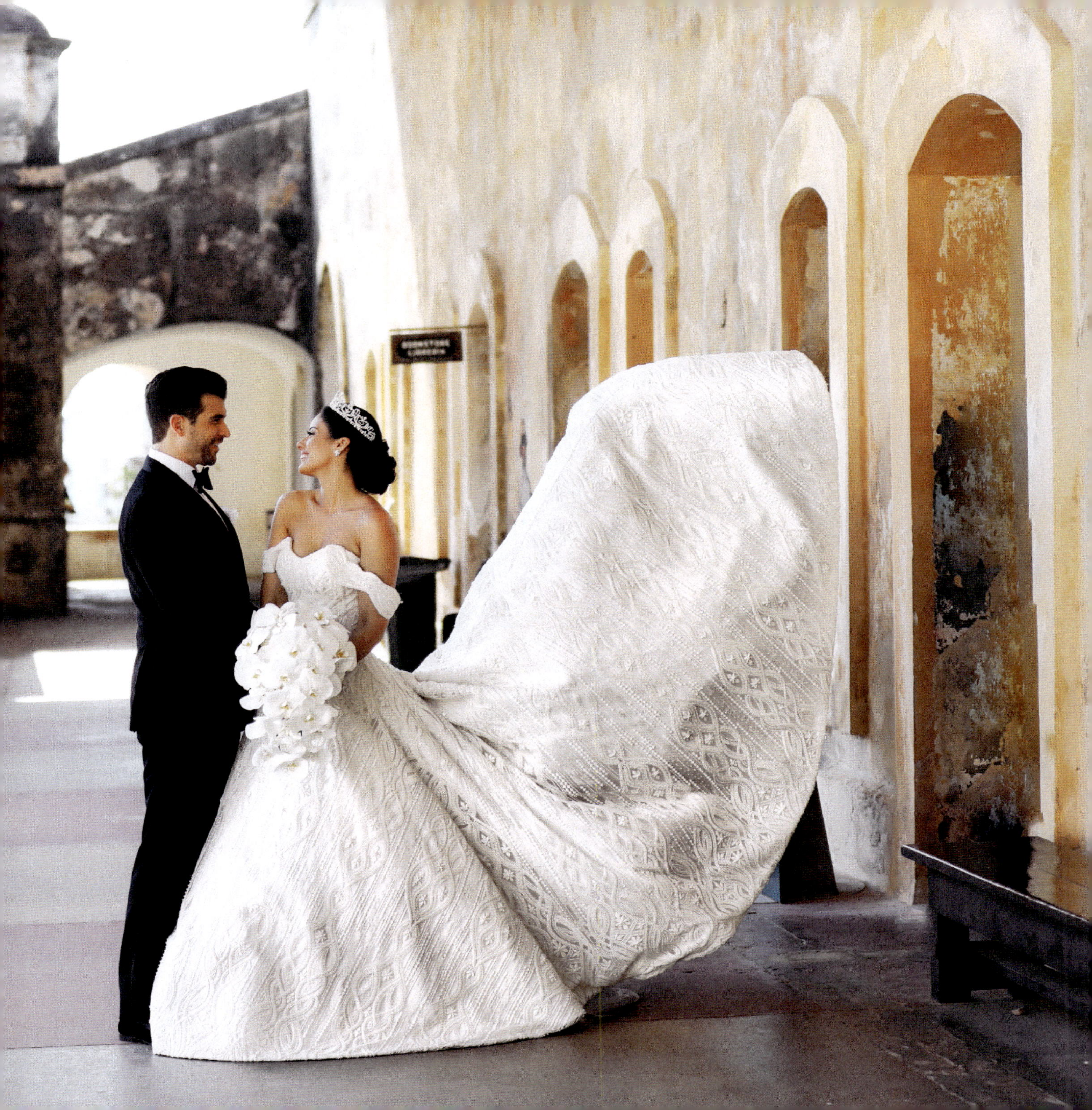

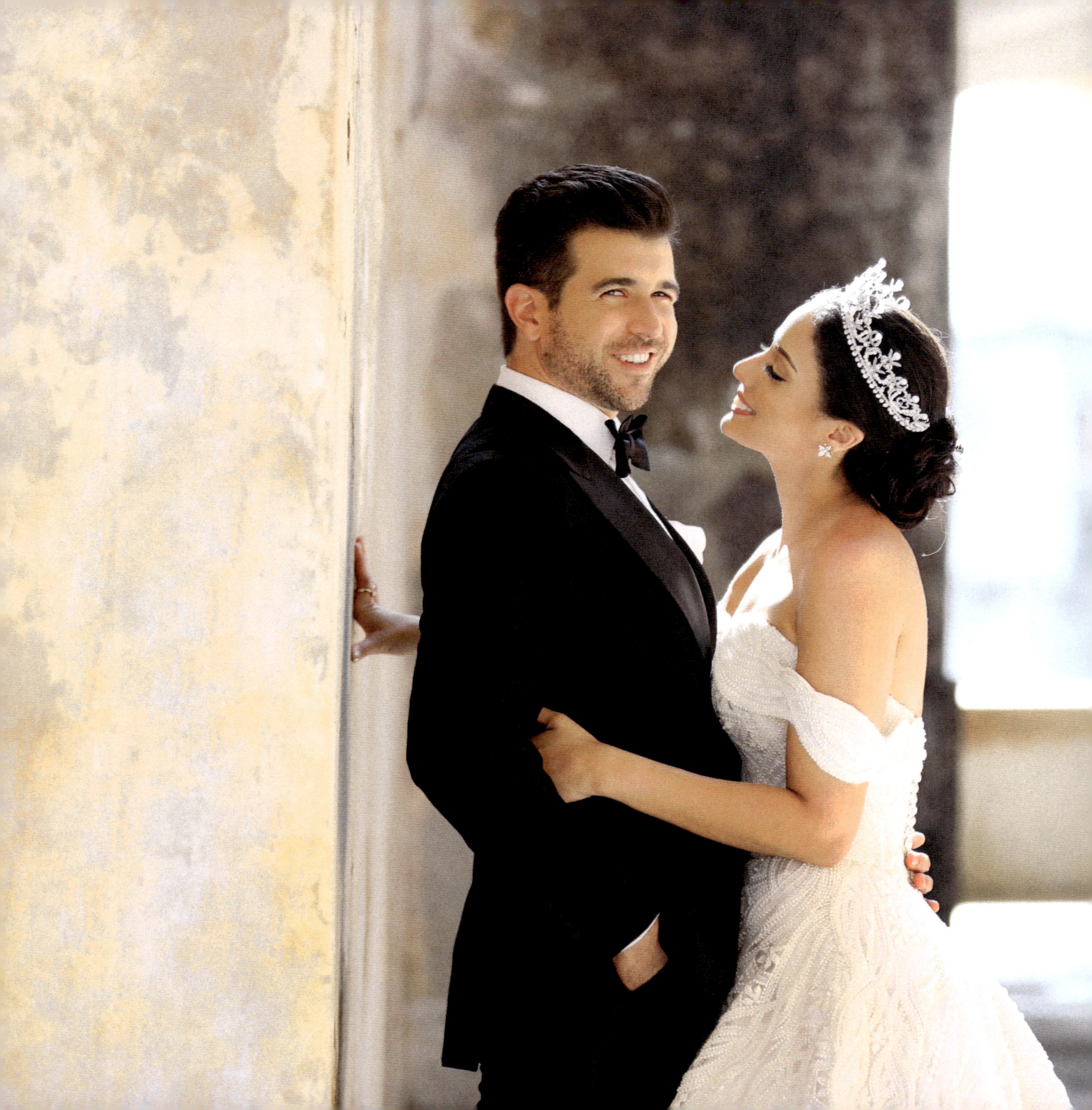

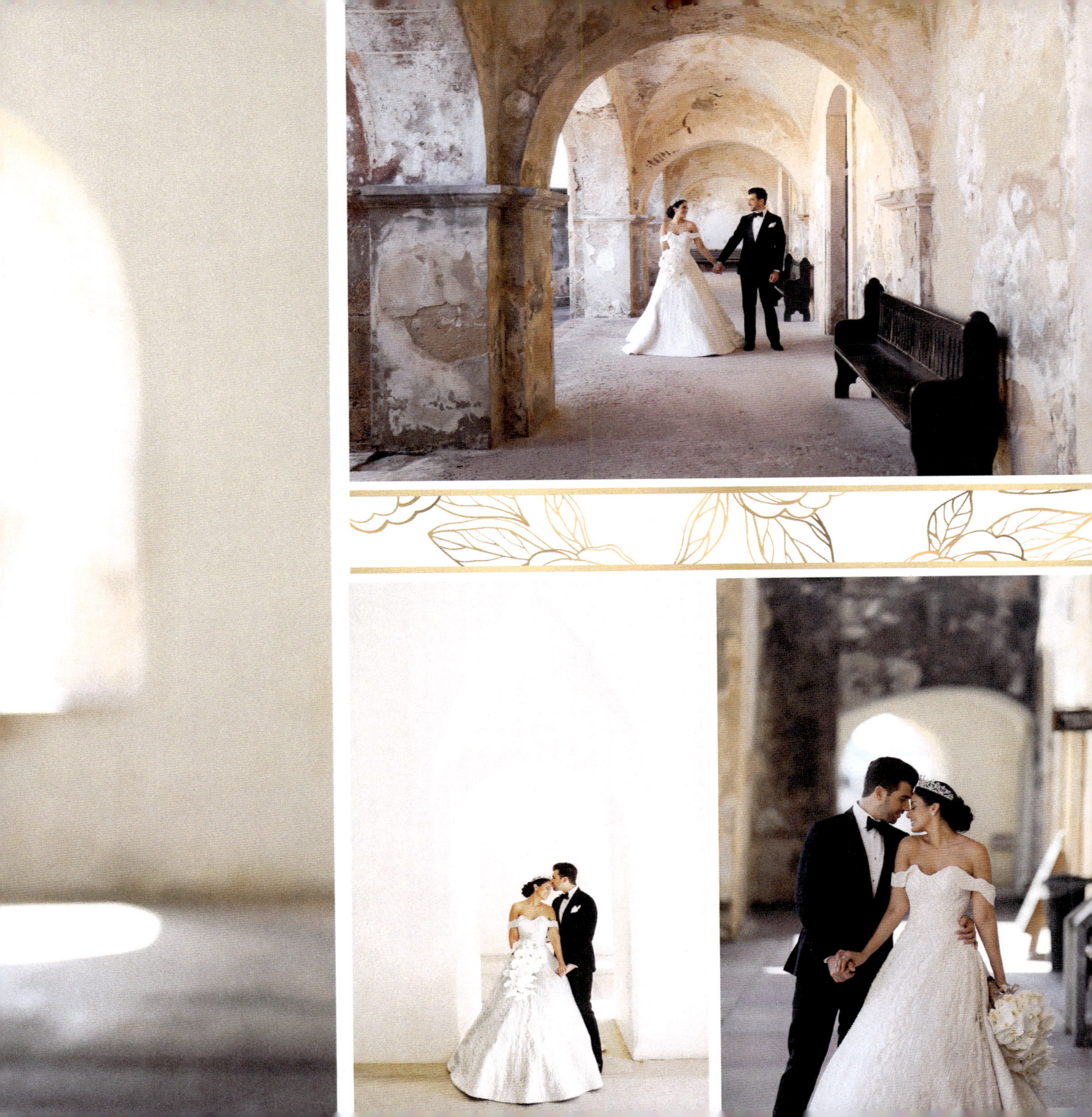

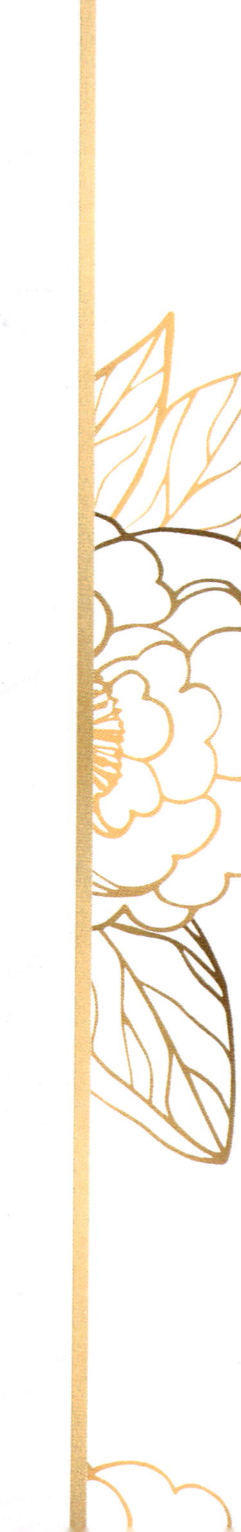

10

El momento del «¡Sí, quiero!»

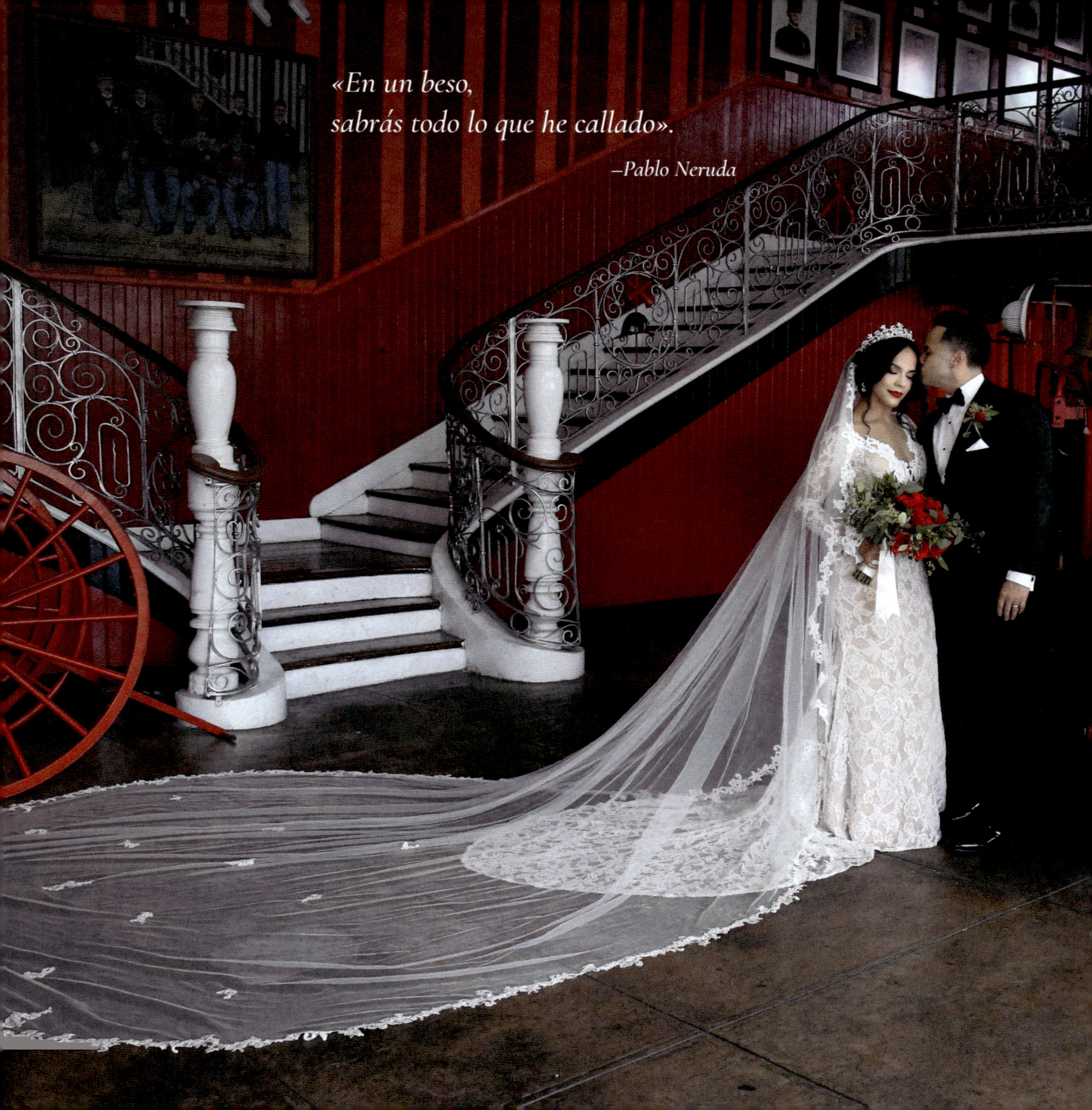
«En un beso,
sabrás todo lo que he callado».
–Pablo Neruda

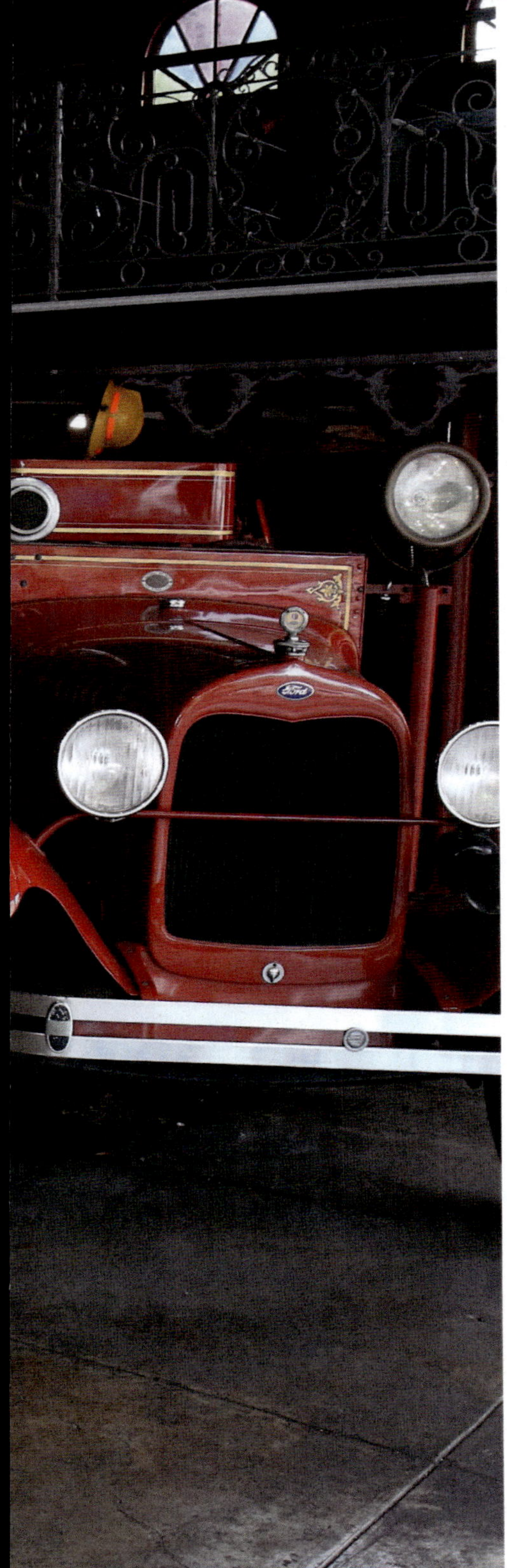

¡Llegó la tan esperada ceremonia!... la hora del sí, de la unión, el propósito por el cual llevas meses planificando. De todos los momentos de la boda, es este cuando más afloran los nervios: los novios se encuentran para dar ese gran paso de unir sus vidas y comenzar una nueva familia, rodeados de personas queridas quienes serán testigos de su unión. La fotografía tiene el poder de comunicar más allá de la barrera de los idiomas. Tiene la elocuencia para contar tu historia sin palabras y provocar emociones muy profundas. La ceremonia es la cúspide donde los sentimientos y momentos más emotivos se manifiestan.

En cuanto a la fotografía, lo más importante es estar tranquilos durante la ceremonia. Todas las miradas estarán puestas en ustedes y deben relajarse lo más posible. Fotográficamente, se capturan los momentos más íntimos, el intercambio de miradas, toques y sonrisas entre ambos. Tu fotógrafo te estará esperando en el lugar de la ceremonia, para hacer algunas tomas de tu llegada. Es muy importante que sigas su dirección para que la ceremonia se capture de forma natural en todo momento, sin intervención.

¡Esto es fundamental si deseas que tus fotos queden espectaculares! Hoy en día, los aparatos electrónicos como celulares y tabletas grandes son muy accesibles para tomar fotos y, en muchas ocasiones, tus invitados se afanarán por fotografiarte. **Especialmente durante tu desfile nupcial, no querrás que el trabajo de tu fotógrafo se vea interrumpido y hasta arruinado.** Es muy necesario que, como parte de tu planificación, orientes a tus invitados. Puedes incluir una nota en la invitación y/o algún otro recordatorio ese mismo día en el que les indiques la importancia de no usar sus aparatos electrónicos durante la ceremonia. Tus invitados están allí para acompañarte y estoy segura de que entenderán tu petición para que así puedas tener las mejores fotos de tu boda.

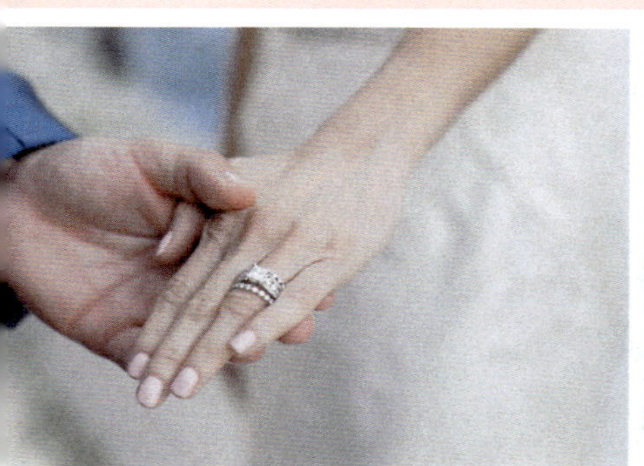
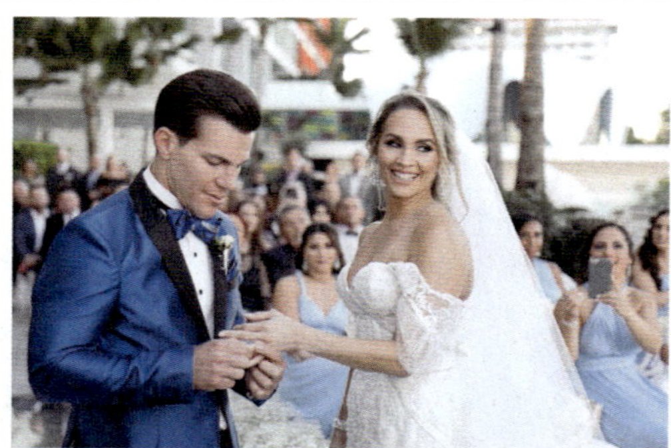
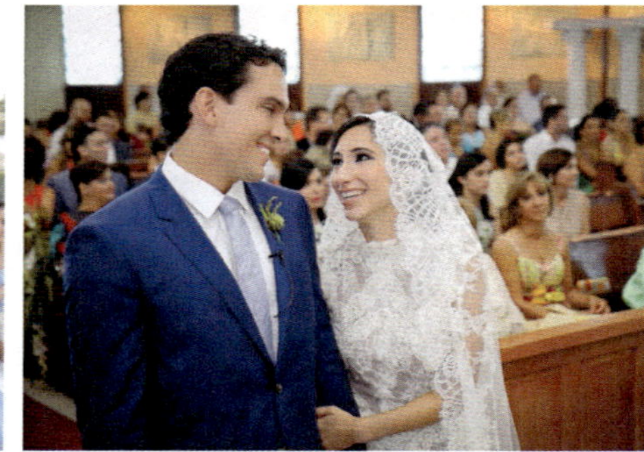
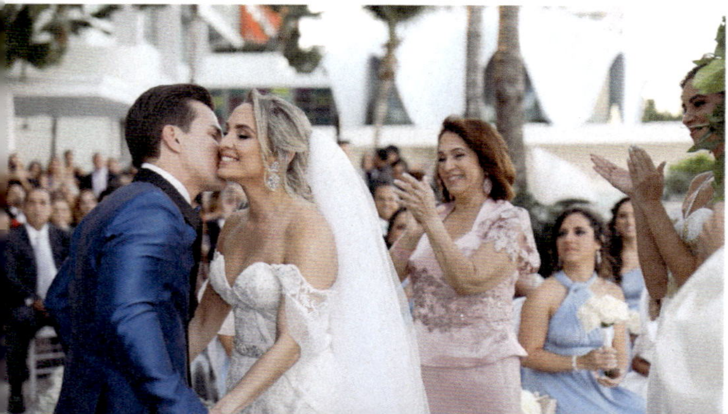
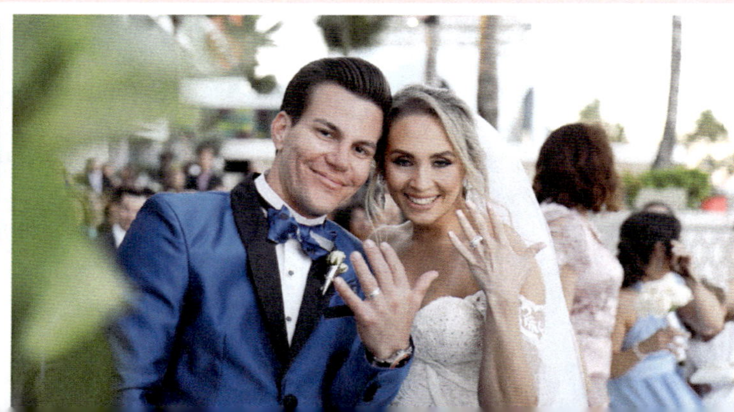

Durante el desfile y la ceremonia

Primero: Cuando comience el desfile es importante que camines despacio para que disfrutes el momento de llegada hacia el altar. Un consejito que te puedo dar es que tu ramo lo mantengas siempre por debajo de tu cintura, de esta manera, no taparás la parte superior de tu vestido que, sin lugar a duda, será hermoso... y podrá lucirse en las fotos.

Segundo: Mira a tu amado mientras desfilas. Uno de los momentos favoritos para mí es captar la mirada del novio cuando ve desfilar a su reina. (Reitero que el *First Look*, no le restará al encanto de este momento; son emociones distintas). Durante la ceremonia, todas las tomas se hacen de forma espontánea y natural, así que es indispensable que estén relajados y que disfruten el momento. Como fotógrafa, busco las sonrisas, miradas entre ustedes y hasta el más mínimo toque de sus manos.

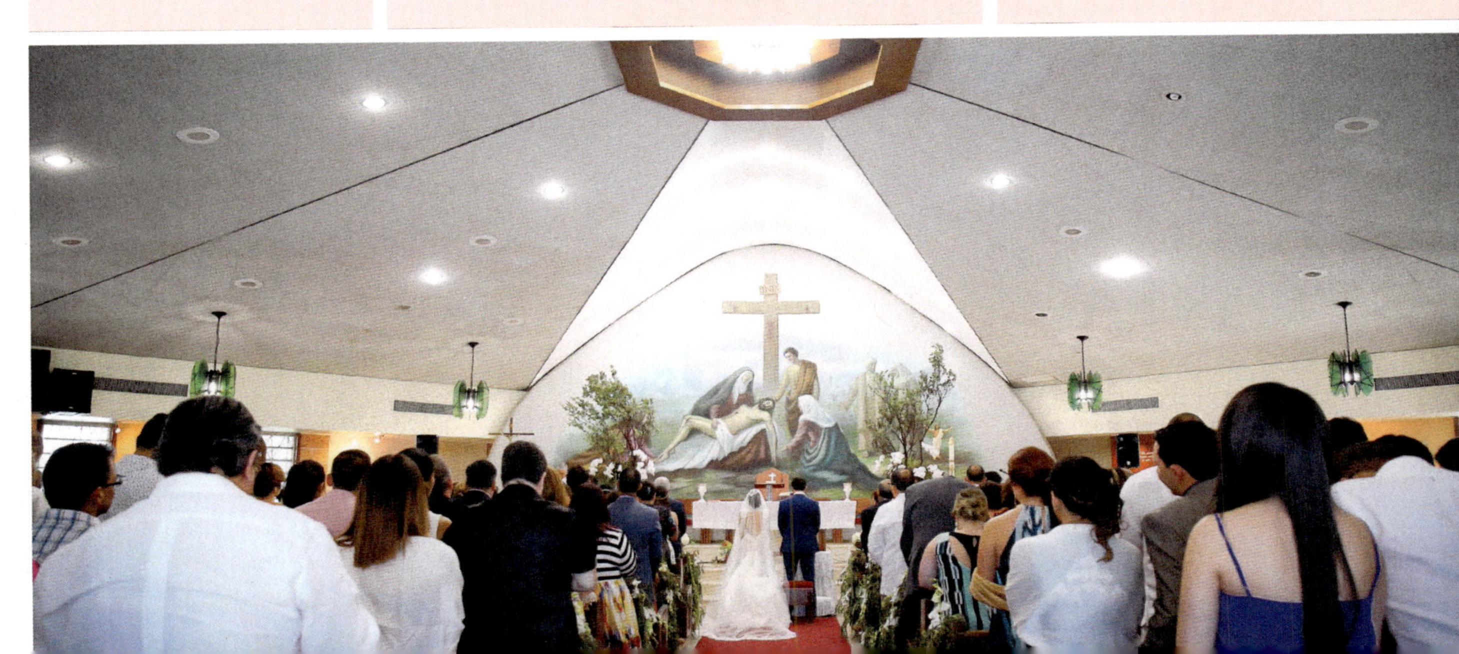

¿Quieres el secreto para lograr el mejor ángulo en tus fotos?

Presta especial atención a estos 3 momentos:

1) Los votos
2) La entrega de los anillos
3) El beso

Cuando estés en esta parte, deja espacio para que tu fotógrafo pueda moverse e integrarse cerca de ustedes para lograr las mejores tomas. ¡Tu álbum estará lleno de momentos hermosos y bien documentados!

Al finalizar la ceremonia, se hacen las fotos formales de los novios en la iglesia, con su familia y el séquito nupcial. Mi recomendación es que separes de 15 a 20 minutos para esta sesión y que entregues a tu coordinadora o encargado, la lista de tus familiares y esas personas que no quieres que se queden sin retratar. De esta manera, el proceso será mucho más rápido y te asegurarás de que no te falte nadie.

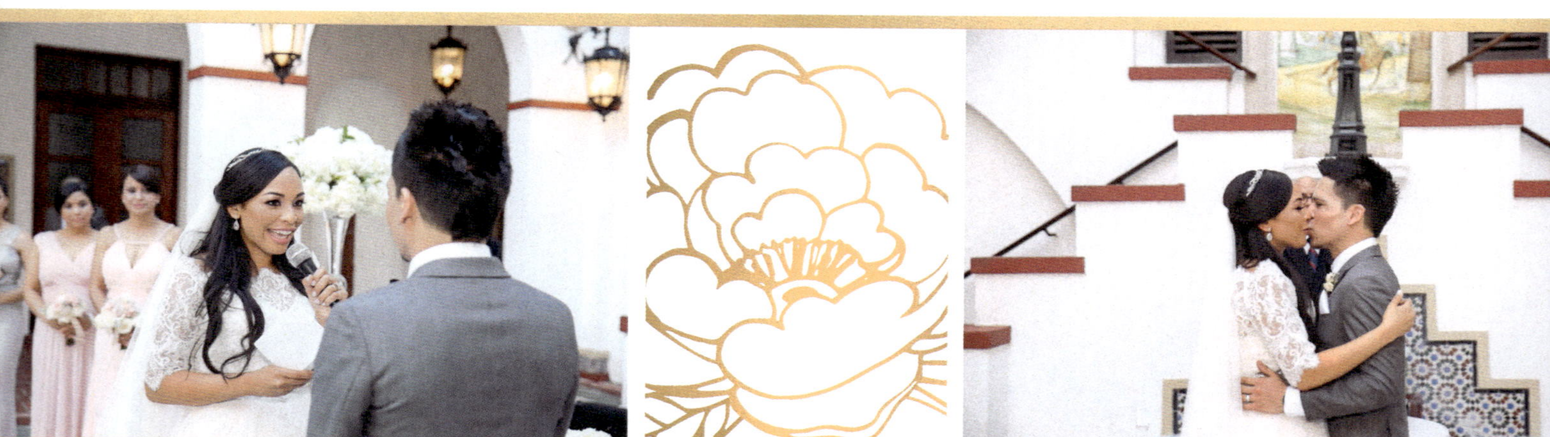

¿Qué tener en mente?:

- Plan de contingencia en caso de que tu ceremonia sea en exterior.
- Pedir a tus invitados que no tomen fotografía durante la ceremonia para no interrumpir al fotógrafo.
- Recordar los votos matrimoniales
- Identificar la necesidad de iluminación, dependiendo del lugar
- Ritos, dependiendo del tipo de ceremonia
- Fotos familiares y grupales
- No olvides tu ramo y los anillos.

Mis notas:

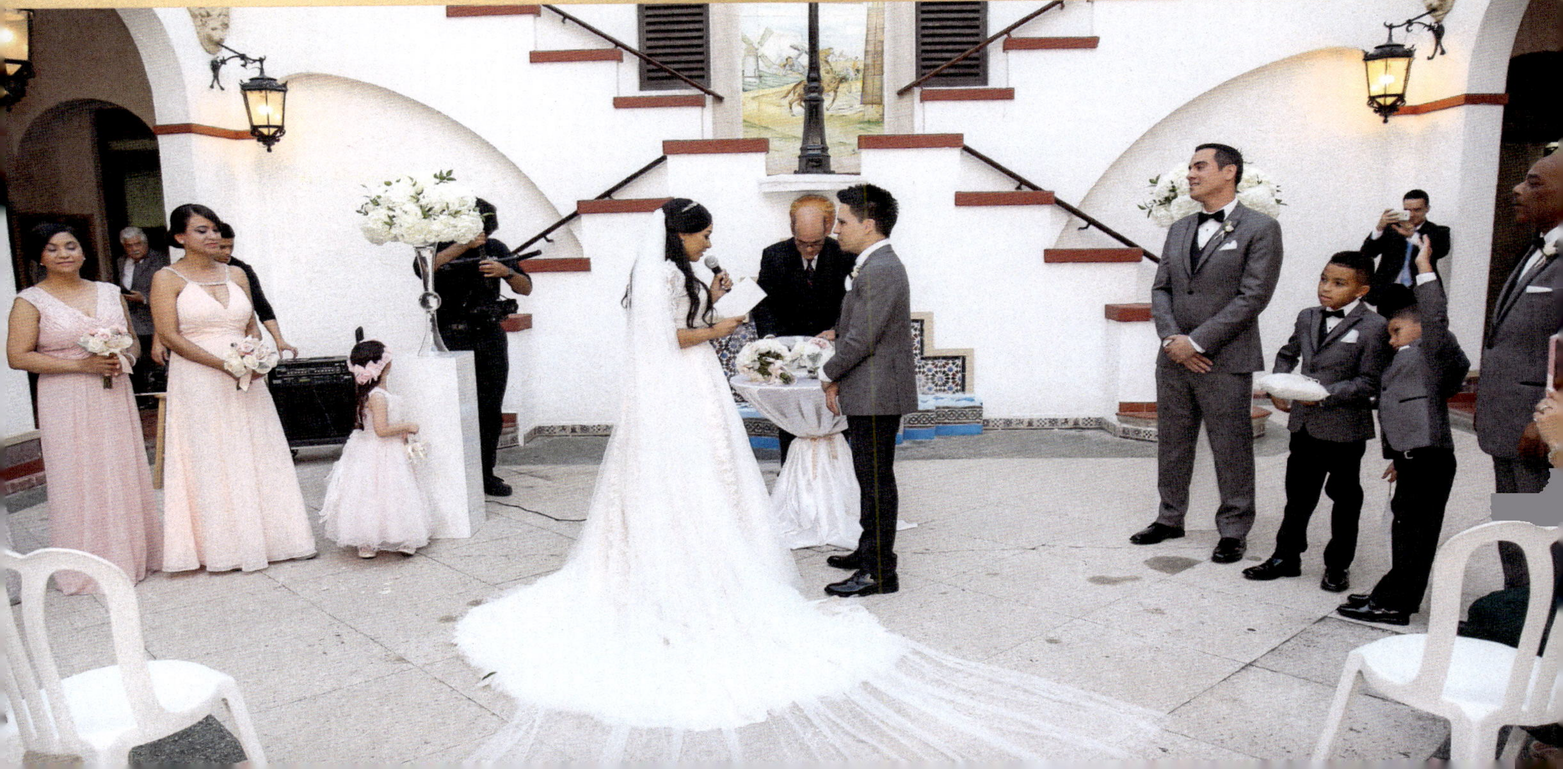

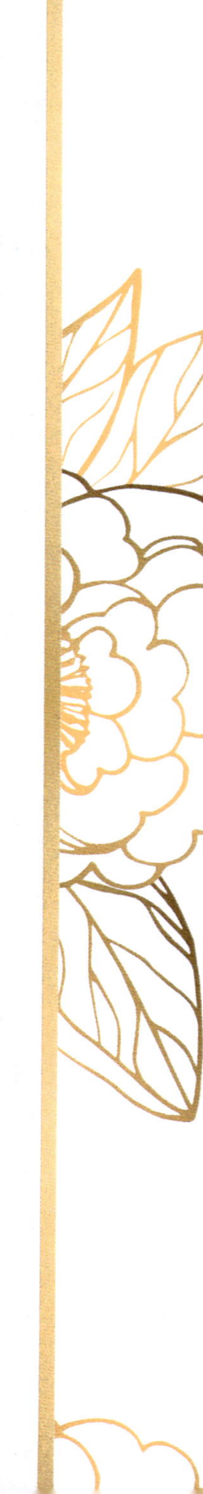

11

Sácale el jugo a tu coctel

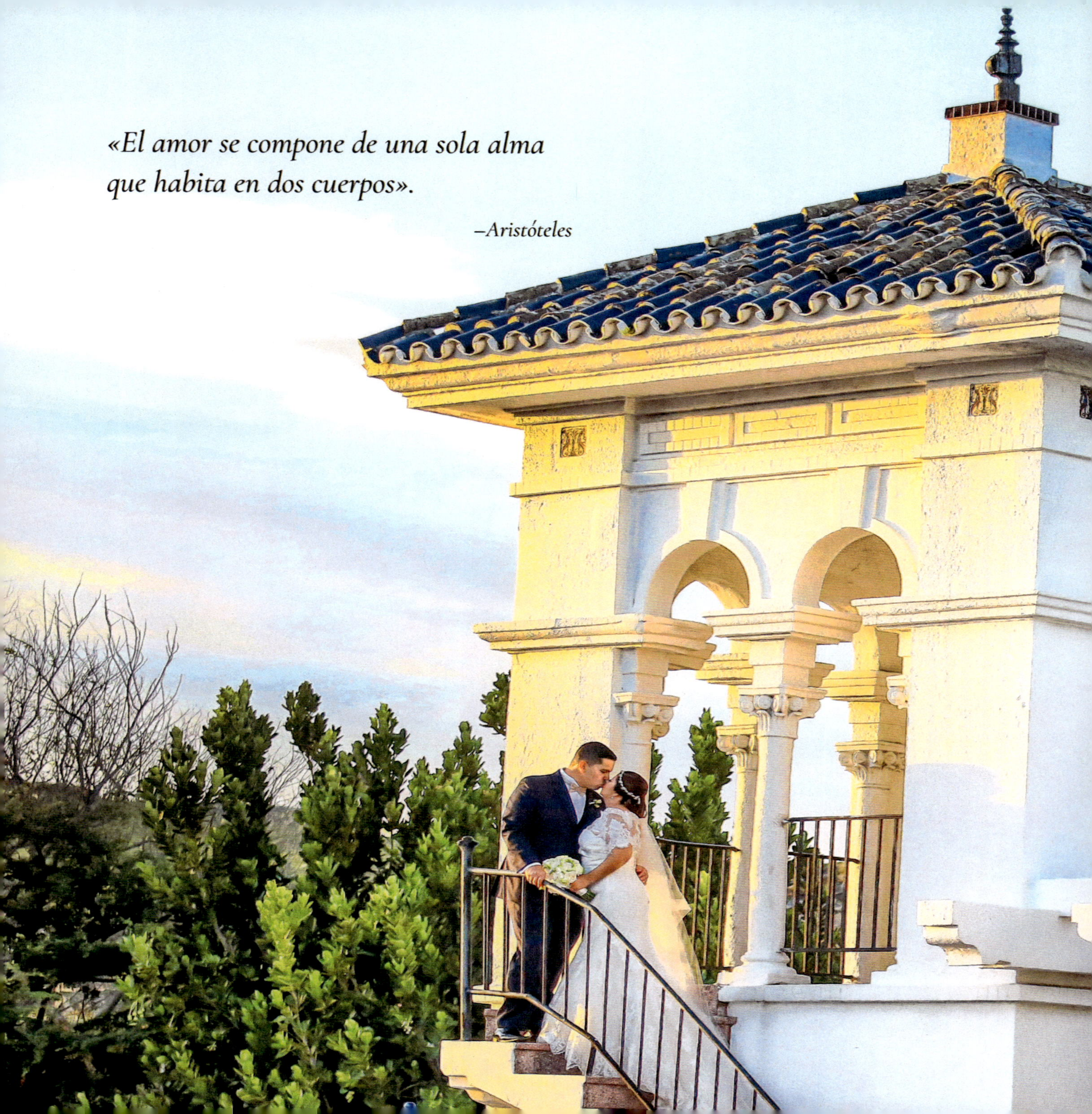

«El amor se compone de una sola alma que habita en dos cuerpos».

–Aristóteles

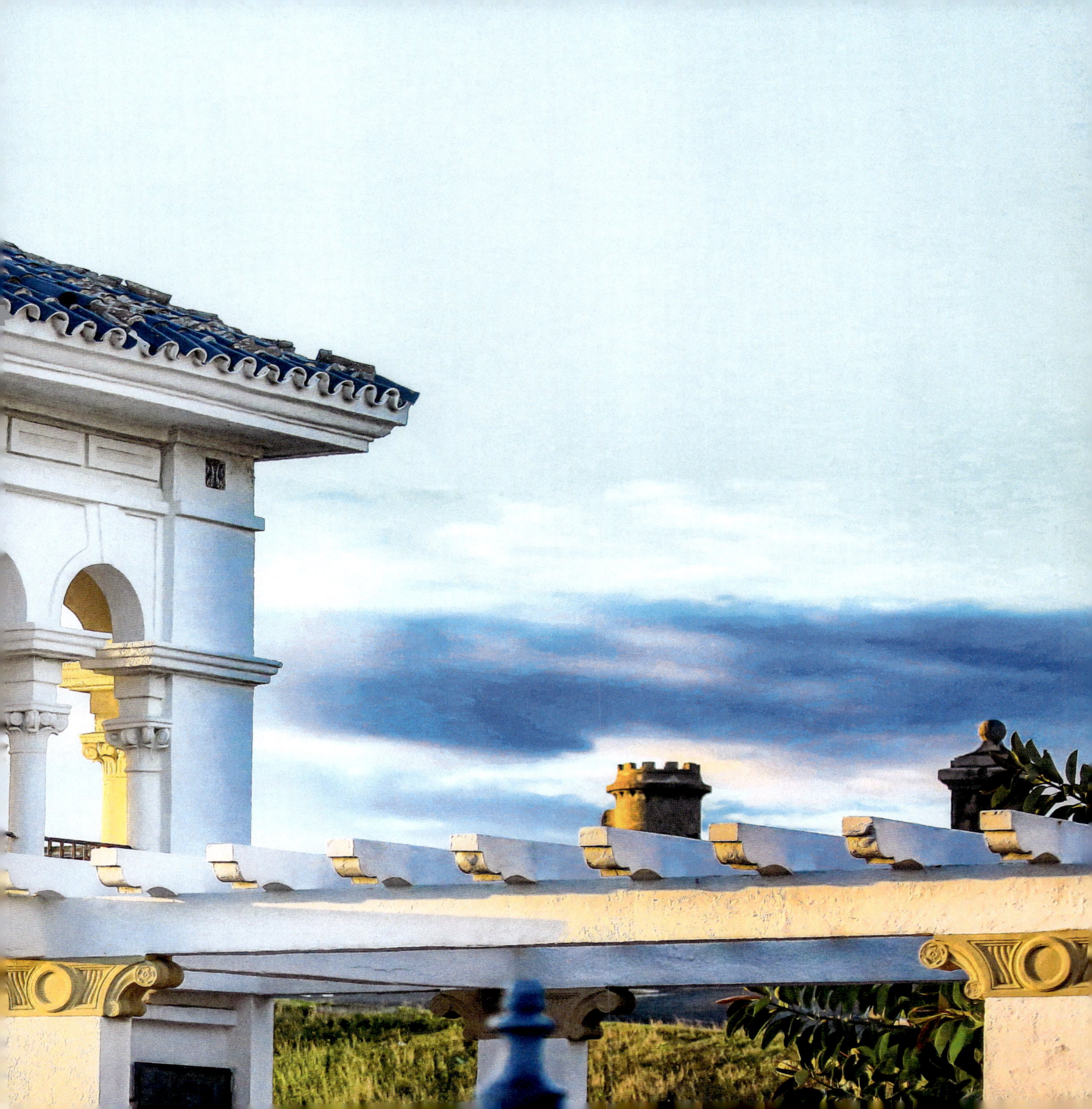

Si realmente quieres disfrutar tu fiesta sin interrupciones, el coctel es el momento idóneo para asegurar unas tomas muy importantes. ¿Qué ocurre en este tiempo? Tus invitados pasan a tomar una deliciosa bebida y entremeses, mientras aprovecho la hora al máximo. Yo le llamo a este periodo *la hora del 'rush'*. Durante los primeros 20 minutos, tomo las fotos de los novios en los alrededores del local. En muchas ocasiones, aún hay luz natural y la aprovecho al máximo. En los próximos 20 minutos, tomo las fotos de la decoración, los detalles de la recepción y, en los últimos 20 minutos, adelanto las fotos de los novios en el salón y el pastel de boda, antes de que entren los invitados. De esta forma, dividido de manera efectiva la hora del coctel para que puedas aprovecharla. Si no lo has considerado, te recomiendo que incluyas este periodo para que puedas tener todas estas fotos hermosas de tu día.

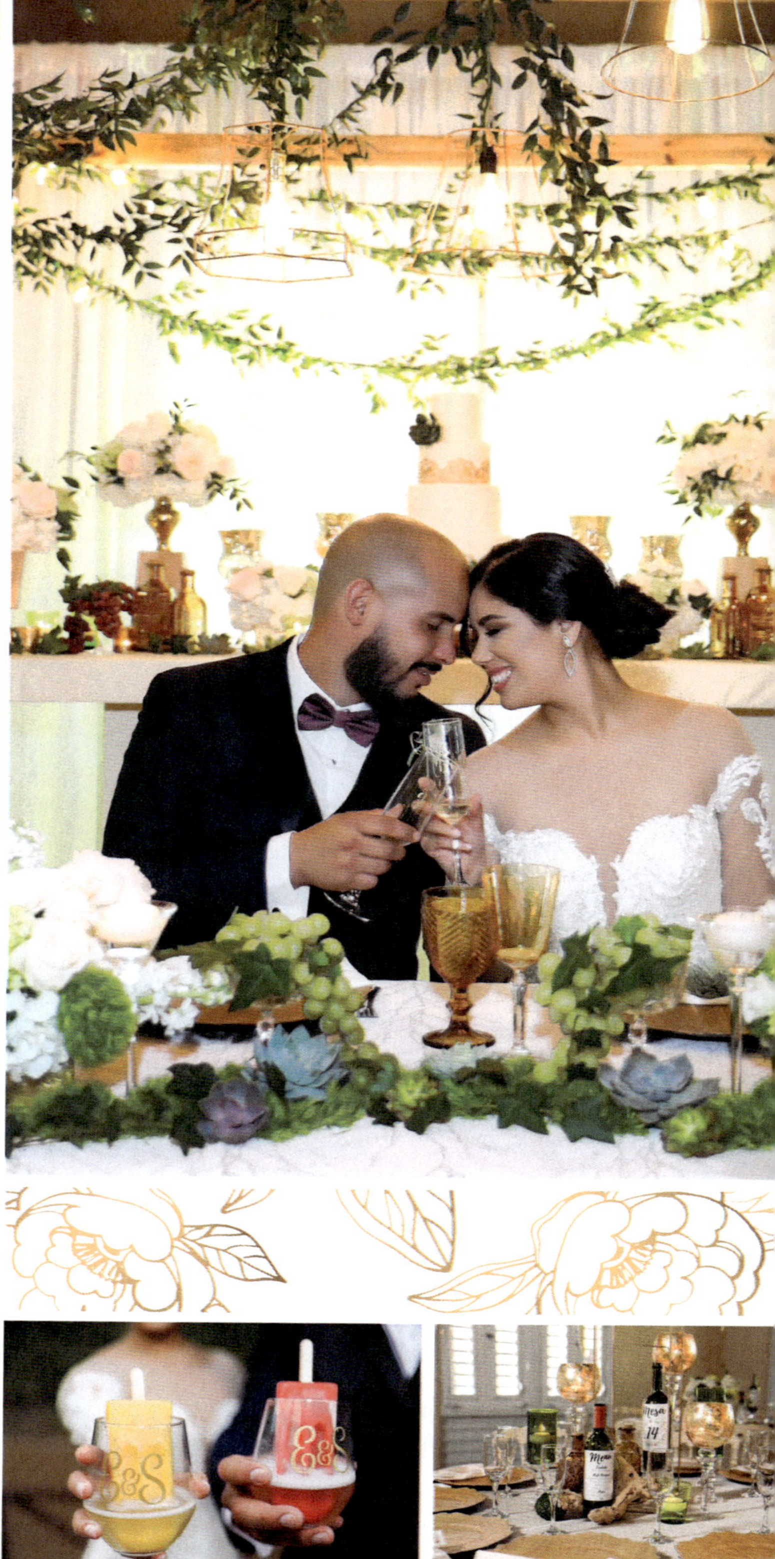

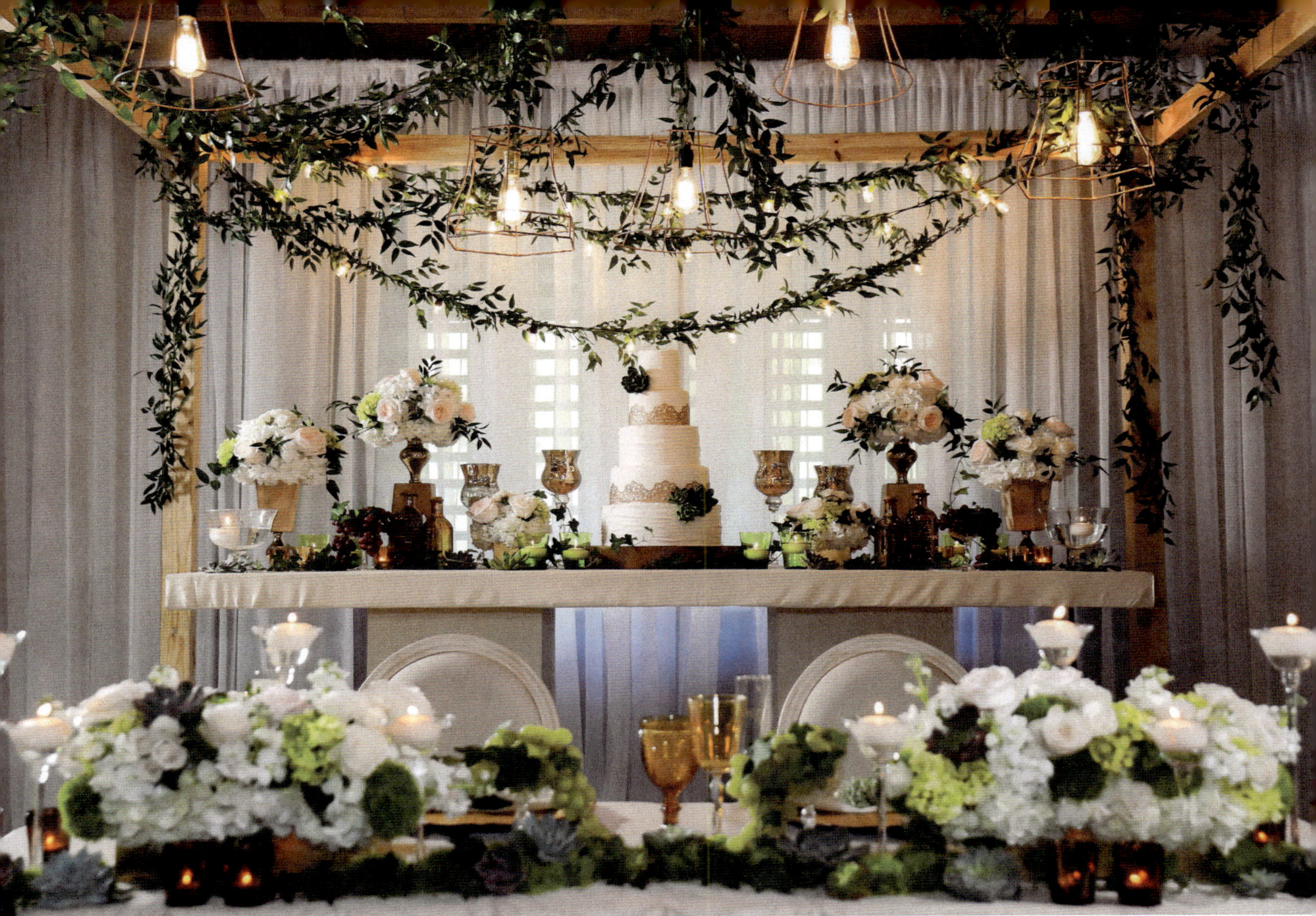

Mis notas:

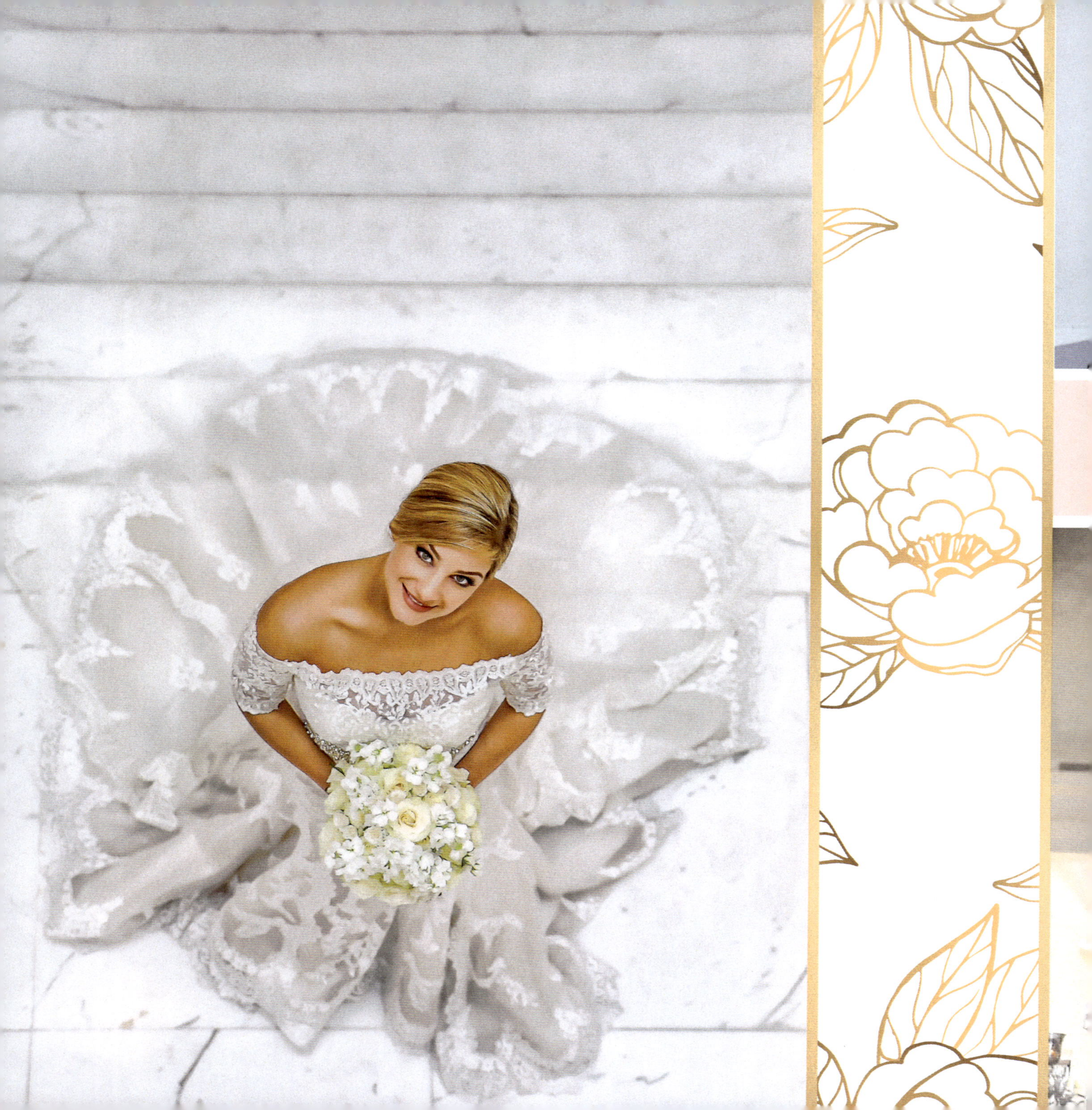

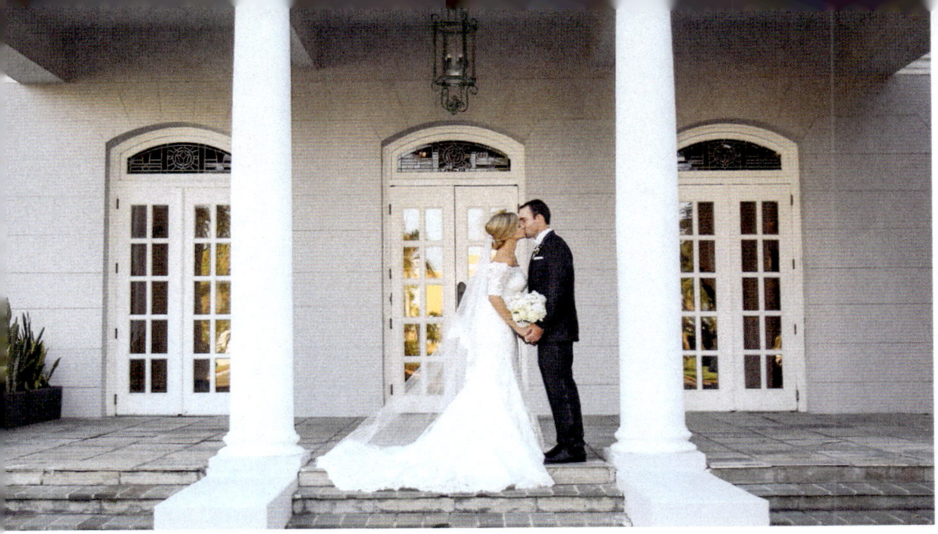

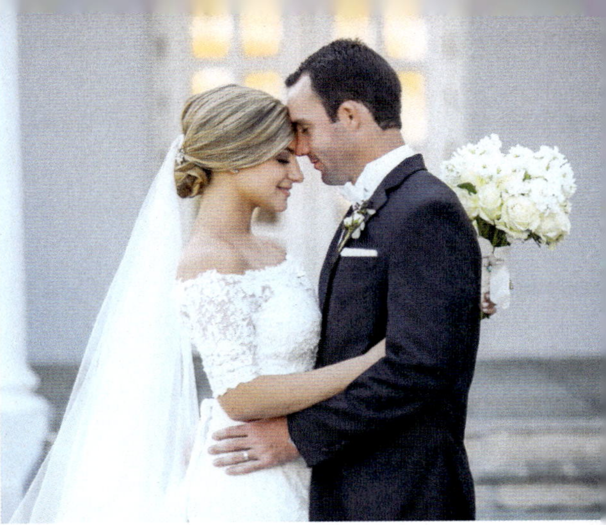

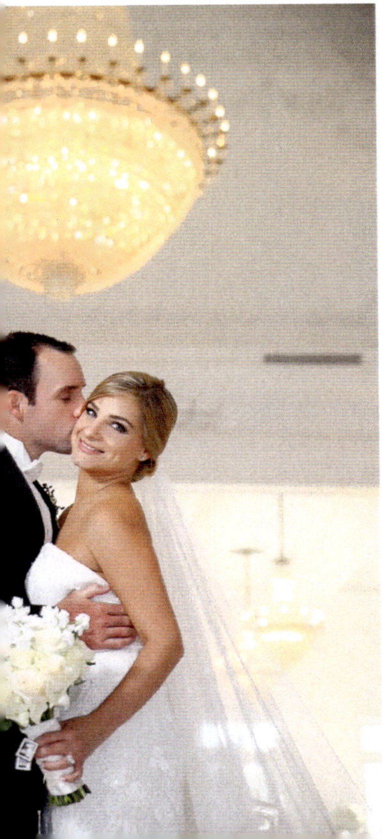

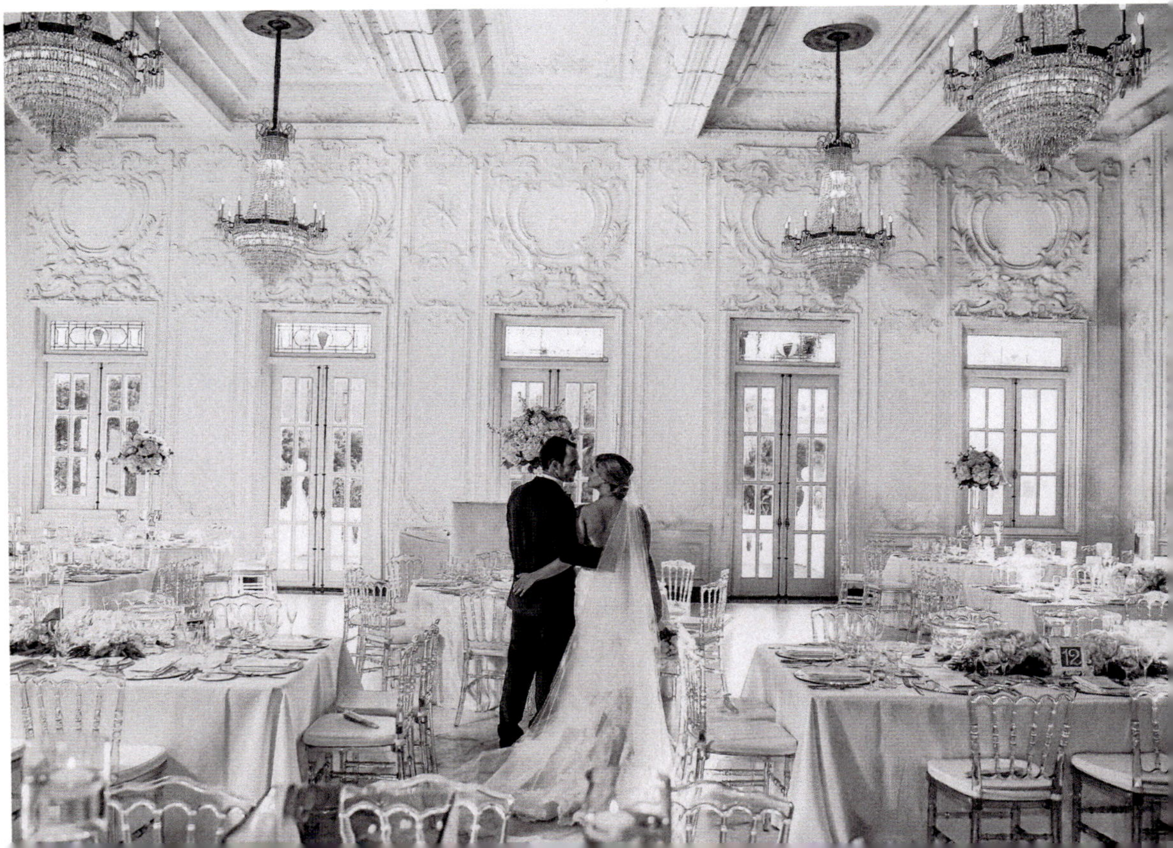

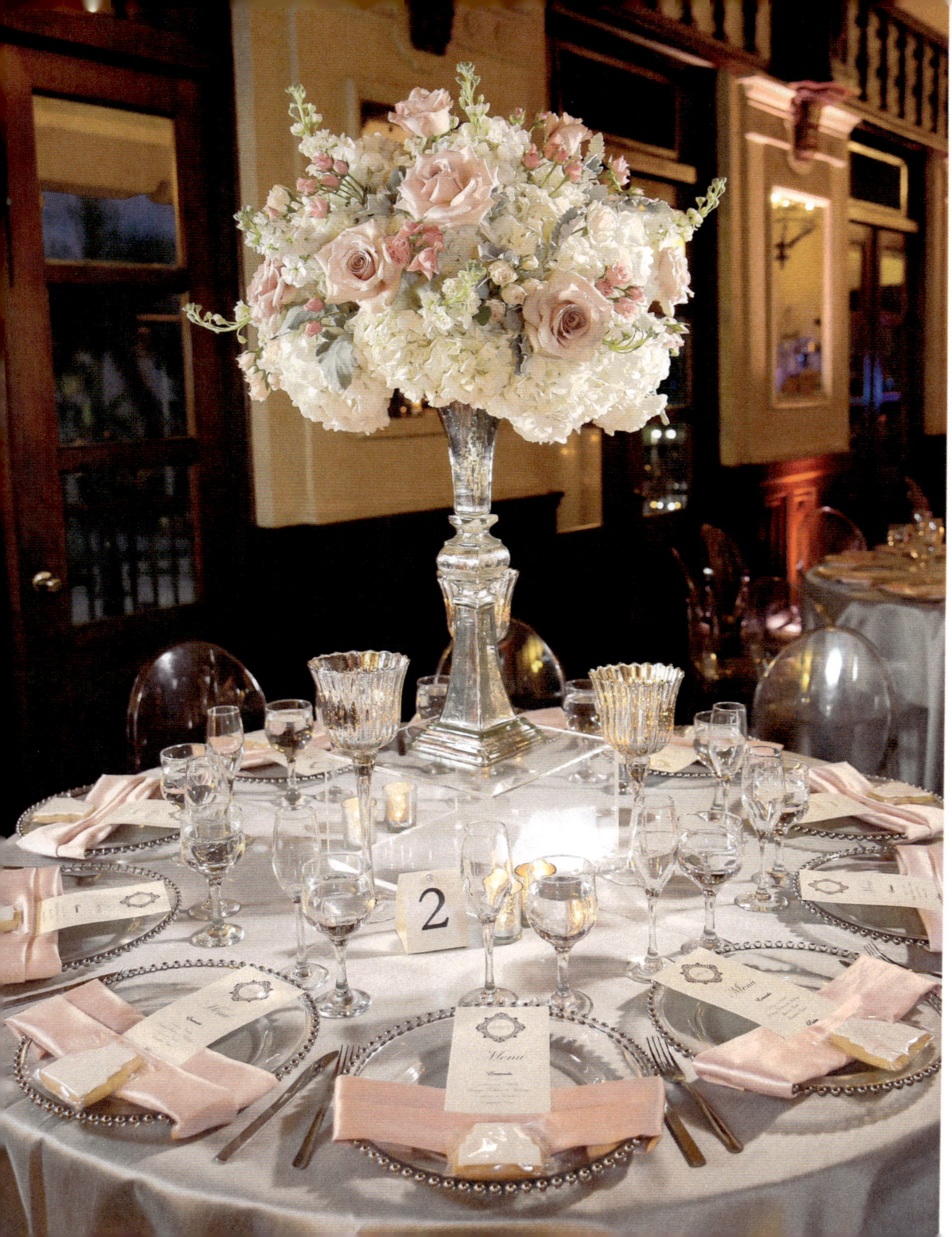

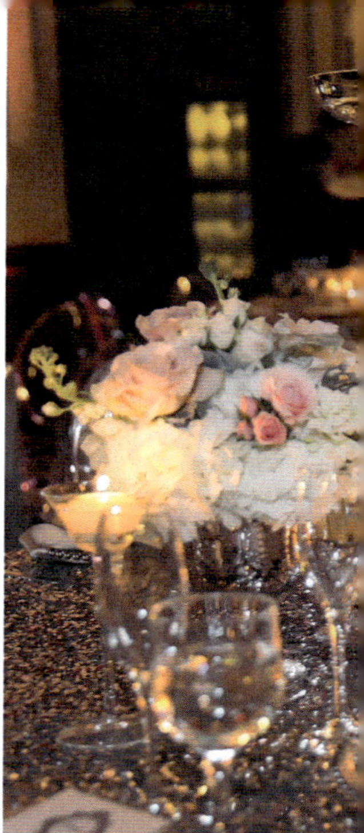

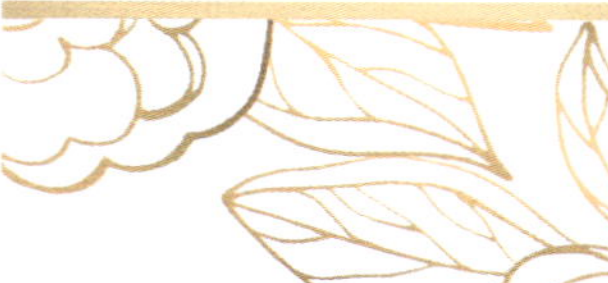

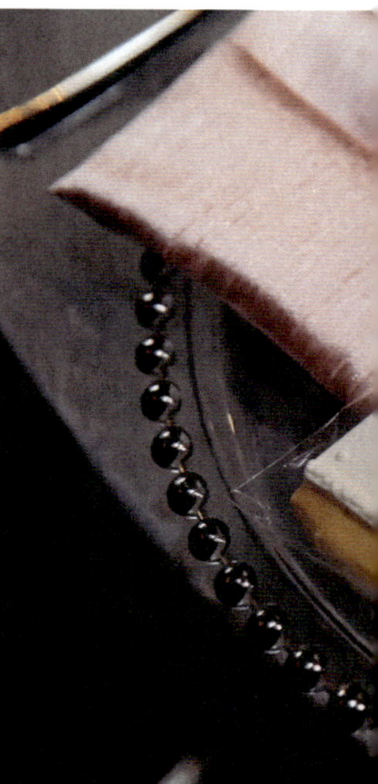

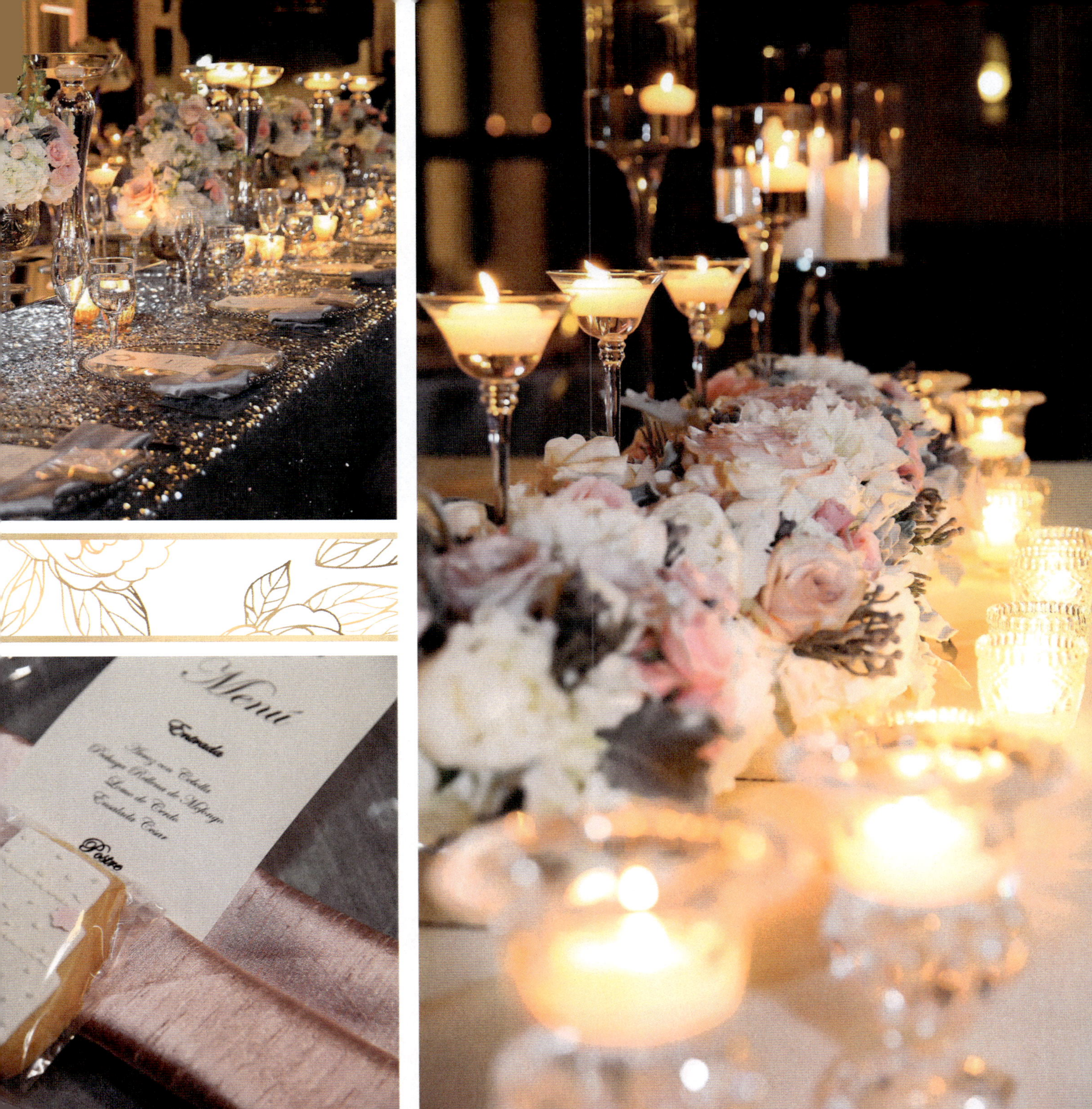
Menú
Entrada
Lomo de Cerdo
Ensalada Cesar
Postre

12
¡A celebrar!

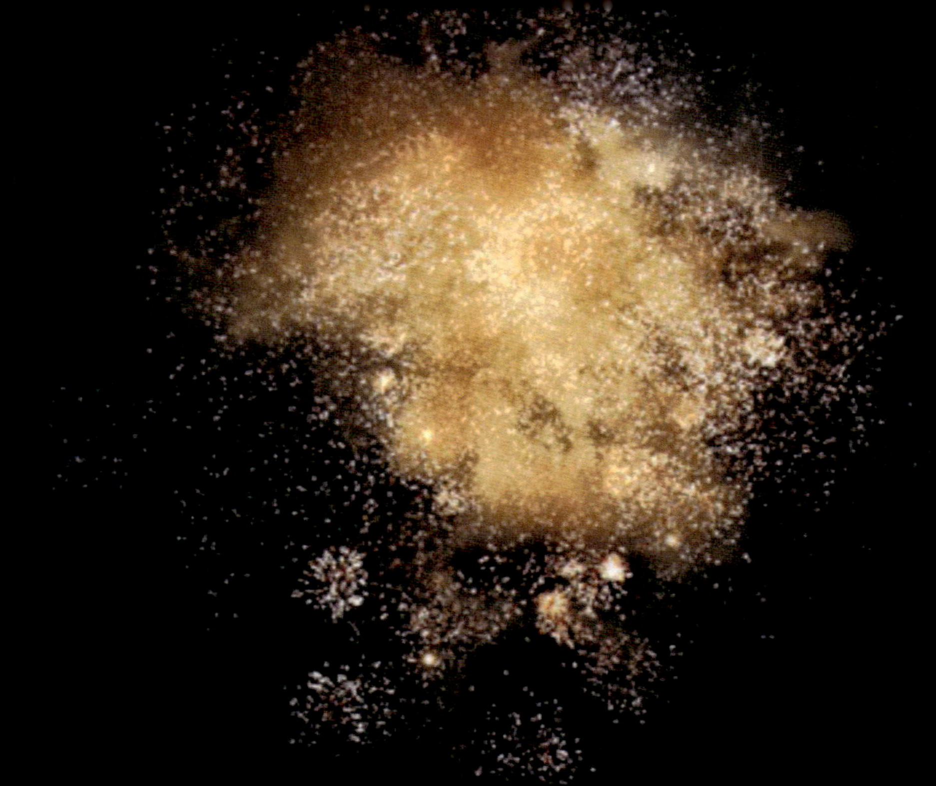

«El amor es un rayo de luna».

–Gustavo Adolfo Bécquer

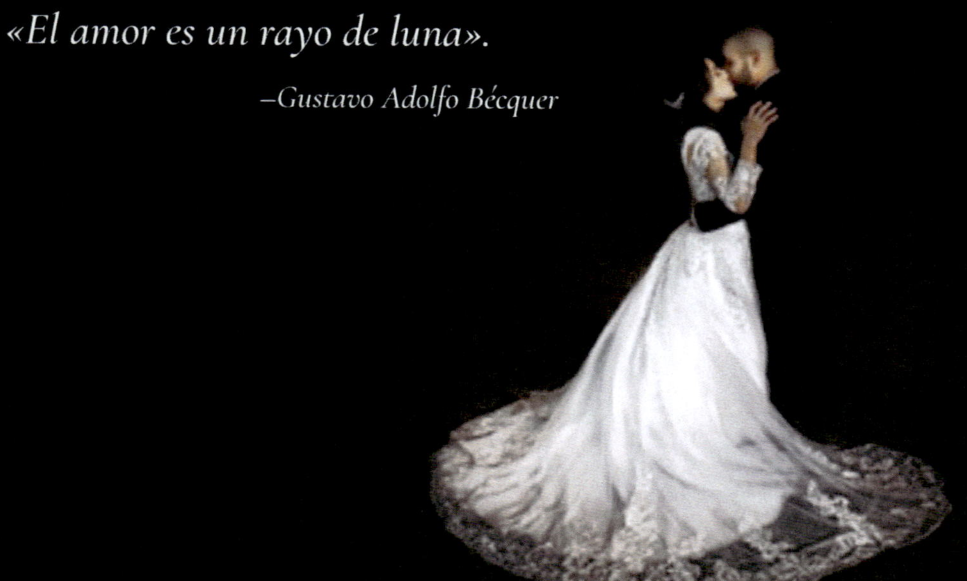

Llegó el momento de la fiesta. La recepción de la boda es ese momento para celebrar en grande la decisión que han tomado. No importa si tu recepción es pequeña, grande, sencilla o inmensa, lo importante es que la disfruten y saquen espacio para sus fotos espectaculares. Durante la recepción, ya todo está más calmado, los recién casados están relajados y disfrutando cada momento. Tradicionalmente, la recepción comienza con la entrada de los novios al salón para que puedan apreciar su decoración y prácticamente culmina con el corte del pastel de boda y el lanzamiento del ramo y la liga. La recepción está llena de momentos divertidos y reflejan el gusto de los novios con una decoración y detalles personalizados. Aprovecha tu entrada a la recepción para mostrar tu mejor sonrisa, entra con entusiasmo y demuestra todo lo que esperas disfrutar de la celebración. Durante el brindis y el primer baile, se obtienen imágenes espontáneas, llenas de sentimiento genuino. Disfruta, baila y gózate tu fiesta de principio a fin y no olvides tu liga.

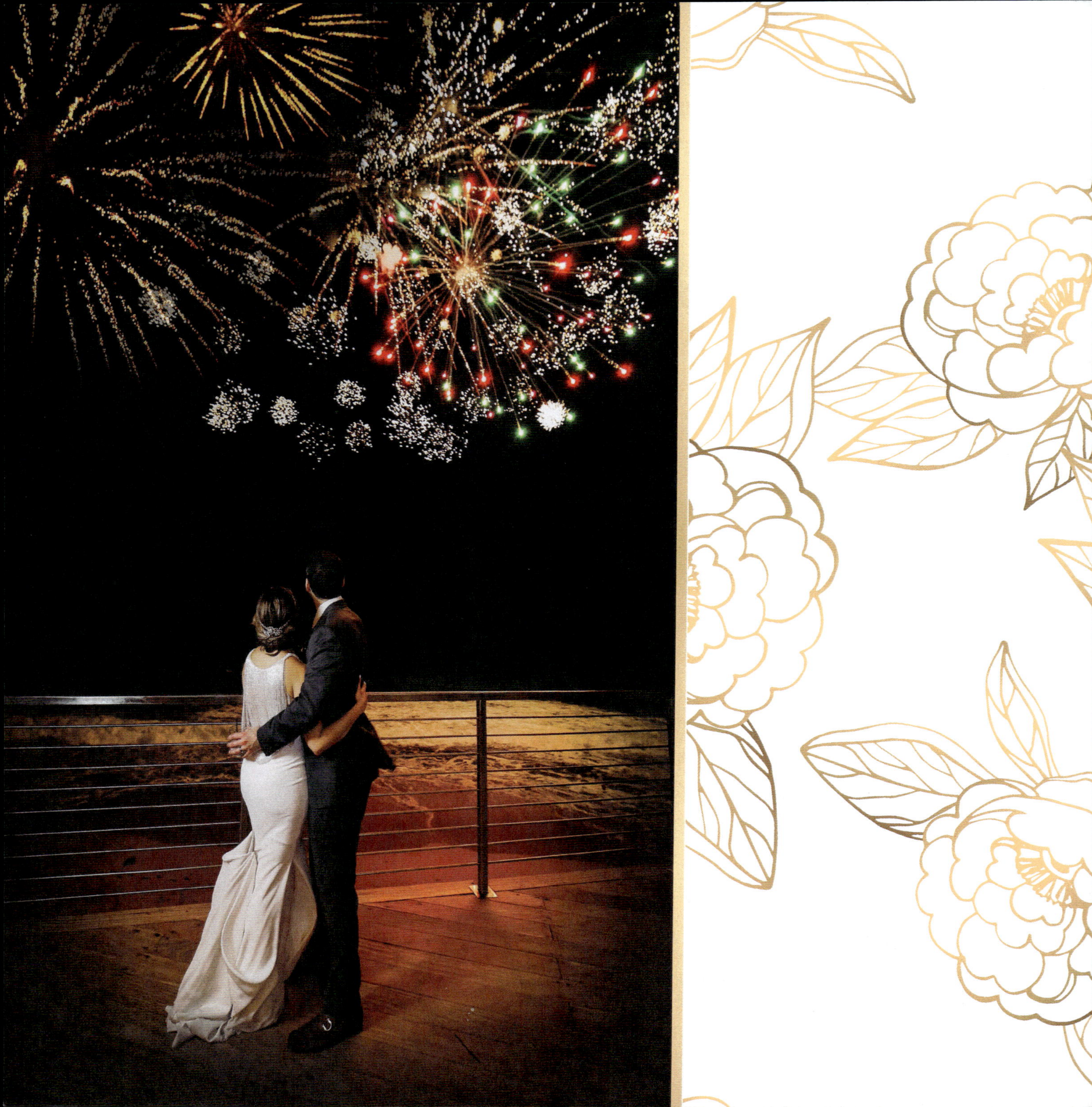

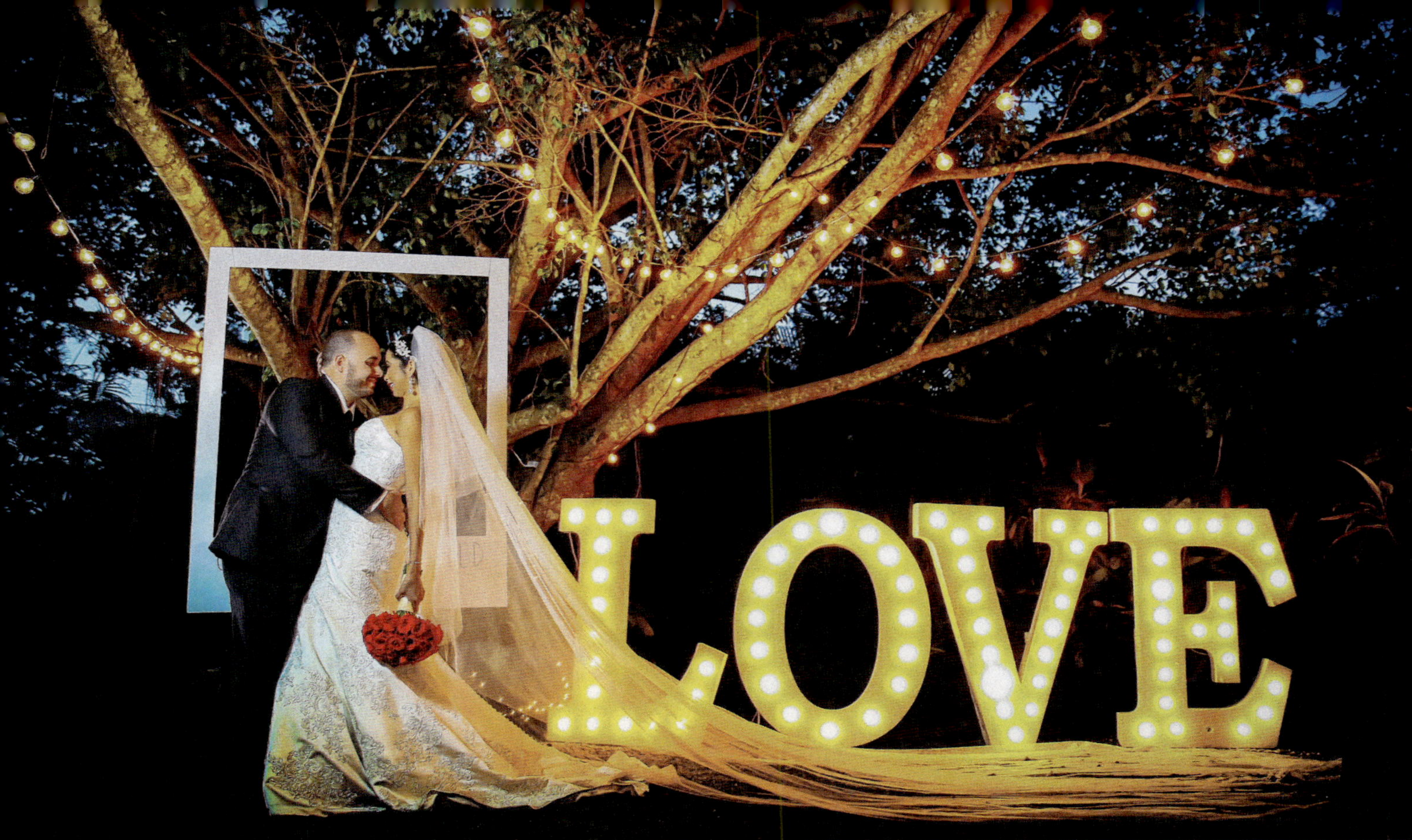

La mayoría de las recepciones son nocturnas y ya no hay luz natural. Es importante que tomes esto en cuenta para que puedas ambientar el local con la iluminación adecuada que brinde un toque de elegancia a tus fotos. También ten presente que tu fotógrafo debe tener un buen equipo y saber dominarlo para sacar el mayor provecho del lugar. Mi meta es obtener la mayor cantidad de hermosas imágenes en las que se capte la esencia de cada detalle, que con tanto esmero organizaste, y esto incluye el pastel de boda, las flores, las velas, las mesas, las sillas y la ambientación en general. Uno de los momentos que más disfruto es tener la oportunidad de obtener las imágenes más naturales y auténticas de los novios en su celebración.

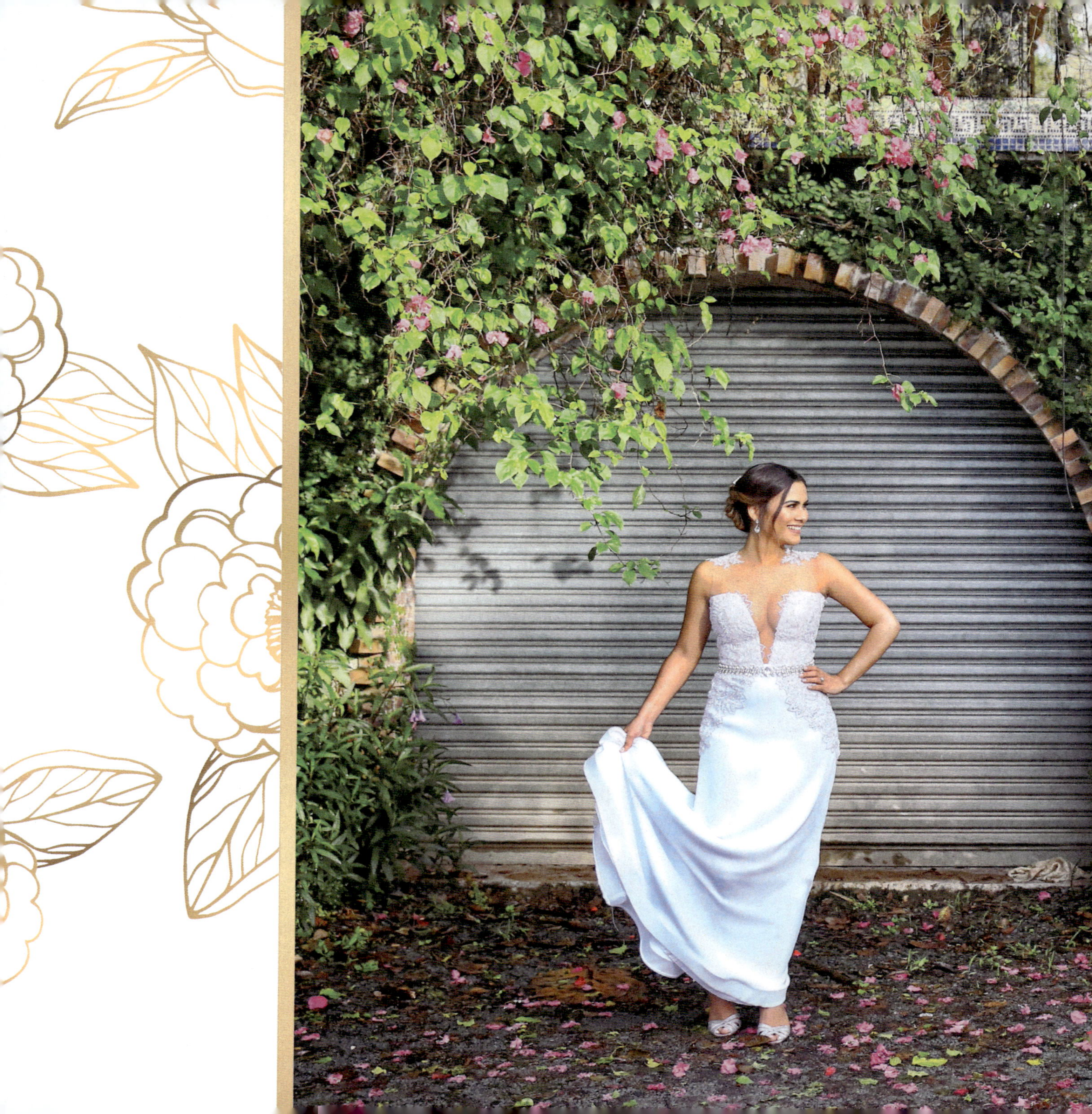

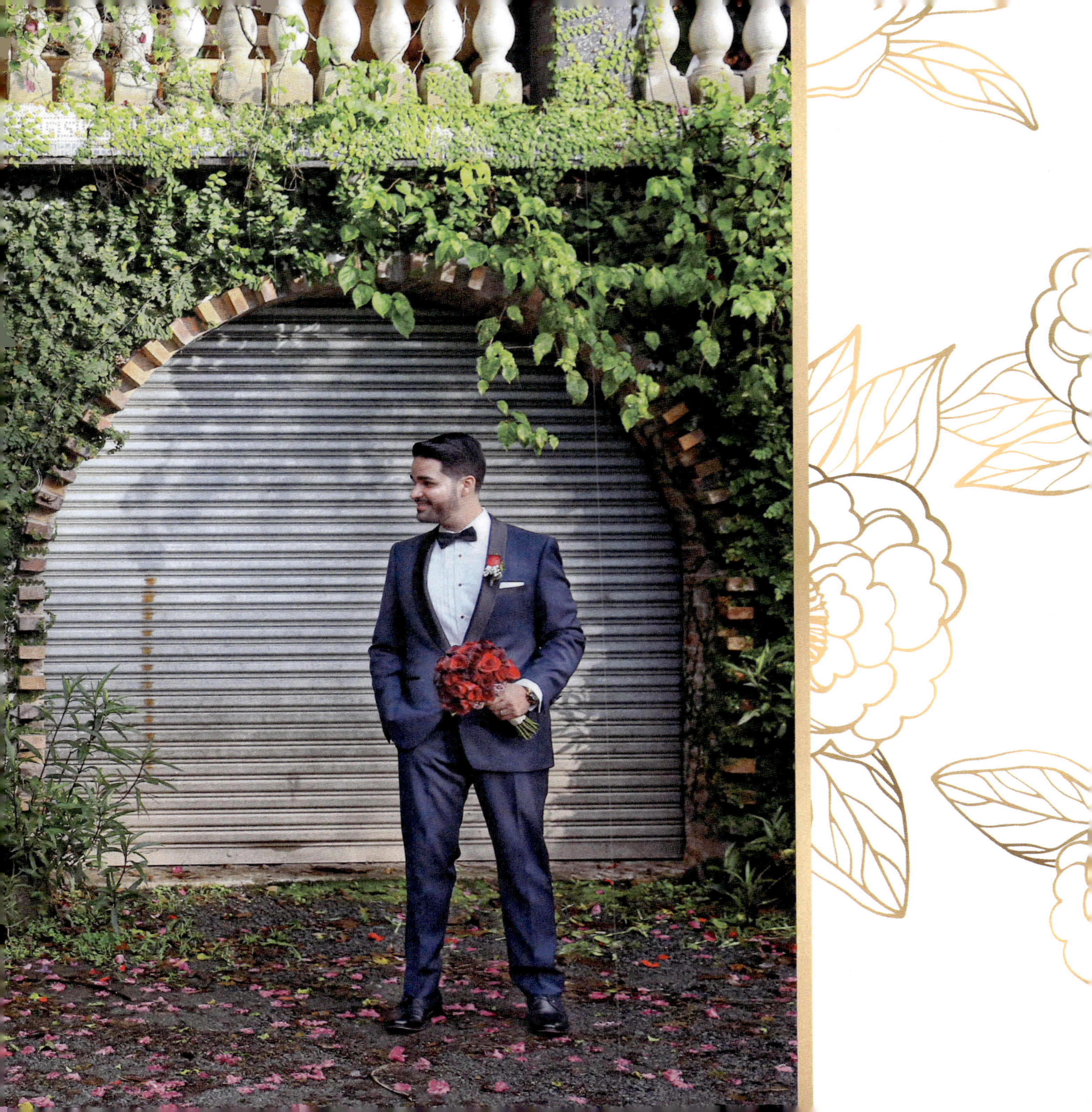

Un orden sugerido de lo que debe acontecer y tener en mente a la hora de organizar tu recepción en el salón es:

1. Llegada de los novios y vista del salón por primera vez antes que sus invitados
2. Desfile de entrada
3. Brindis
4. Baile de los recién casados
5. Bailes con los padres
6. Mensaje de cierre
7. Cena
8. Música
9. Corte del pastel de boda
10. Ramo y liga
11. Hora loca o algún *show* invitado como batucadas, pleneros u otros.
12. Música hasta finalizar el evento

Mis notas:

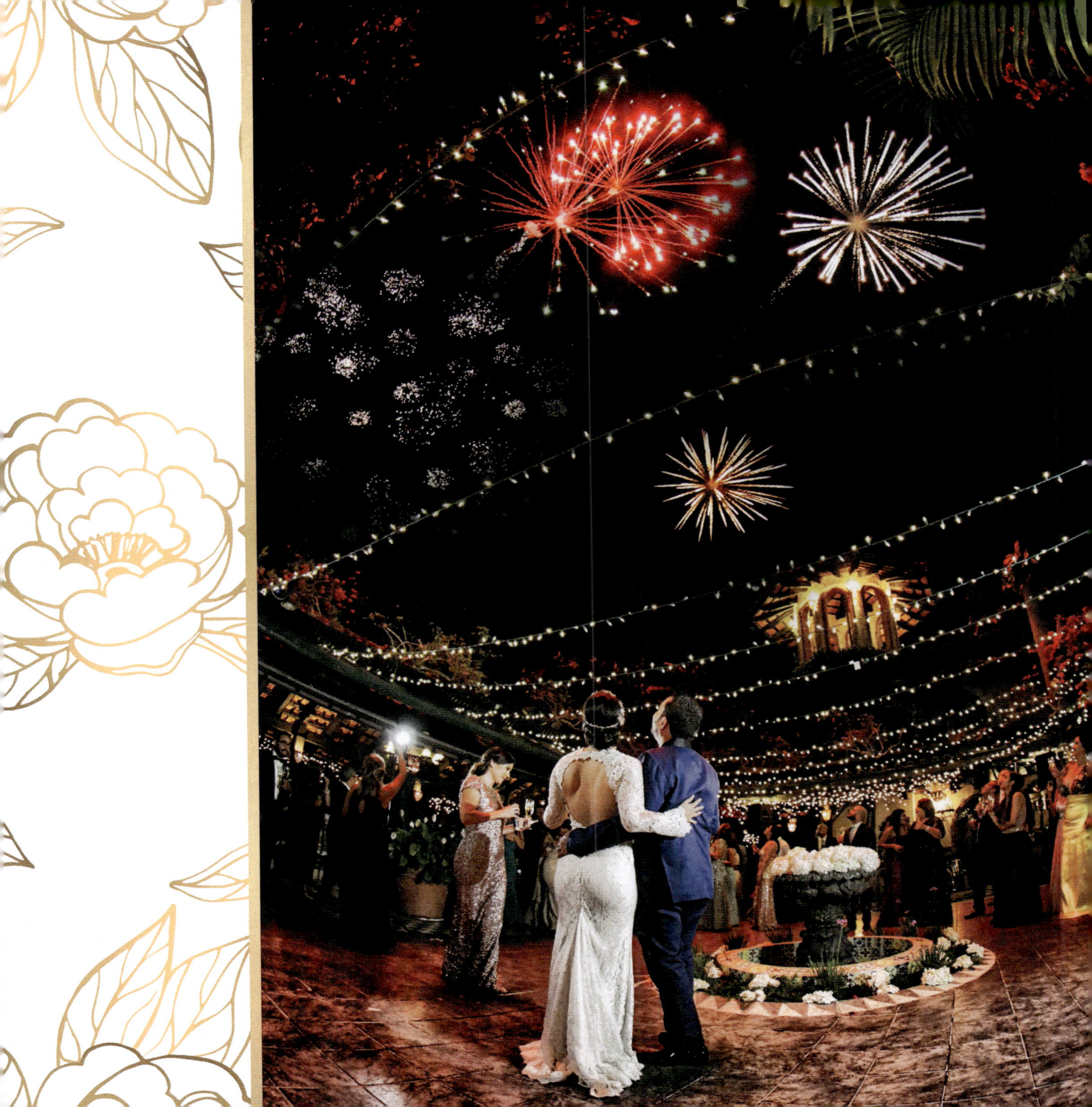

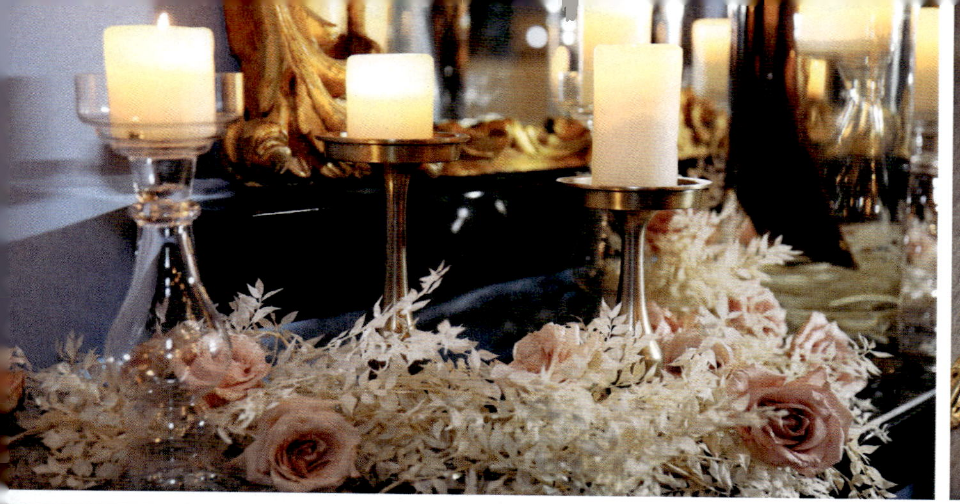

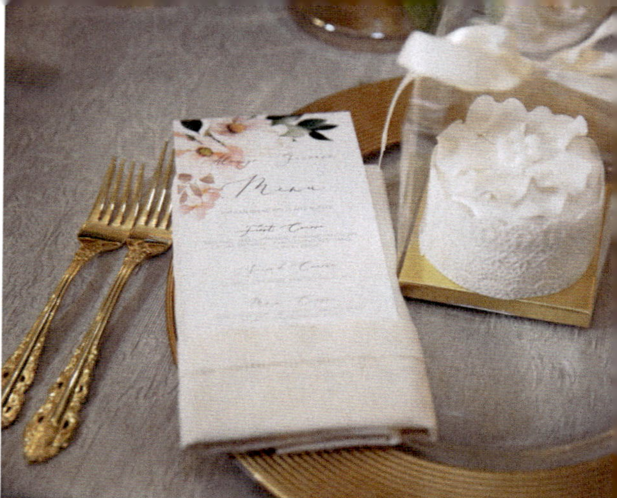

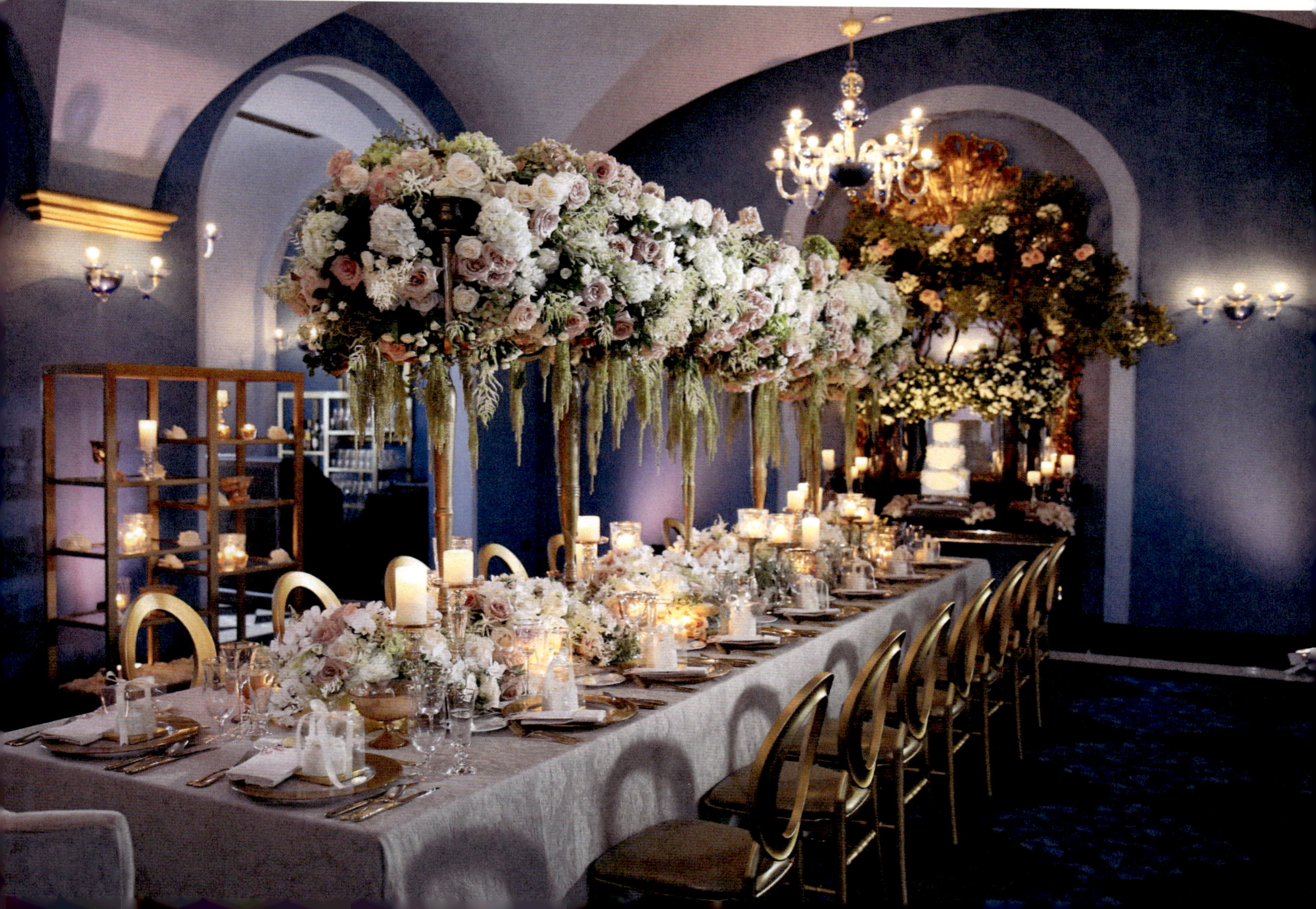

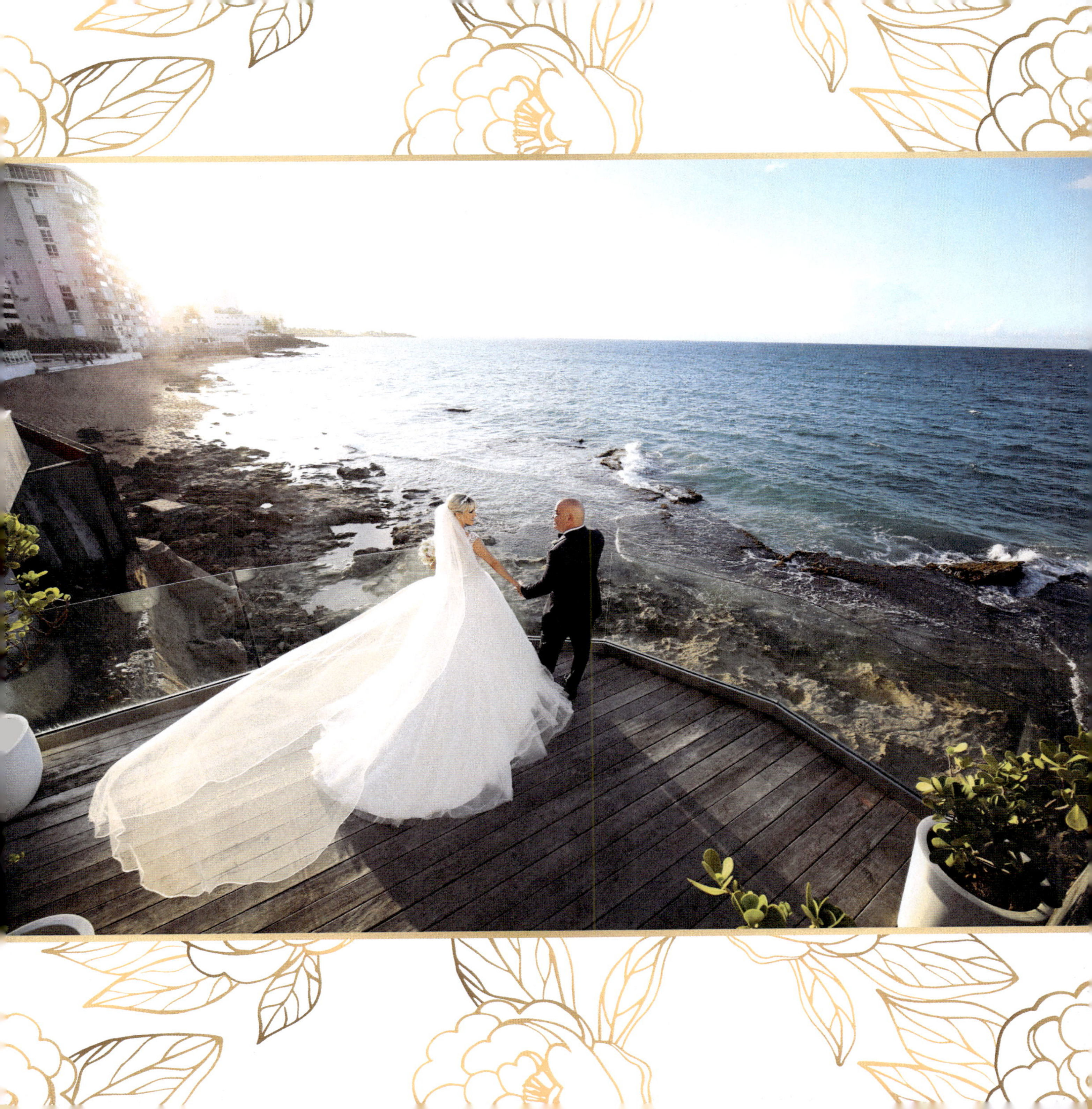

Tercer enfoque: Emoción extendida

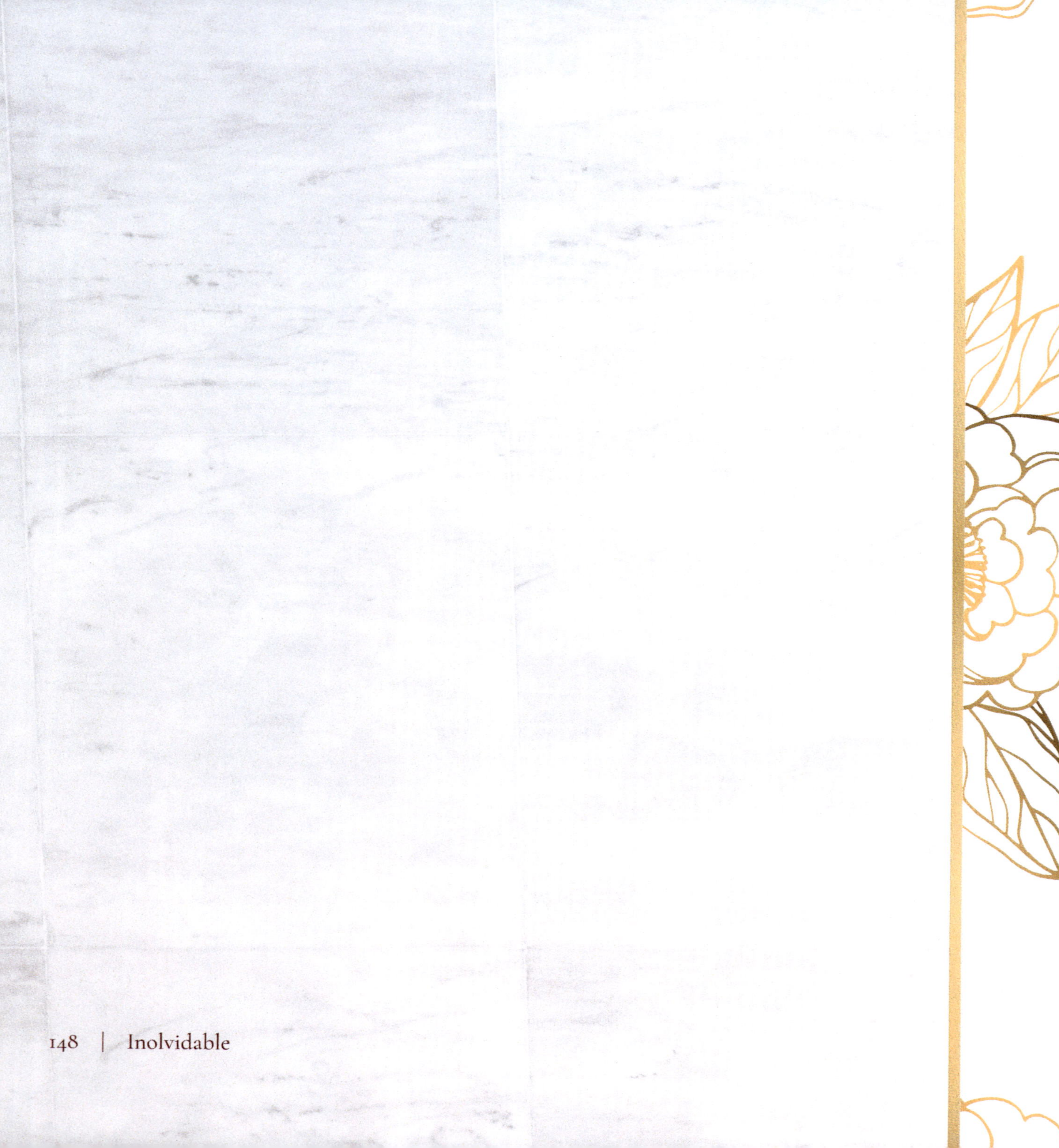

13

Dile adiós a la fotografía tradicional

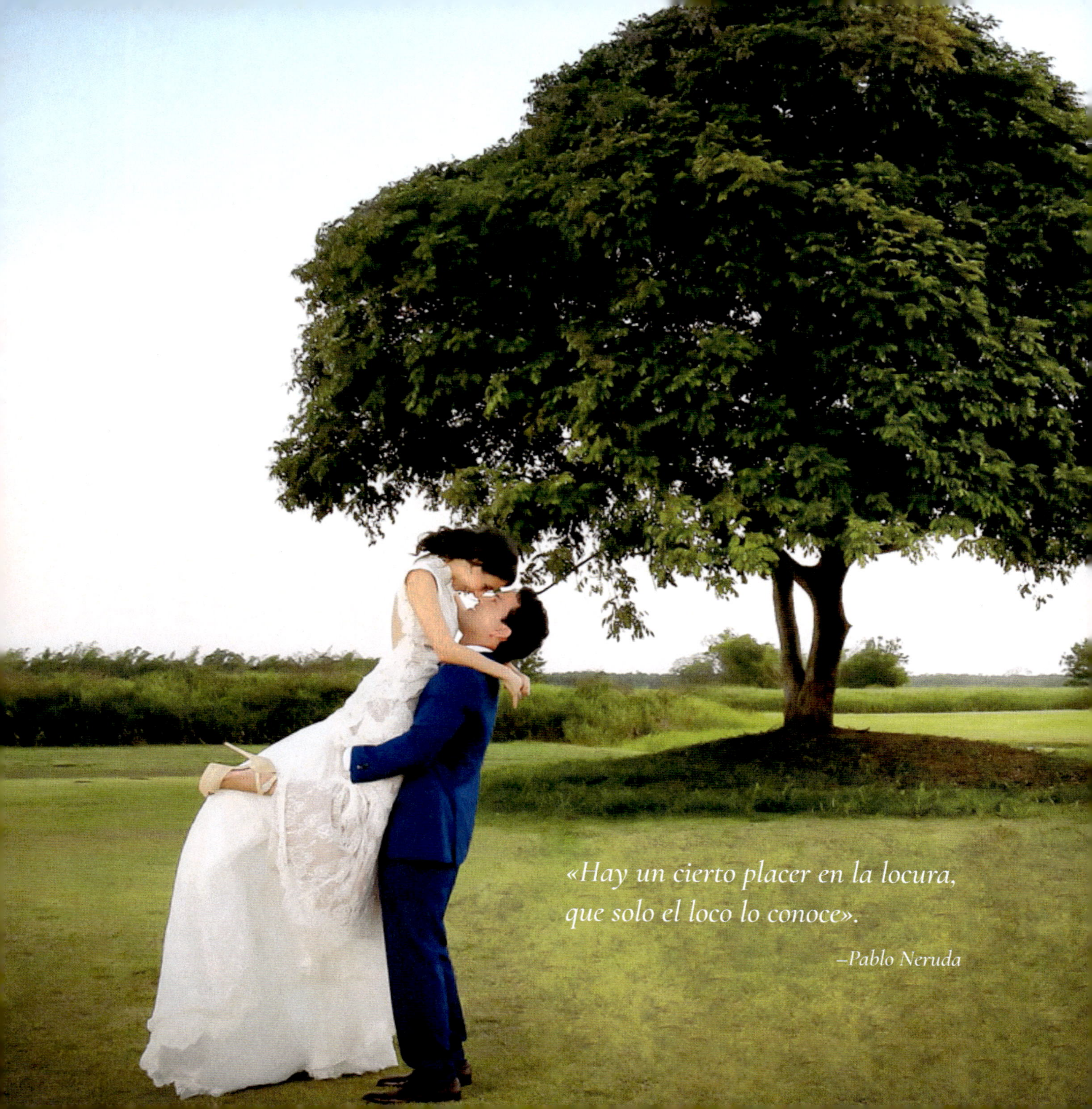
«Hay un cierto placer en la locura,
que solo el loco lo conoce».
–Pablo Neruda

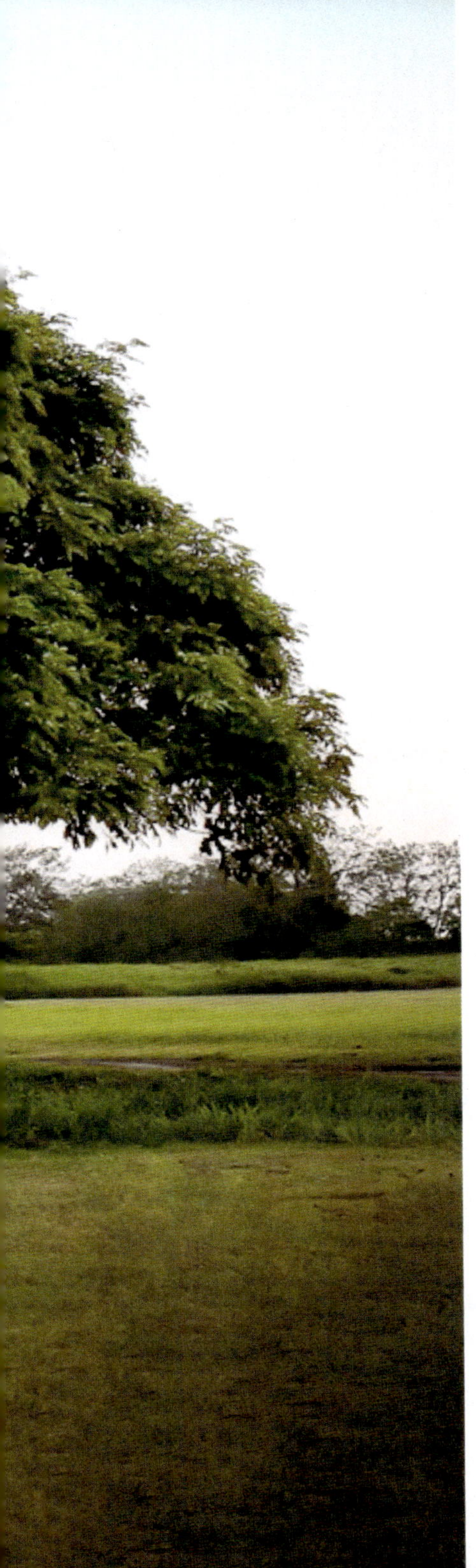

Sesión después de la boda

Si eres amante de las fotos y de los escenarios en exterior, te va a gustar esta idea. La sesión después de la boda te da la oportunidad de vestirte de novia por segunda ocasión, si deseas. También puedes elegir una vestimenta distinta para ambos y disfrutar de una sesión libre de nervios y estrés, además de poder tomar fotos en otros escenarios distintos al lugar de tu boda. La ventaja principal es que podemos tomar fotos interesantes que serían imposibles realizar durante tu boda debido al protocolo nupcial. Para esta sesión, debes peinarte y maquillarte, tener un ramo de novia y la vestimenta de ambos. Esta sesión se coordina después de tu luna de miel.

¡Atrévete!

Hay parejas que buscan todo lo contrario a las fotos tradicionales, si ustedes son una de ellas, puedes considerar hacer un *trash the dress session.* Y te preguntarás, ¿qué es? Es una sesión de fotos poco o nada convencional, en la cual puedes dejar tu imaginación volar y dar rienda suelta a tus ideas junto a la creatividad de tu fotógrafo. A través de los años haciendo fotos de bodas, muchas de mis novias me llaman porque tienen su traje guardado ocupando espacio y no saben qué hacer con él.

¿Has considerado esta sesión para volver a utilizar su traje? Esta sesión no tiene que ser en una fecha específica, sino que la puedes coordinar en cualquier momento. Dentro de las posibilidades de esta sesión puedes considerar cosas extremas: dañar el traje, ya sea pintándolo, mojándolo, enfangándolo... la imaginación no tiene límites, ¡puedes crear tu propia idea! En fin, ¡diviértete y conserva unas fotos superdivertidas!

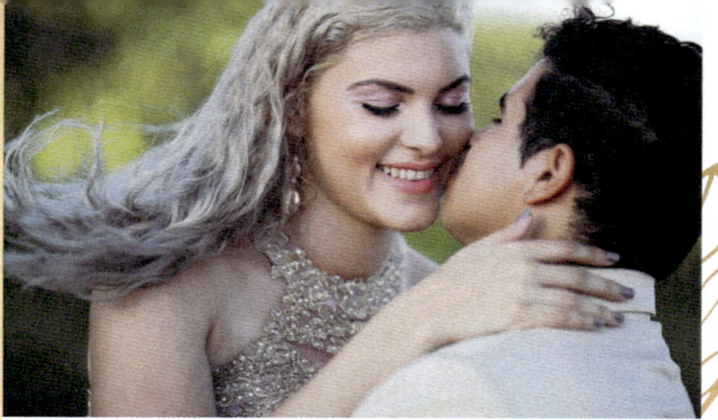

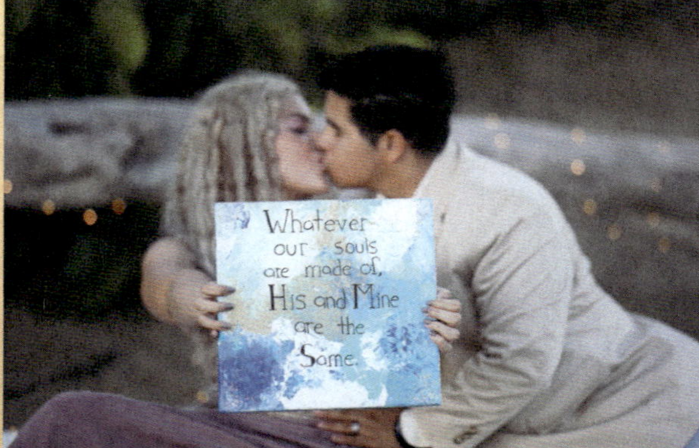

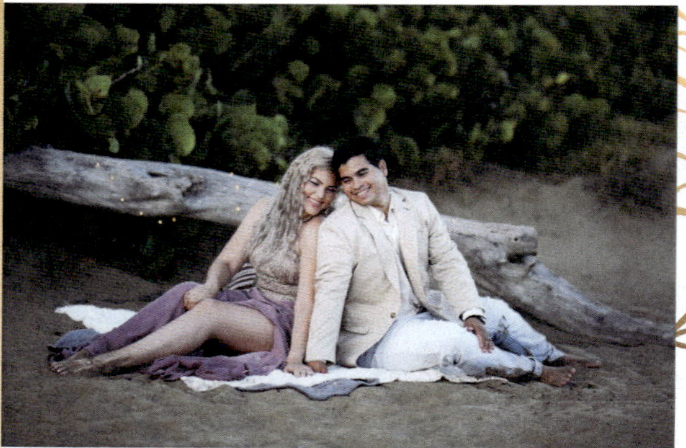

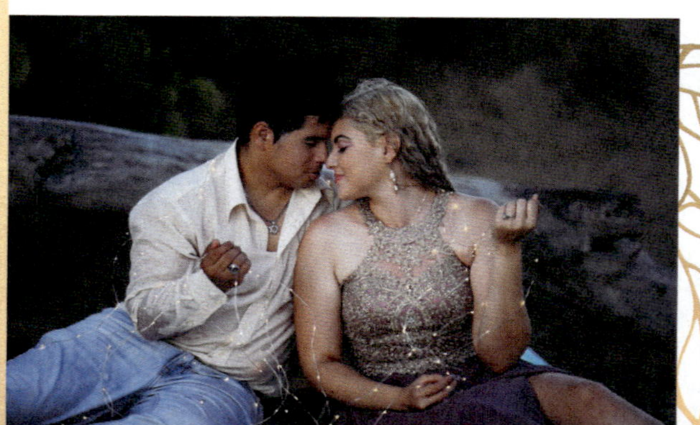

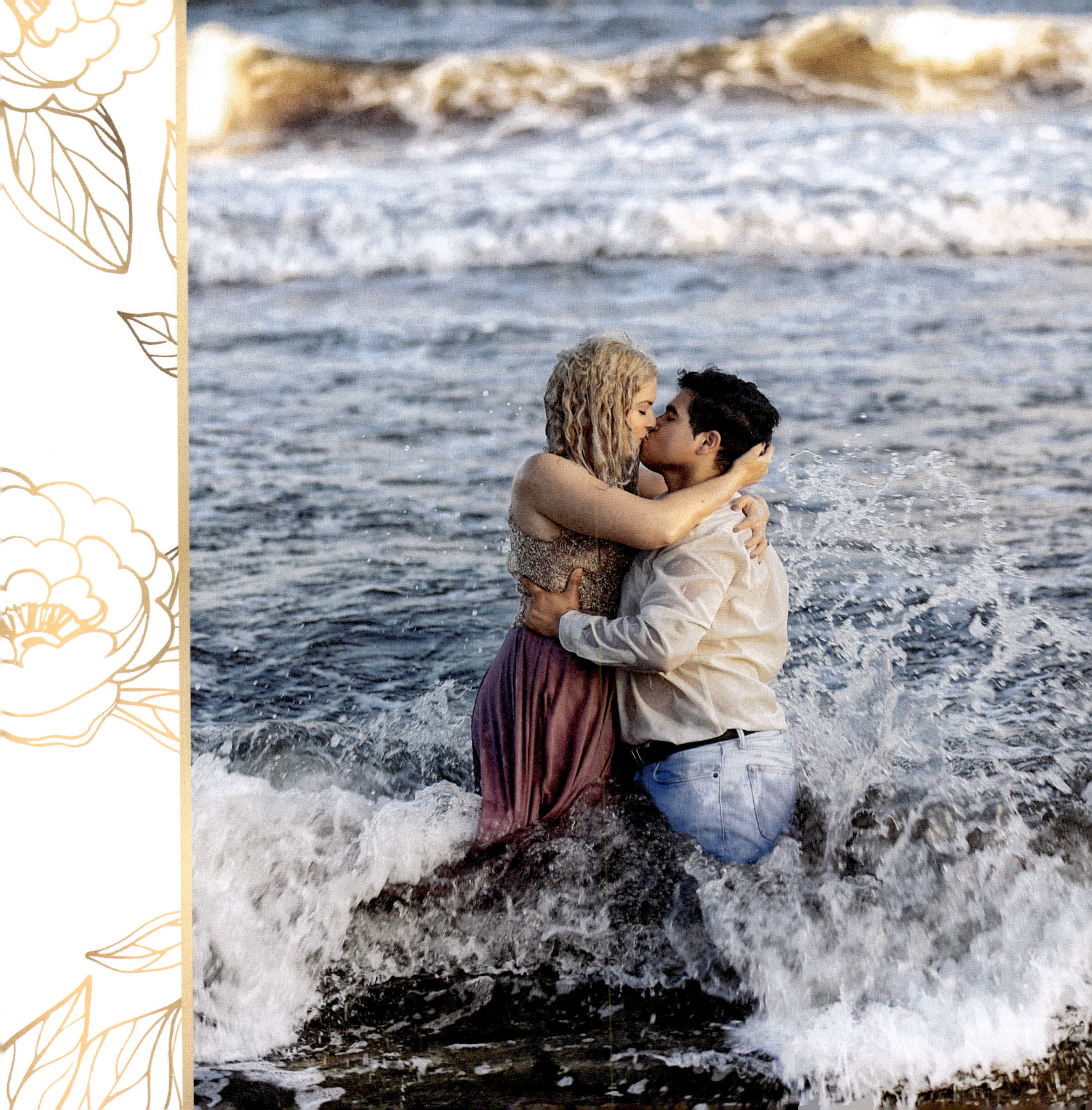

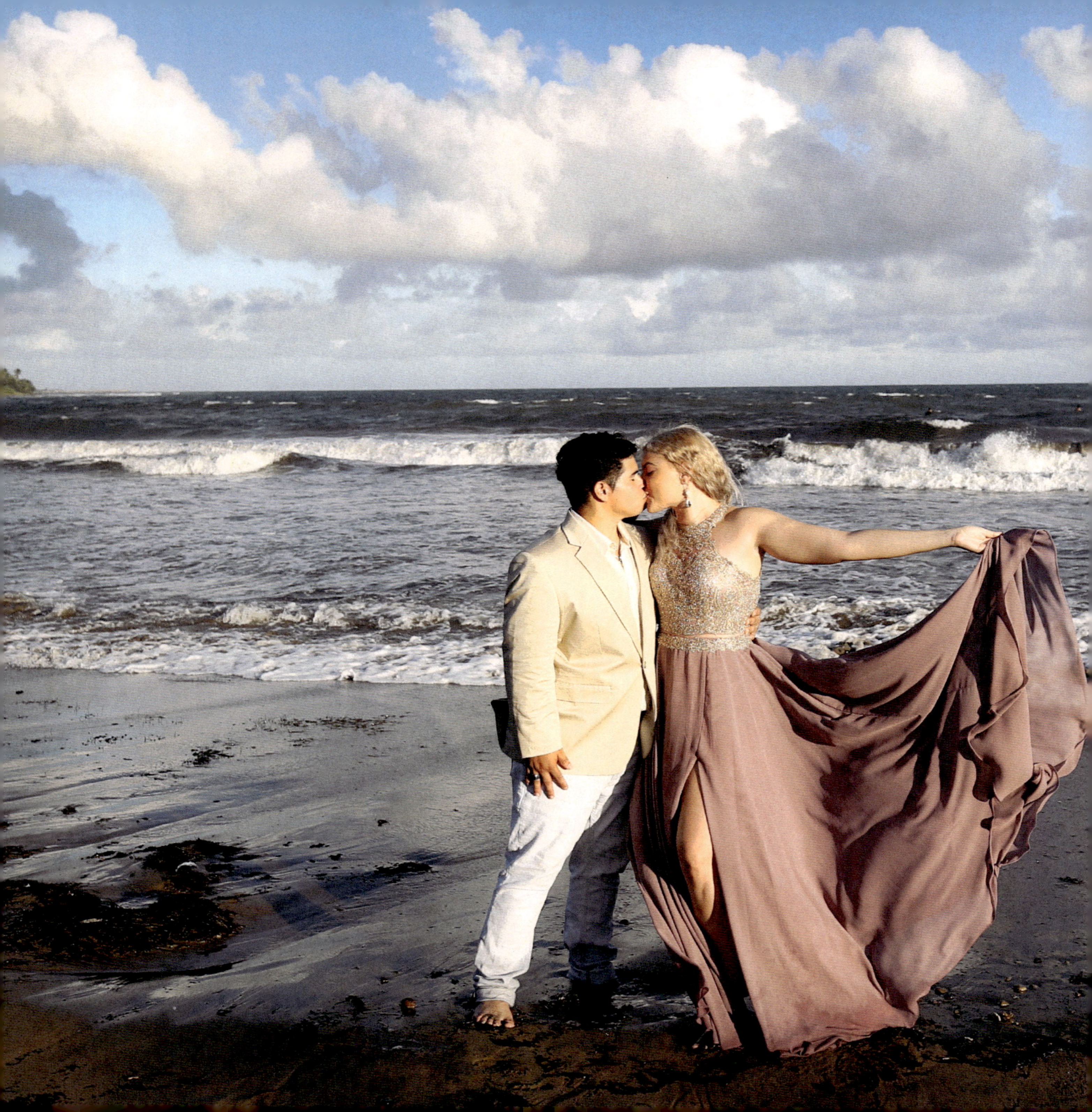

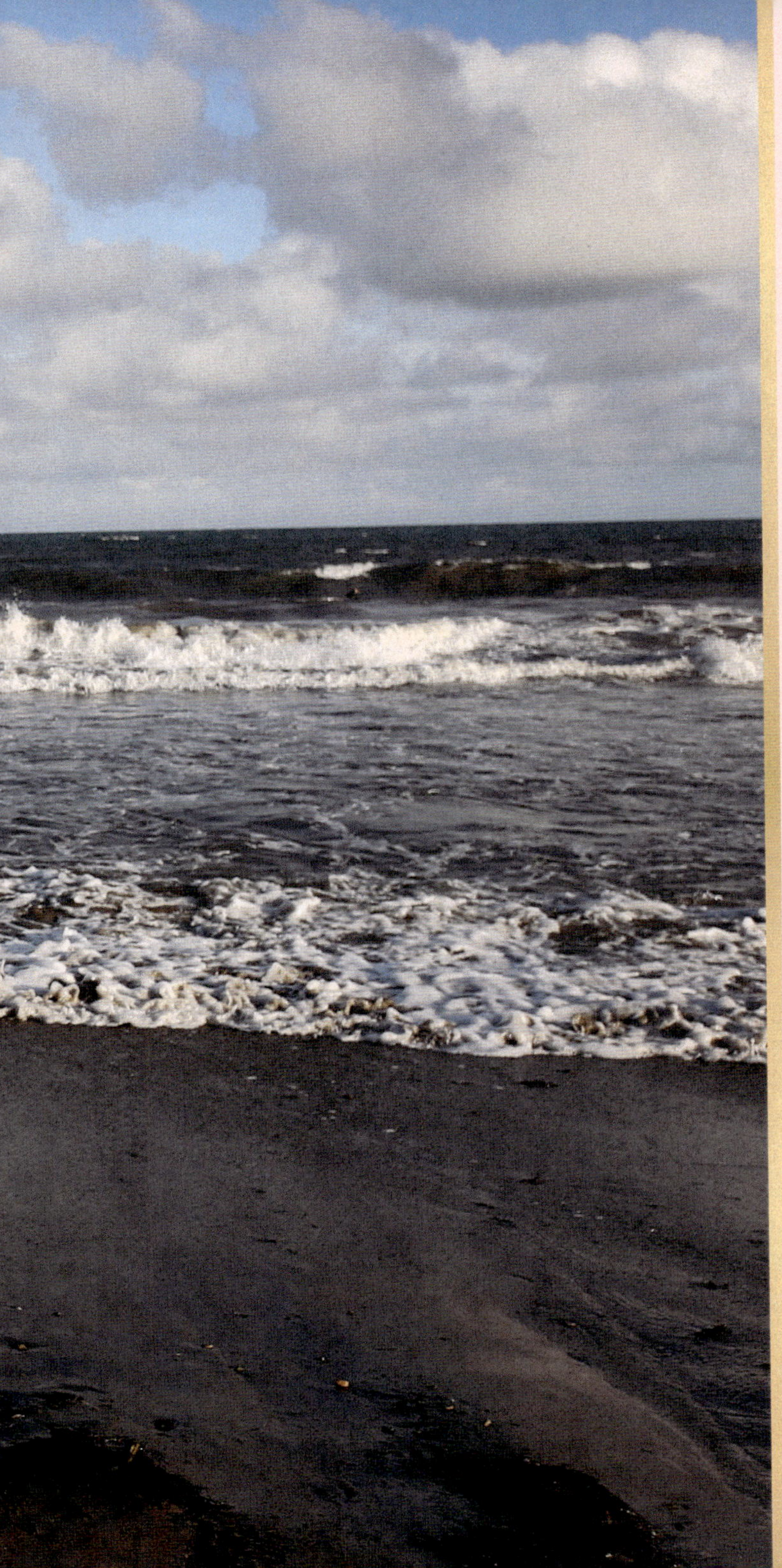

Mis notas:

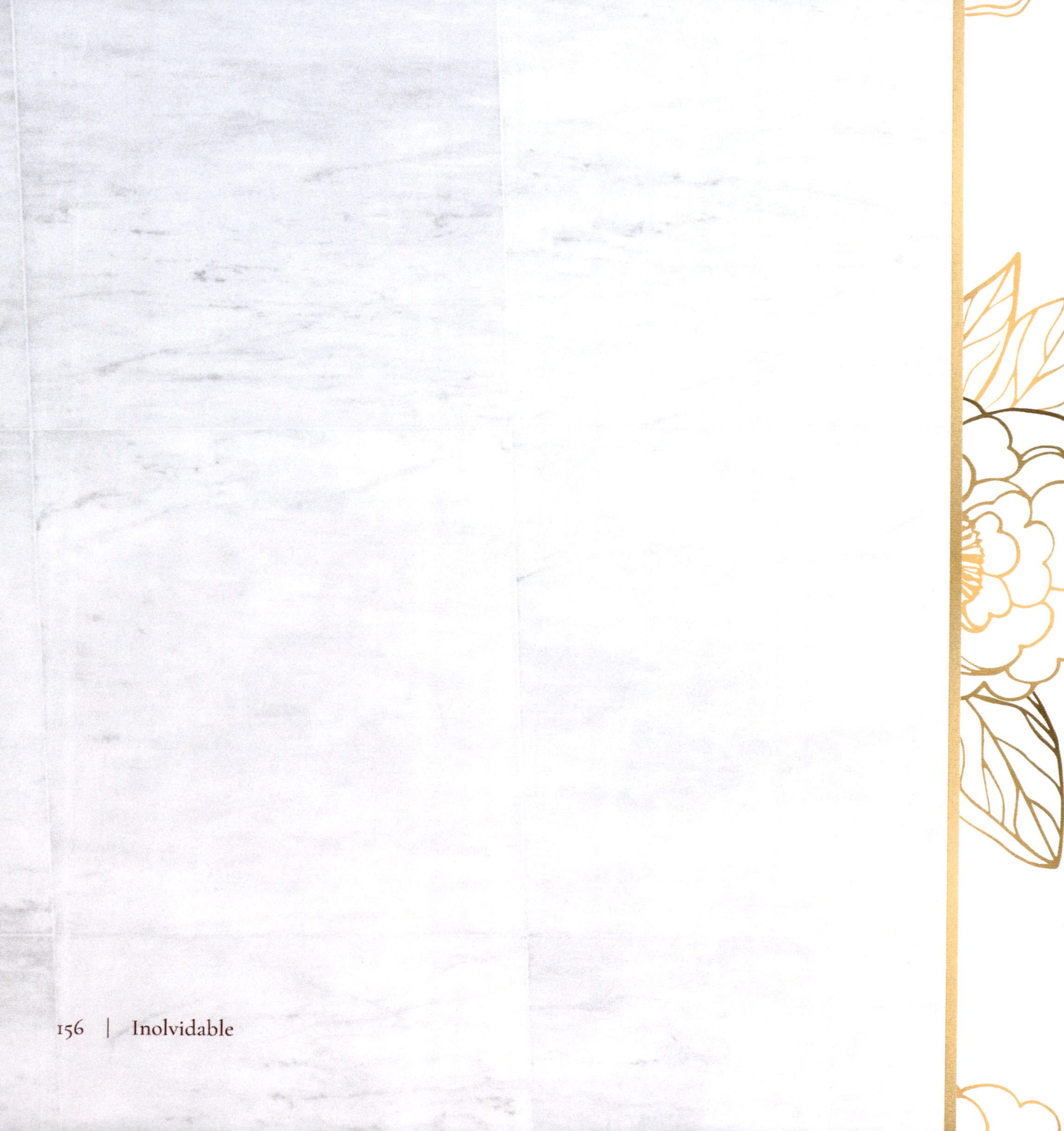

14

El álbum de bodas

«Todos necesitamos alguna vez un cómplice,
alguien que nos ayude a usar el corazón».

– Mario Benedetti

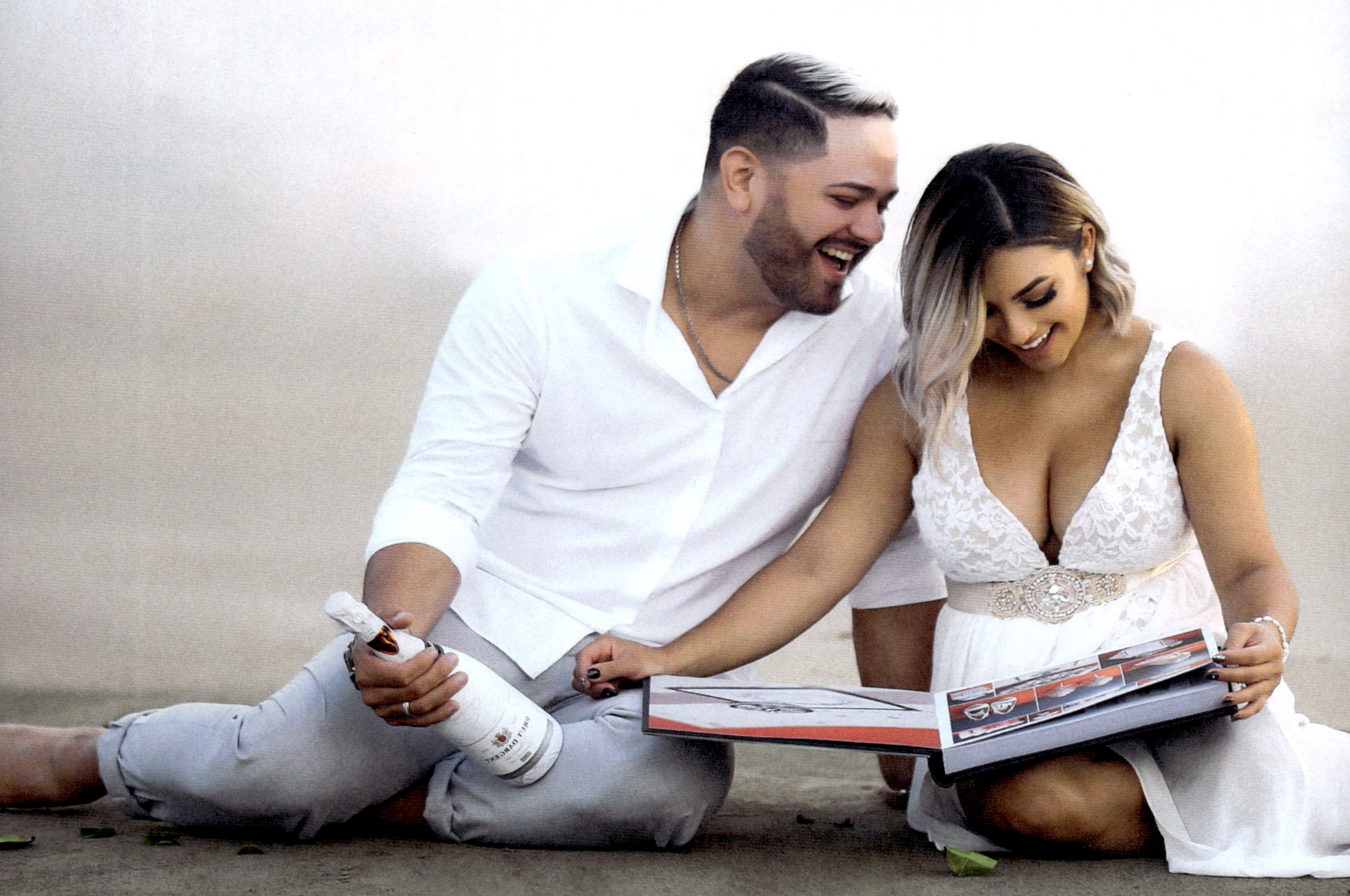

Desde la primera reunión con tu fotógrafo, debes preguntarle cuánto tiempo aproximadamente después de la boda, le tomará tener muestras y cómo es el proceso de selección. Cada fotógrafo tiene una manera particular de hacer su trabajo y es esencial que estés clara de estos puntos. También es importante que conozcas la forma en que tendrás acceso a tus muestras, ya sea a través de una galería *online* o un dispositivo USB *(Universal Serial Bus)*. Una vez tengas tus fotos digitales, mi mayor recomendación para ti es que te des la oportunidad de tener un álbum de boda.

El álbum de boda es una pieza que tiene un valor sentimental, una colección de momentos con las mejores fotos. Imagina que tu álbum es un relato sin palabras de lo más importante de ese día, cada imagen va narrando tu historia a través de los instantes, los detalles y la emoción. Ten en cuenta que las fotos digitales corren un mayor riesgo de perderse, borrarse o dañarse. Asegura un recuerdo tangible de un evento tan especial para tu vida.

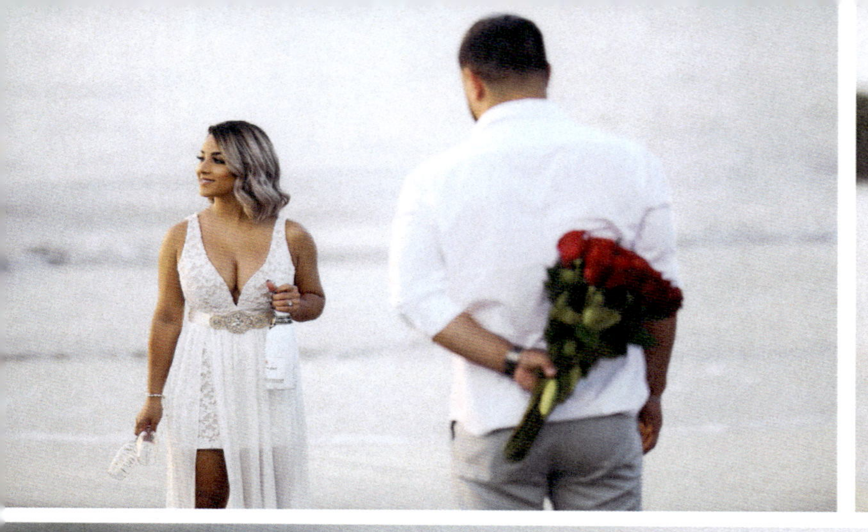

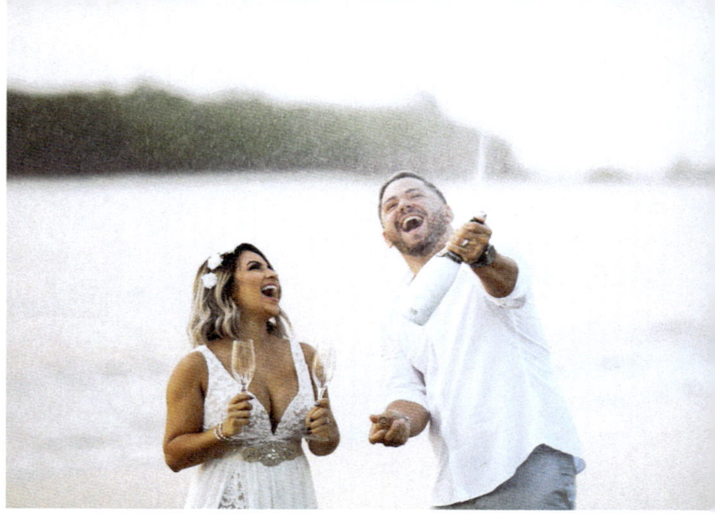

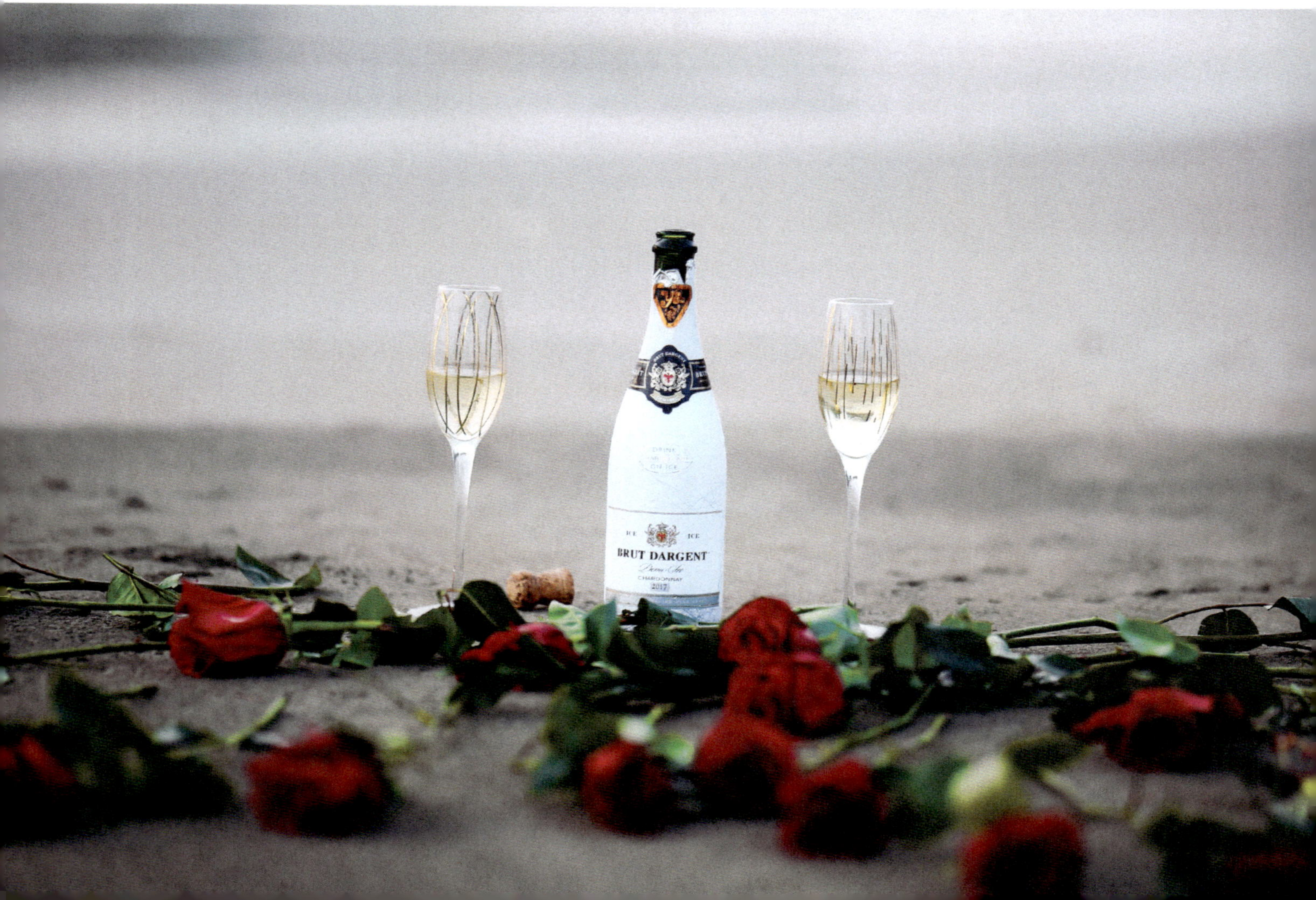

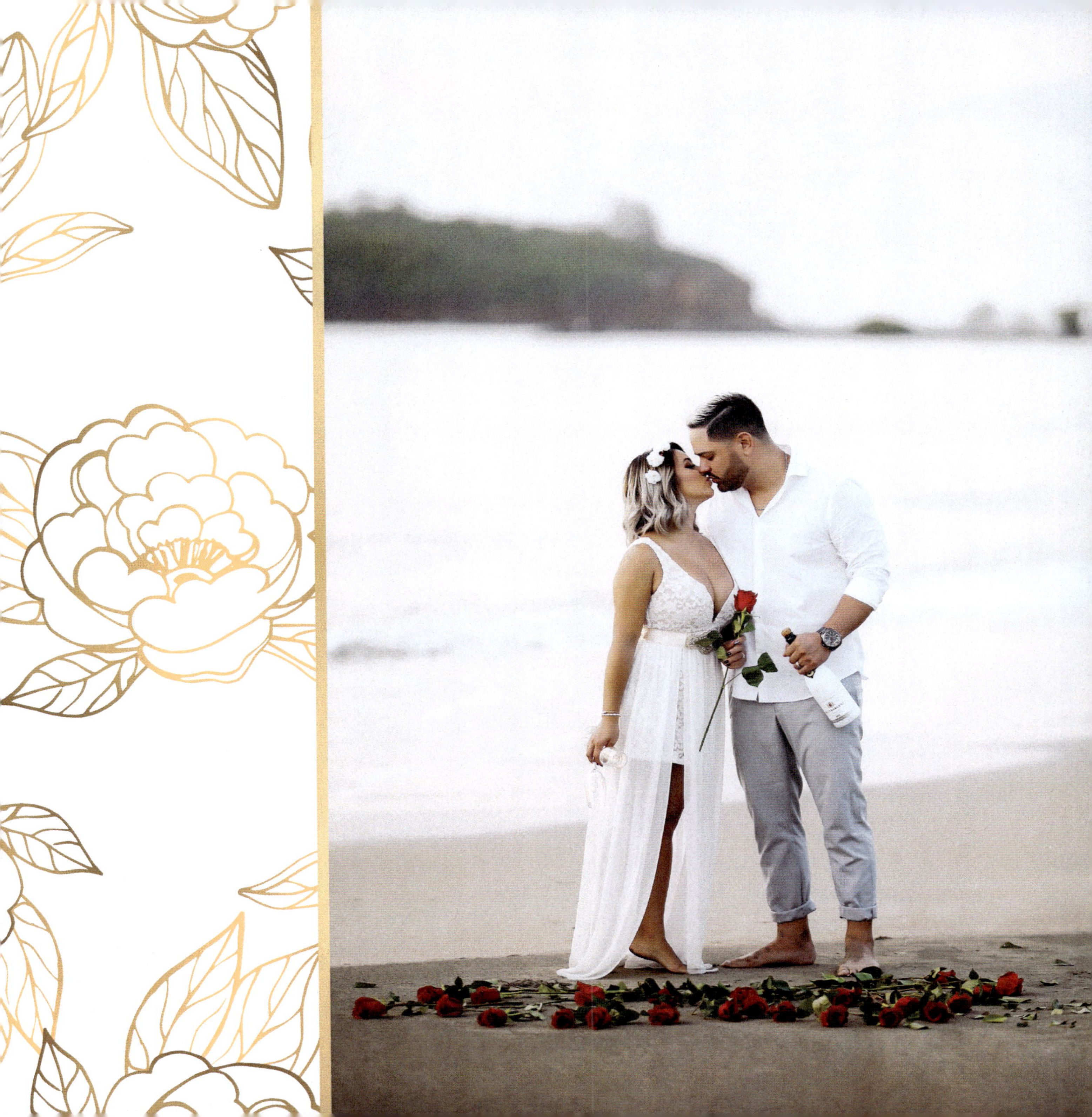

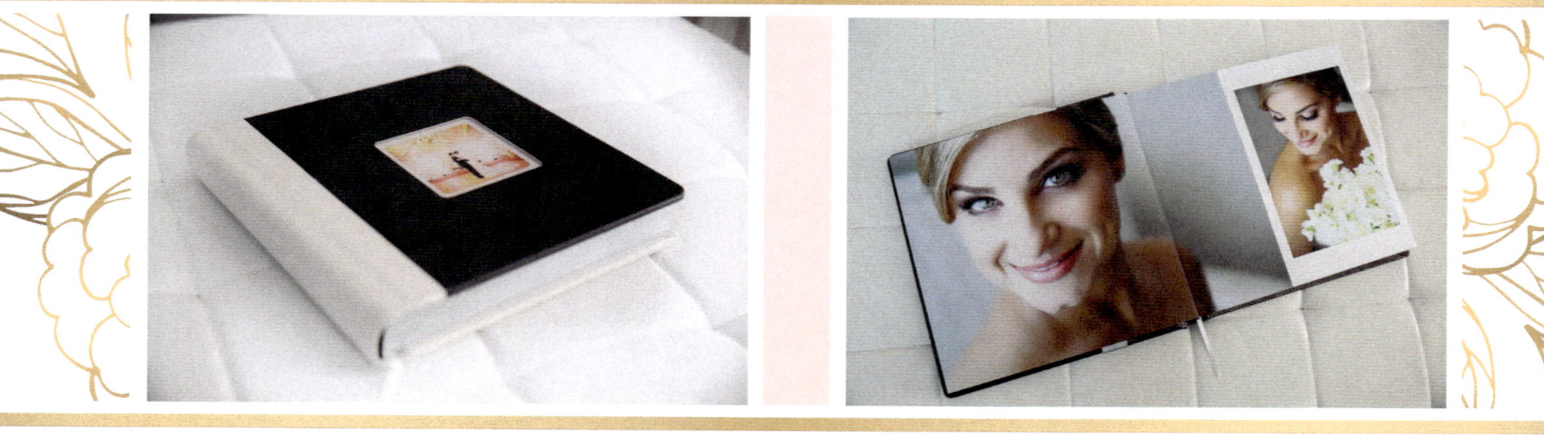

En el mercado de bodas encontrarás diferentes estilos y tamaños de álbumes, mi recomendación es que te des la oportunidad de ver y preguntar las distintas opciones que tienes en cuanto a las portadas y tipos de papel. Cada fotógrafo trabaja con líneas distintas y podrás elegir lo más que te guste. El álbum es lo único que conservarás de ese día y cada vez que desees recordarlo, será la pieza que te remontará al más mínimo detalle. También existen otros productos impresos que puedes considerar como: enmarcados en distintos materiales, lienzos, fotos impresas, libros tipo *coffee table*, entre otros.

Debes creerme, ver tus fotos impresas es la mejor manera de ver la obra fotográfica de tu boda.

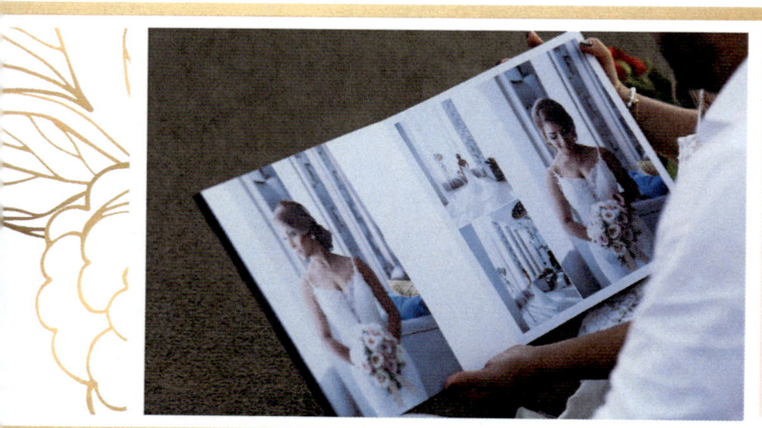

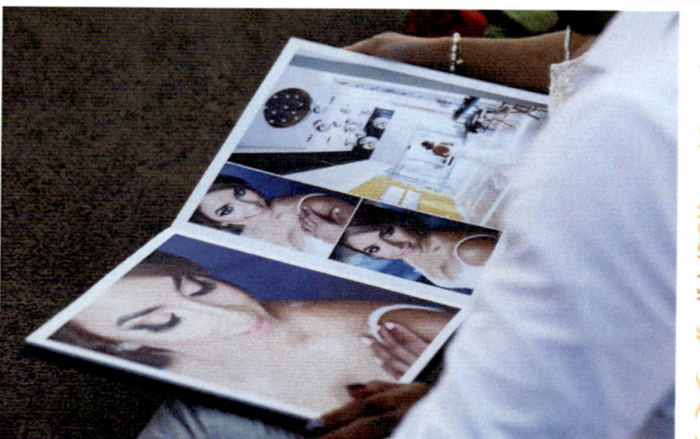

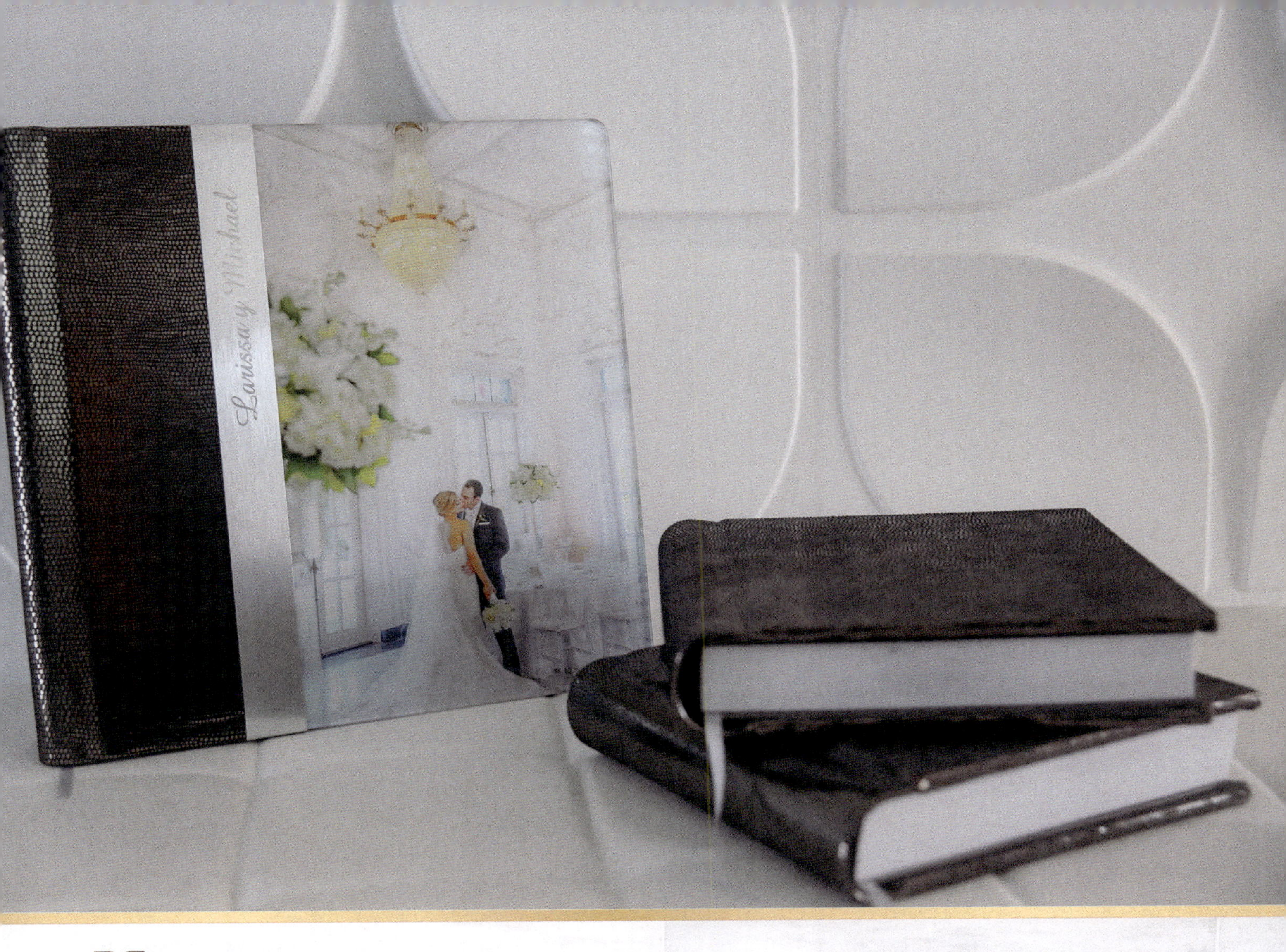

Mis notas:

Cuarto enfoque: Todo lo que necesitas para organizarte

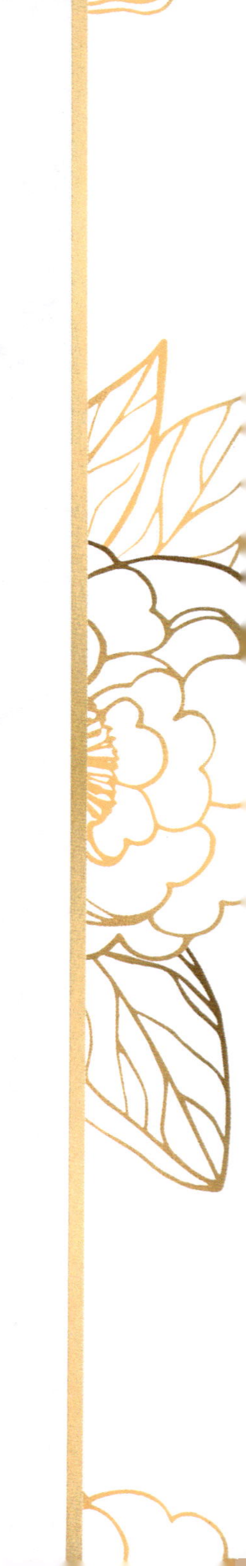

15
¡Este es el plan!

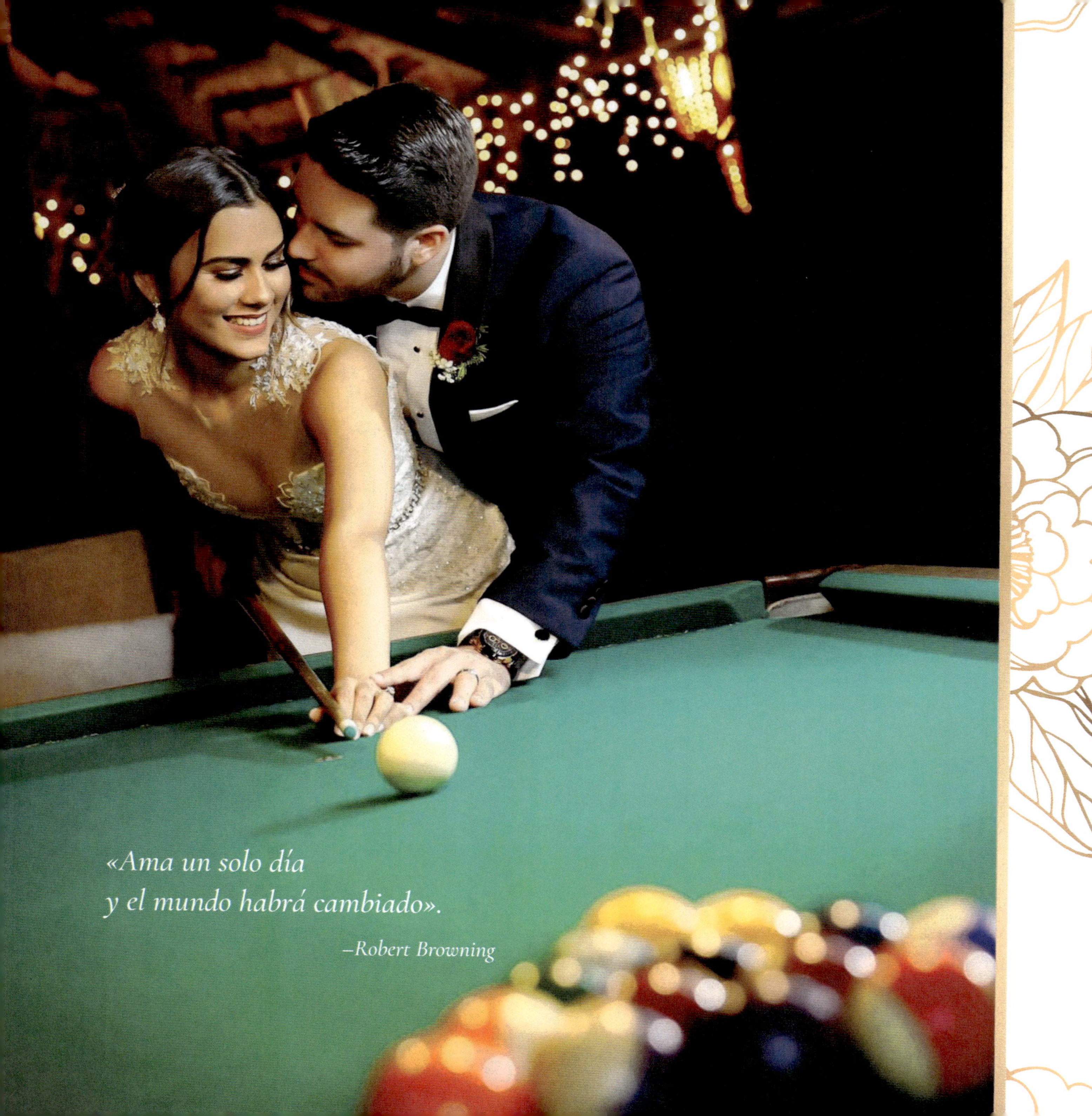

«Ama un solo día
y el mundo habrá cambiado».

–Robert Browning

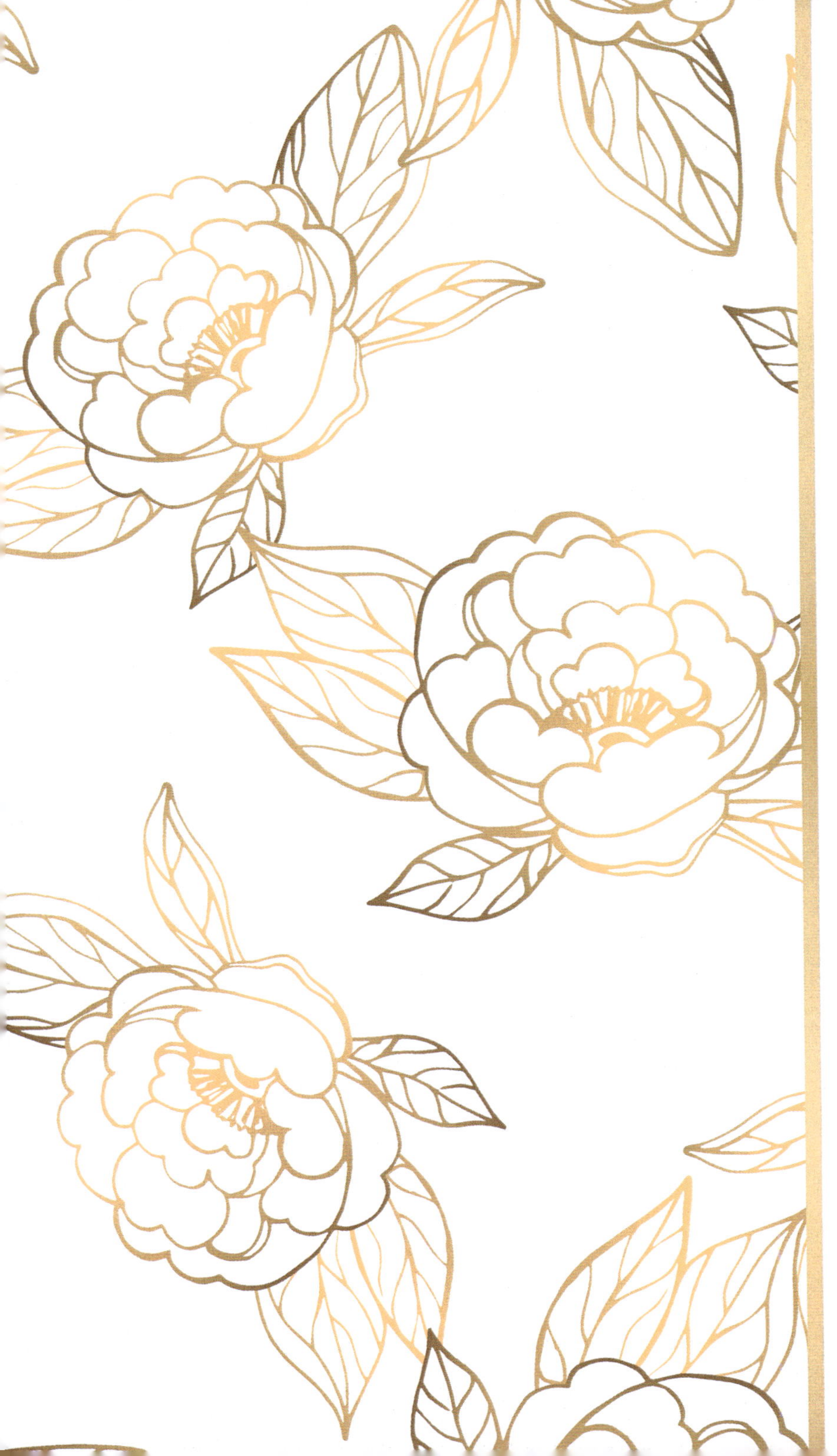

Ya tienes mucho conocimiento de lo que acontecerá el día de tu boda y estás lista para comenzar a darle forma y planificarlo. Esta sección, que he llamado el ***Cuarto Enfoque,*** es un regalo para que tu proceso sea uno divertido, agradable y único. Encontrarás información y herramientas que te servirán de guía y te ayudarán, paso por paso, a sentirte organizada en todo momento. Aprovéchalo al máximo y disfruta el proceso cada día para que todo quede como lo soñaste.

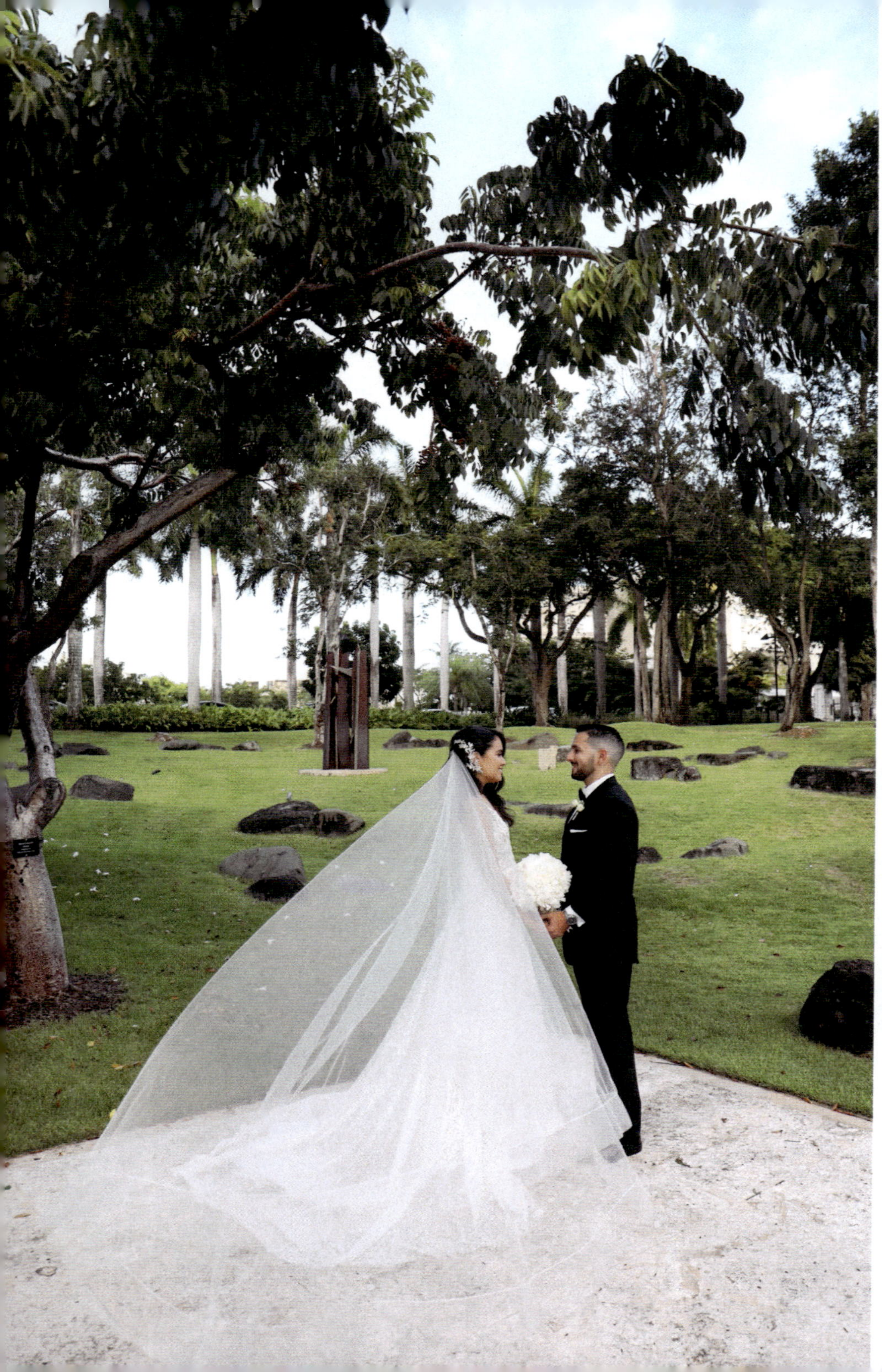

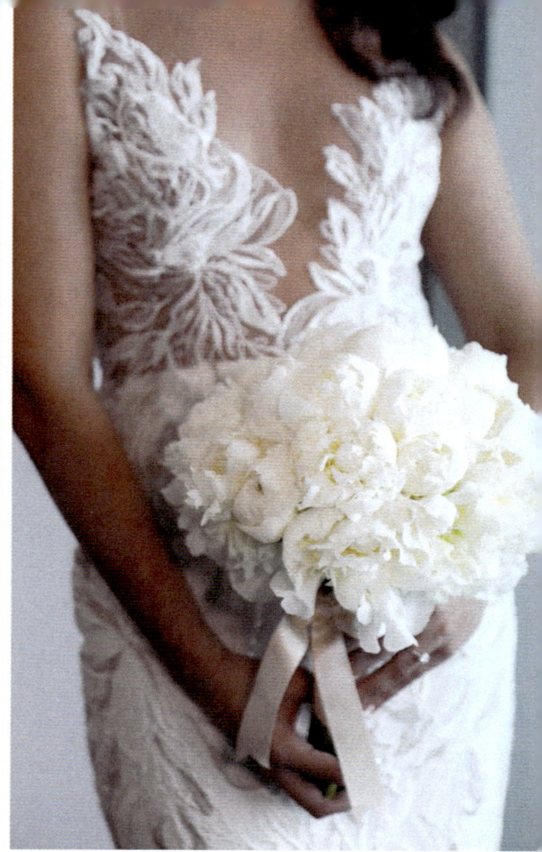

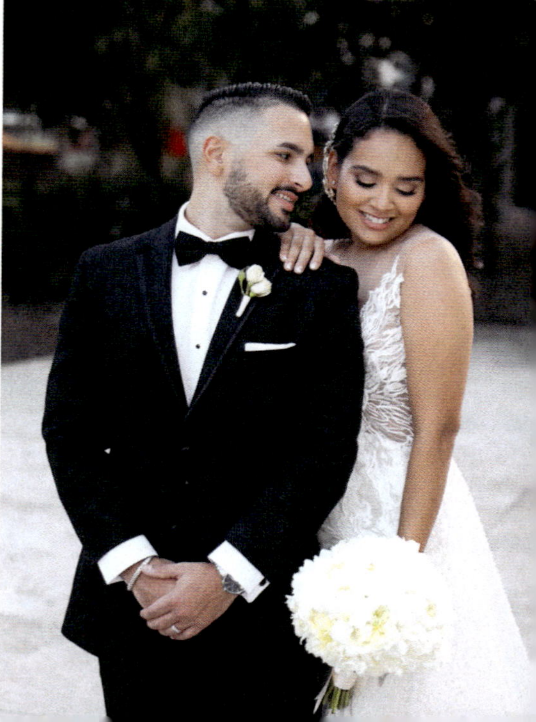

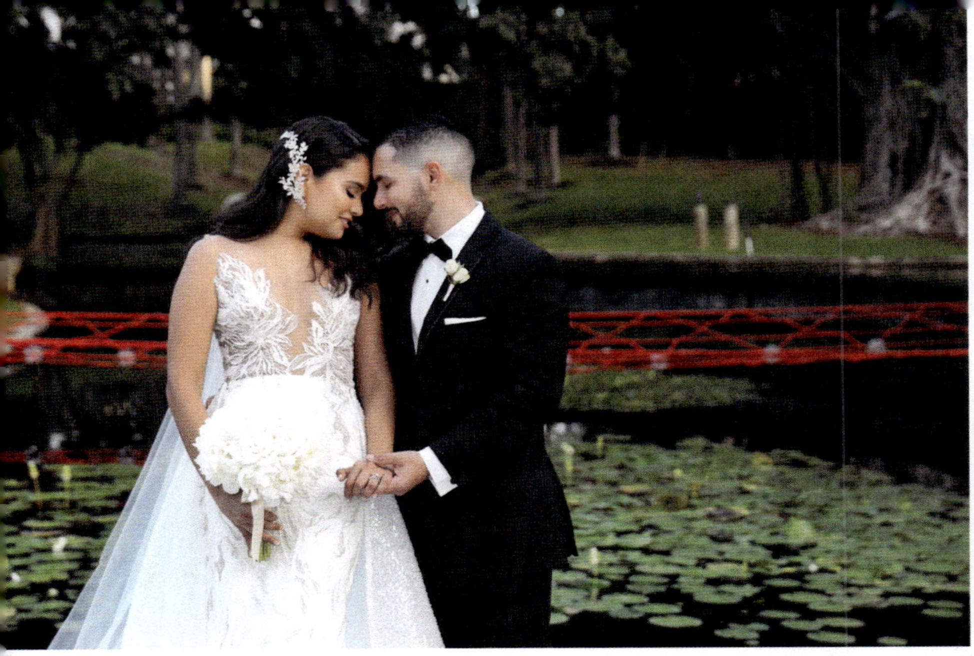

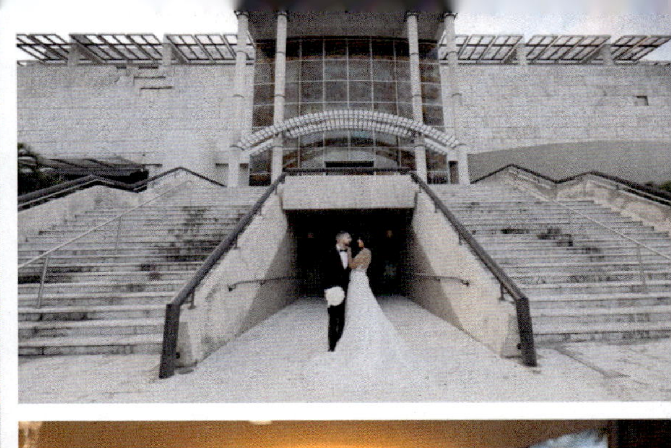

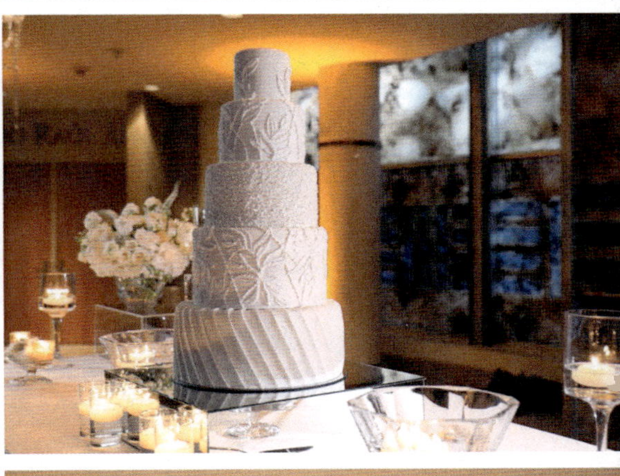

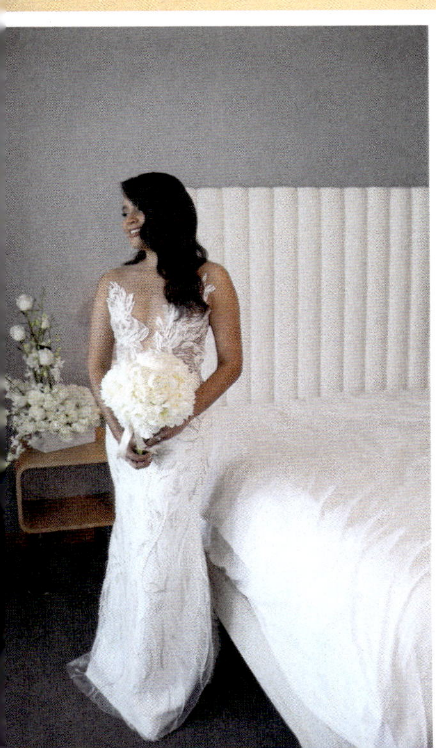

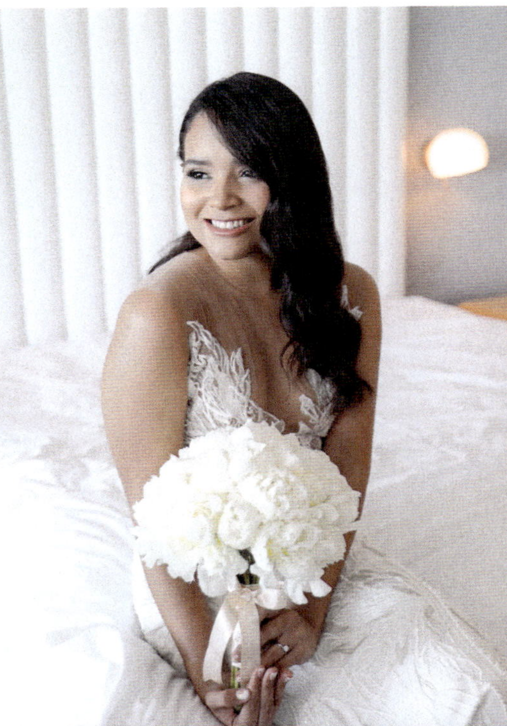

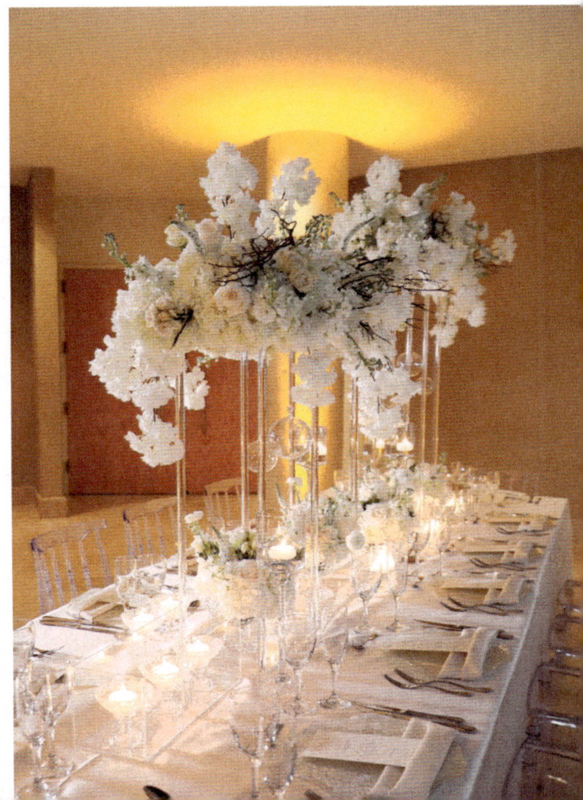

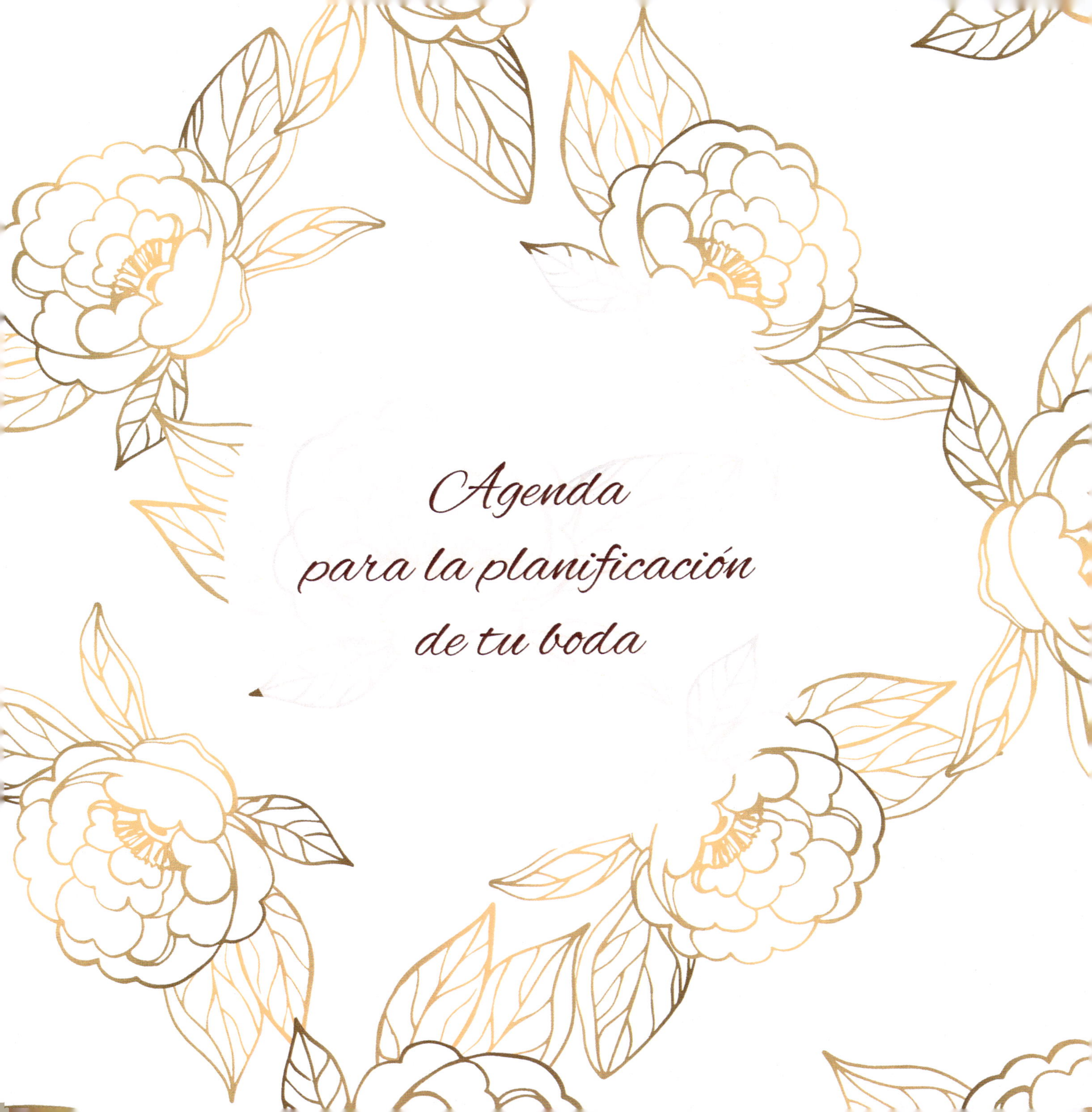
Agenda
para la planificación
de tu boda

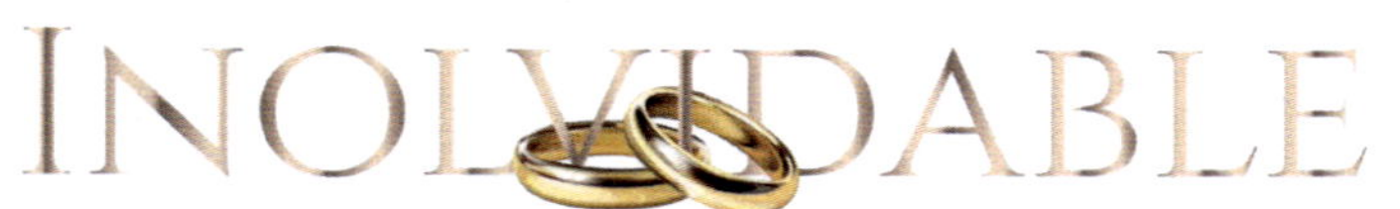

Mes: ______________________ Año: ______________

Notas:

Citas:

- ☐
- ☐
- ☐
- ☐
- ☐
- ☐

INOLVIDABLE

Mes: ______________________ Año: ______________________

Notas:

Citas:

INOLVIDABLE

Mes: ______________________ Año: ______________

Notas:

Citas:

☐
☐
☐
☐
☐
☐

INOLVIDABLE

Mes: ____________________ Año: ____________________

Notas:

____
____
____
____
____
____

Citas:

- [ ] ______________________________
- [ ] ______________________________
- [ ] ______________________________
- [ ] ______________________________
- [ ] ______________________________
- [ ] ______________________________

INOLVIDABLE

Mes: ______________________ Año: ______________________

Notas:

____
____
____
____
____
____

Citas:

- ☐ ______________________
- ☐ ______________________
- ☐ ______________________
- ☐ ______________________
- ☐ ______________________
- ☐ ______________________

INOLVIDABLE

Mes: ______________________ Año: ______________

Notas:

Citas:

- [ ]
- [ ]
- [ ]
- [ ]
- [ ]
- [ ]

INOLVIDABLE

Mes: ______________________ Año: ______________________

Notas:

____

____

____

____

____

____

Citas:

- [ ] ______________________
- [ ] ______________________
- [ ] ______________________
- [ ] ______________________
- [ ] ______________________
- [ ] ______________________

INOLVIDABLE

Mes: ______________________ *Año:* ______________

Notas:

____

____

____

____

____

____

Citas:

- [ ] ______________________
- [ ] ______________________
- [ ] ______________________
- [ ] ______________________
- [ ] ______________________
- [ ] ______________________

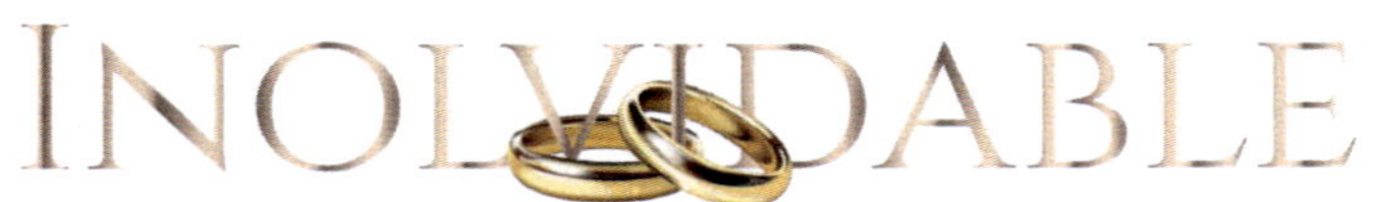

Mes: ______________________ Año: ______________________

Notas:

____

____

____

____

____

____

Citas:

- [ ] ______________________
- [ ] ______________________
- [ ] ______________________
- [ ] ______________________
- [ ] ______________________
- [ ] ______________________

INOLVIDABLE

Mes: ______________________ *Año:* ______________

Notas:

Citas:

- ☐
- ☐
- ☐
- ☐
- ☐
- ☐

INOLVIDABLE

Mes: ______________________ *Año:* ______________

Notas:

Citas:

- [ ]
- [ ]
- [ ]
- [ ]
- [ ]
- [ ]

INOLVIDABLE

Mes: ______________________ Año: ______________________

Notas:

Citas:

☐

☐

☐

☐

☐

☐

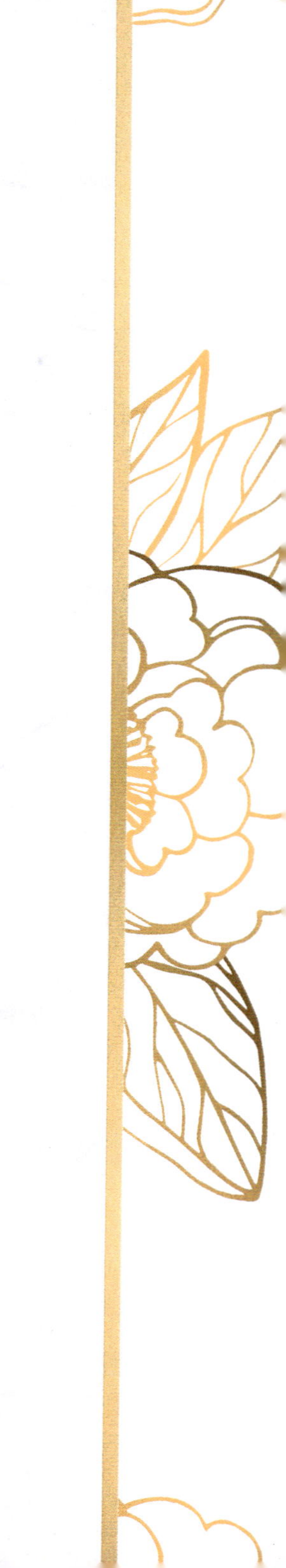

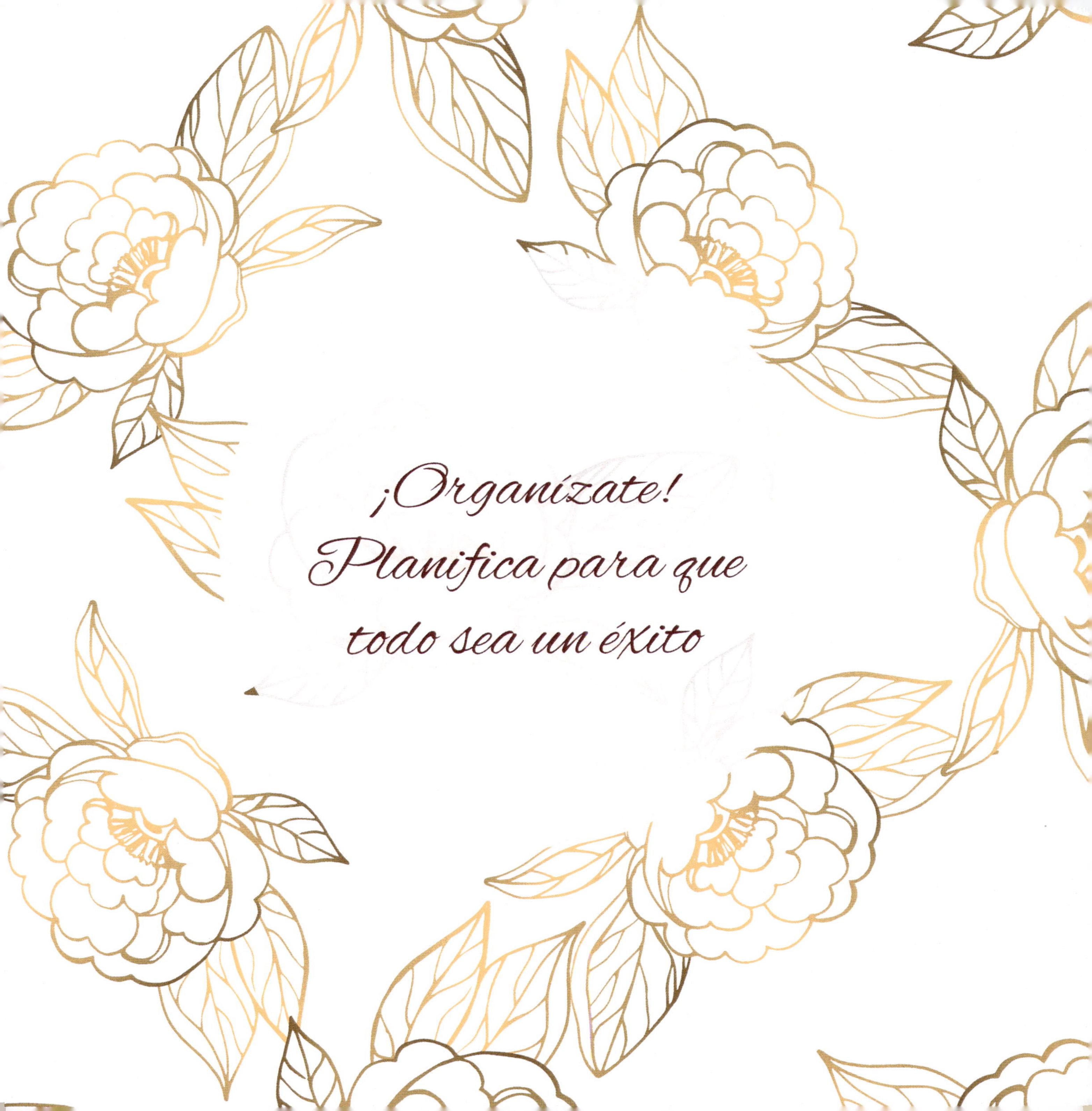
¡Organízate!
Planifica para que
todo sea un éxito

Guía sugerida mes por mes

12 a 10 meses antes

- ☐ Anuncia tu compromiso a tus familiares y amigos.
- ☐ Fija la fecha y la hora, tanto de la ceremonia como de la recepción.
- ☐ Elabora un presupuesto para que puedas comenzar a elegir tus suplidores para la celebración.
- ☐ Contrata un coordinador de eventos, es la persona que te ayudará a que ningún detalle falte y todo corra excelente en tu día.
- ☐ Usa una agenda o cuaderno para hacer todas tus anotaciones e ideas: si tienes este libro, te ayudará a estar organizada.
- ☐ Decide los colores y temática de la boda.
- ☐ Busca ideas, estilos y conceptos. Ejemplo: boda rústica, elegante, tropical, playera, de época, etcétera. Esto te ayudará a seleccionar posibles lugares de celebración.
- ☐ Decide si vas a tener una boda civil o religiosa.
- ☐ Si decides tener una boda religiosa, comienza a coordinar citas en las iglesias para que separes la fecha lo antes posible.
- ☐ Ten una idea de la cantidad de invitados para tu evento.
- ☐ Compra revistas locales de bodas y visita las exposiciones y eventos para novias.
- ☐ Pide presupuesto a tus fotógrafos y videógrafos, selecciona tus favoritos y firma los contratos.

9 a 8 meses antes

- Concreta tu lista de invitados.
- Envía un *save the date* a tus invitados para que separen la fecha.
- Identifica tu proveedor del *catering* y servicios relacionados (mozos, etc.)
- Reúnete con los diseñadores de eventos para hablar sobre la decoración y los detalles y además elegir las flores de las mesas, iglesia y ramo.
- Alquila el equipo necesario para tu evento (mantelería, sillas, mesas, muebles, etcétera).
- Elige la etiqueta de tu novio y tu vestido de novia para que tengas tiempo de ordenar el de tus sueños.
- Decide quiénes serán parte de tu séquito nupcial.
- Elijan juntos los anillos.

7 meses antes

- Planifiquen juntos su viaje de luna de miel.
- Elijan el diseñador para su pastel de boda.
- Contraten el DJ o agrupación musical; tengan en cuenta la música de la ceremonia, coctel y recepción.
- Identificar el lugar donde se van a preparar y haz la reservación.
- Contrata la persona que estará a cargo de tu arreglo personal.

6 meses antes

- [ ] Piensa en la transportación y decide qué tipo de vehículo necesita tu séquito y tú para llegar al lugar.
- [ ] Ordena tus invitaciones.
- [ ] Elige detalles como los zapatos y accesorios.
- [ ] Evalúa si deseas añadir entretenimiento a tu fiesta, como: *photo booth*, caricaturistas, batucadas, pleneros, entre otros.

4 meses antes

- [ ] Confirma tu lista de invitados.
- [ ] Envía tus invitaciones.
- [ ] Piensa y escoge tu lencería para tu noche de boda.
- [ ] Piensa si quieres obsequiar algún detalle para tus invitados, séquito y familia.
- [ ] Reserva tu cita para realizar tu muestra de maquillaje y peinado.
- [ ] Separa la fecha de tu *Love Story* con tu fotógrafo.
- [ ] Finaliza y separa todo lo relacionado con tu luna de miel.

2 a 1 mes antes

- [ ] Coordina el entalle final de tu vestido; lleva tus zapatos.
- [ ] Realiza tus pruebas de maquillaje y peinado y aprovéchalas para tu sesión de *Love Story*.
- [ ] Planifiquen sus despedidas de solteros.
- [ ] Finaliza el detalle del menú para el evento.
- [ ] Planifica la cena del ensayo de tu boda.
- [ ] ¡Relájate! Comienza los tratamientos faciales y masajes, igualmente, el novio puede disfrutar junto a ti de estos placeres.

1 semana antes

- [ ] Confirma los pagos finales para tus suplidores.
- [ ] Ensayo nupcial y cena
- [ ] Verifica con el coordinador que todos los pequeños detalles estén cubiertos.
- [ ] Mantenerse relajados

Día antes de la boda

- [ ] Disfruta de un masaje junto a tu pareja.
- [ ] Ensayo y cena opcional
- [ ] Empaca todo tu ajuar de novia: vestido, velo, invitación, anillos, joyería, zapatos y otros detalles que no deben faltar.
- [ ] Prepara un kit de emergencia: hilo, agujas y medicamentos, entre otros.

El día de la boda

- [ ] Desayuna bien y fuerte.
- [ ] Prepárate para recibir a tu estilista para el peinado y maquillaje.
- [ ] Ten la habitación y todos los detalles listos para cuando tu fotógrafo llegue.
- [ ] Disfruta tu hermoso día libre de estrés.

Precaución

Esas dos semanas antes de la boda, relájate. No es recomendable hacer cambios drásticos en tu cabello ni faciales que puedan provocarte brotes en el cutis. **Es tiempo de relajarte y disfrutar el momento.**

GUÍA DE PRESUPUESTO PARA TU BODA

¿Cómo establecer el presupuesto para tu boda?

Se podrían invertir miles de dólares en una boda, sin embargo, no necesariamente se tiene que gastar tanto. Mi consejo es que establezcas prioridades para poner las mayores partidas en las cosas que son verdaderamente importantes, para que tengas la boda de tus sueños.

Comparto contigo unos consejitos para que tengas un buen comienzo.

- **Haz una lista de las cosas que te encantan.** Establece prioridades de aquello que es lo más importante para ti y busca diferentes suplidores. Recomiendo que busques tres cotizaciones, por lo menos. Hay instancias en que escoger tu suplidor favorito es la opción para ti, siempre y cuando, sea una prioridad.
- **Establece límites.** Habla con tu pareja y establezcan una cantidad o límite de presupuesto para la boda. Esto les ayudará a distribuir el presupuesto y saber con cuánto dinero cuentan para cada partida.
- **Acepten ayudas.** Muchas veces los padres y familiares desearán aportar. Hablen con ellos para ver de qué forma contribuirían económicamente para que tengan un presupuesto total y real.
- **Abran una cuenta juntos.** En ella harán todos los depósitos para los gastos de la boda.
- **Haz una búsqueda real de suplidores.** Así podrás saber cuál es la cantidad real que necesitas y establecer un periodo razonable para ahorrar.

PRESUPUESTO SUGERIDO

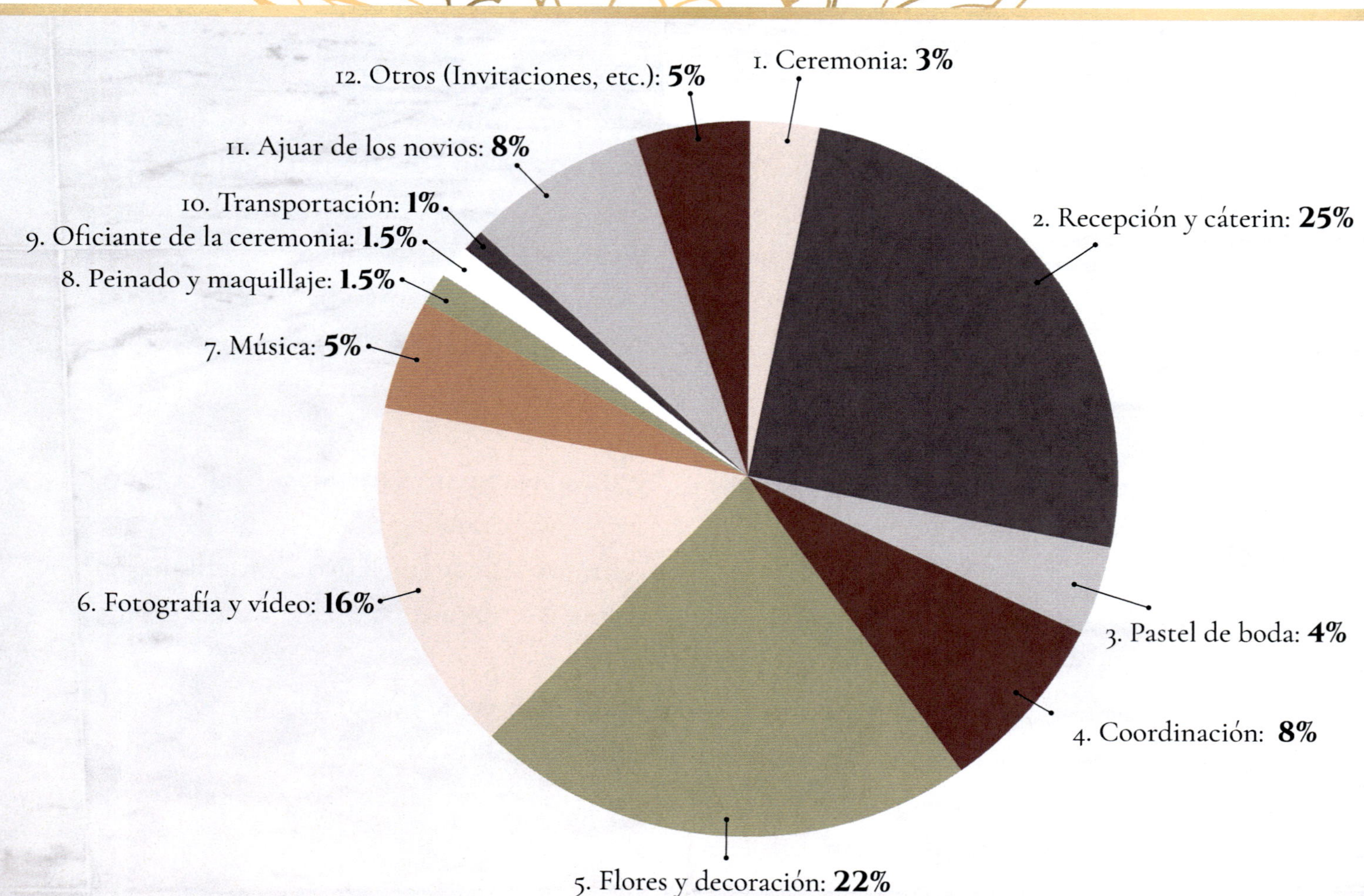

Cada novia puede darle la importancia que decida a cada partida, según sus prioridades.

EL PRESUPUESTO DE TU BODA

Utiliza esta tabla para detallar cómo vas a distribuir el presupuesto.

	Presupuesto estimado
1. Ceremonia	
2. Recepción y cáterin	
3. Pastel de boda	
4. Coordinación	
5. Flores y decoración	
6. Fotografía y vídeo	
7. Música	
8. Peinado y maquillaje	
9. Oficiante de la ceremonia	
10. Transportación	

	Presupuesto estimado
11. Ajuar de los novios	
12. Anillos	
13.Equipo rentado	
14. Invitaciones	
15. Luna de miel	
Otros gastos:	

TABLA PARA ORGANIZAR TU LISTA DE INVITADOS

Familia / Nombre	# de adultos	# de niños	Asistirán Sí / No

Familia / Nombre	# de adultos	# de niños	Asistirán Sí / No

Suplidores

Mis suplidores favoritos para contactar

Cotizaciones

Es recomendable que busques tres cotizaciones por partida de gastos. Anota la información de cada suplidor aquí. Así tendrás disponible todos los datos que necesitas para tomar decisiones.

Lugares para mi recepción			
	Suplidor #1	Suplidor #2	Suplidor #3
Nombre de compañía			
Página web			
Persona contacto			
Teléfono			
Correo electrónico			
Disponibilidad			
Precio			
Notas			

Coordinación

	Suplidor #1	Suplidor #2	Suplidor #3
Nombre de compañía			
Página web			
Persona contacto			
Teléfono			
Correo electrónico			
Disponibilidad			
Precio			
Notas			

Fotografía

	Suplidor #1	Suplidor #2	Suplidor #3
Nombre de compañía			
Página web			
Persona contacto			
Teléfono			
Correo electrónico			
Disponibilidad			
Precio			
Notas			

Vídeo

	Suplidor #1	Suplidor #2	Suplidor #3
Nombre de compañía			
Página web			
Persona contacto			
Teléfono			
Correo electrónico			
Disponibilidad			
Precio			
Notas			

Atuendo de la novia

	Suplidor #1	Suplidor #2	Suplidor #3
Nombre de compañía			
Página web			
Persona contacto			
Teléfono			
Correo electrónico			
Disponibilidad			
Precio			
Notas			

Atuendo del novio

	Suplidor #1	Suplidor #2	Suplidor #3
Nombre de compañía			
Página web			
Persona contacto			
Teléfono			
Correo electrónico			
Disponibilidad			
Precio			
Notas			

Maquillaje y peinado

	Suplidor #1	Suplidor #2	Suplidor #3
Nombre de compañía			
Página web			
Persona contacto			
Teléfono			
Correo electrónico			
Disponibilidad			
Precio			
Notas			

Invitaciones y papelería			
	Suplidor #1	Suplidor #2	Suplidor #3
Nombre de compañía			
Página web			
Persona contacto			
Teléfono			
Correo electrónico			
Disponibilidad			
Precio			
Notas			

Música y entretenimiento			
	Suplidor #1	Suplidor #2	Suplidor #3
Nombre de compañía			
Página web			
Persona contacto			
Teléfono			
Correo electrónico			
Disponibilidad			
Precio			
Notas			

Decoración y flores

	Suplidor #1	Suplidor #2	Suplidor #3
Nombre de compañía			
Página web			
Persona contacto			
Teléfono			
Correo electrónico			
Disponibilidad			
Precio			
Notas			

Pastel de boda

	Suplidor #1	Suplidor #2	Suplidor #3
Nombre de compañía			
Página web			
Persona contacto			
Teléfono			
Correo electrónico			
Disponibilidad			
Precio			
Notas			

Cáterin

	Suplidor #1	Suplidor #2	Suplidor #3
Nombre de compañía			
Página web			
Persona contacto			
Teléfono			
Correo electrónico			
Disponibilidad			
Precio			
Notas			

Equipo rentado

	Suplidor #1	Suplidor #2	Suplidor #3
Nombre de compañía			
Página web			
Persona contacto			
Teléfono			
Correo electrónico			
Disponibilidad			
Precio			
Notas			

Oficiante			
	Suplidor #1	Suplidor #2	Suplidor #3
Nombre de compañía			
Página web			
Persona contacto			
Teléfono			
Correo electrónico			
Disponibilidad			
Precio			
Notas			

Transportación			
	Suplidor #1	Suplidor #2	Suplidor #3
Nombre de compañía			
Página web			
Persona contacto			
Teléfono			
Correo electrónico			
Disponibilidad			
Precio			
Notas			

Otro:			
	Suplidor #1	Suplidor #2	Suplidor #3
Nombre de compañía			
Página web			
Persona contacto			
Teléfono			
Correo electrónico			
Disponibilidad			
Precio			
Notas			

Otro:			
	Suplidor #1	Suplidor #2	Suplidor #3
Nombre de compañía			
Página web			
Persona contacto			
Teléfono			
Correo electrónico			
Disponibilidad			
Precio			
Notas			

MIS SUPLIDORES CONTRATADOS

El *Dream Team*			
	Nombre del suplidor	Teléfono	Correo electrónico
Lugares para mi recepción			
Coordinación			
Fotografía			
Vídeo			
Atuendo de la novia			
Atuendo del novio			
Maquillaje y peinado			
Invitaciones y papelería			
Música y entretenimiento			
Decoración y flores			
Pastel de boda			
Cáterin			
Equipo rentado			
Oficiante			
Transportación			
Otro:			
Otro:			

Tu Luna de Miel

Planifícala y anota todos los detalles.

El destino	
Los pasajes de avión	
Pasajes para abordar *(boarding passes)*	
El pasaporte *(Si su destino es internacional, sus pasaportes no pueden vencer en los próximos tres meses, tendrían que renovar antes).*	
Crucero	
Reservación	
Estadías y hoteles	
Transporte	
Atracciones a visitar	

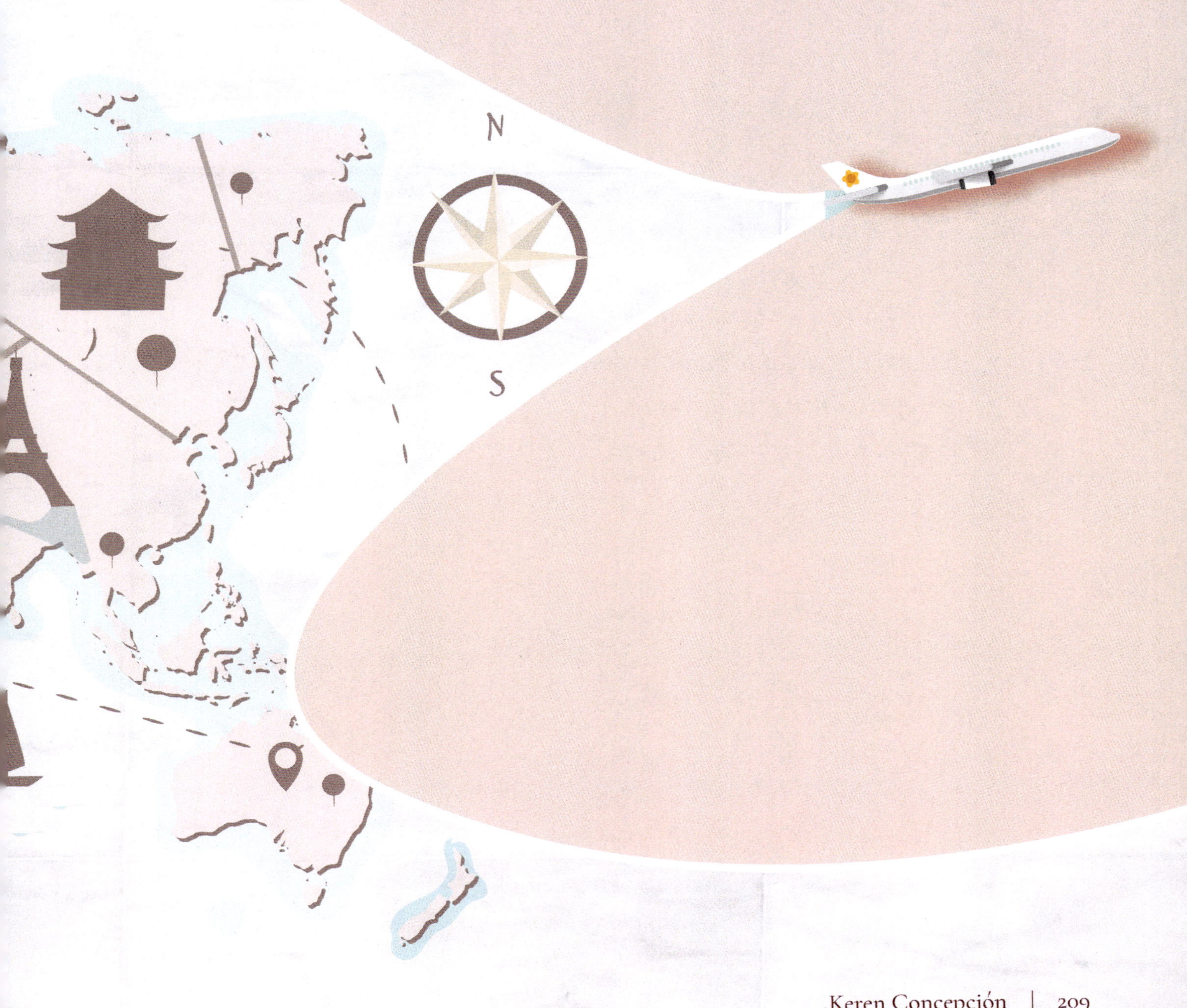
N
S

Espero que este libro sea útil
para ti y te ayude a sentirte
organizada y confiada.
Nunca olvides que cada boda
es una historia de amor...
y a mí me encanta contar tu historia.

Keren Concepción

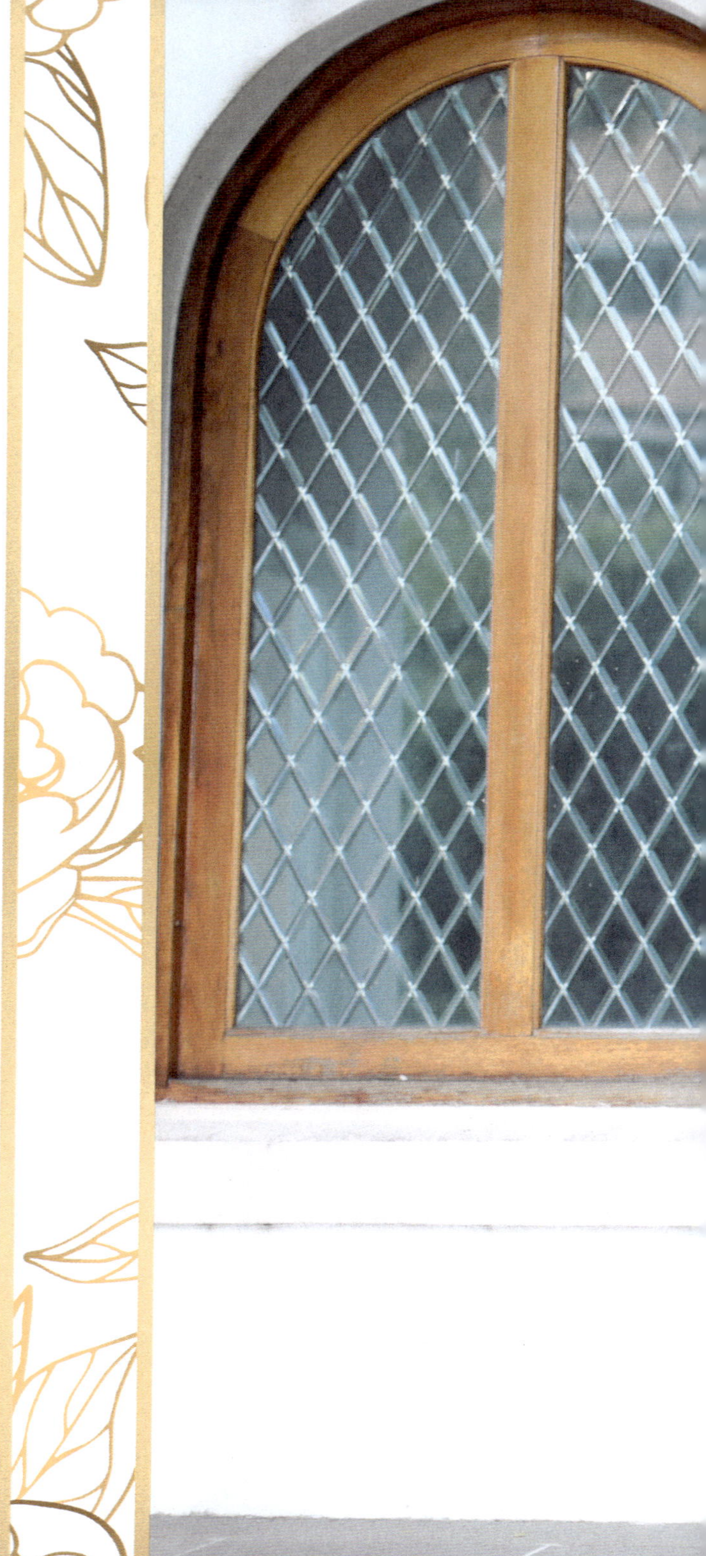

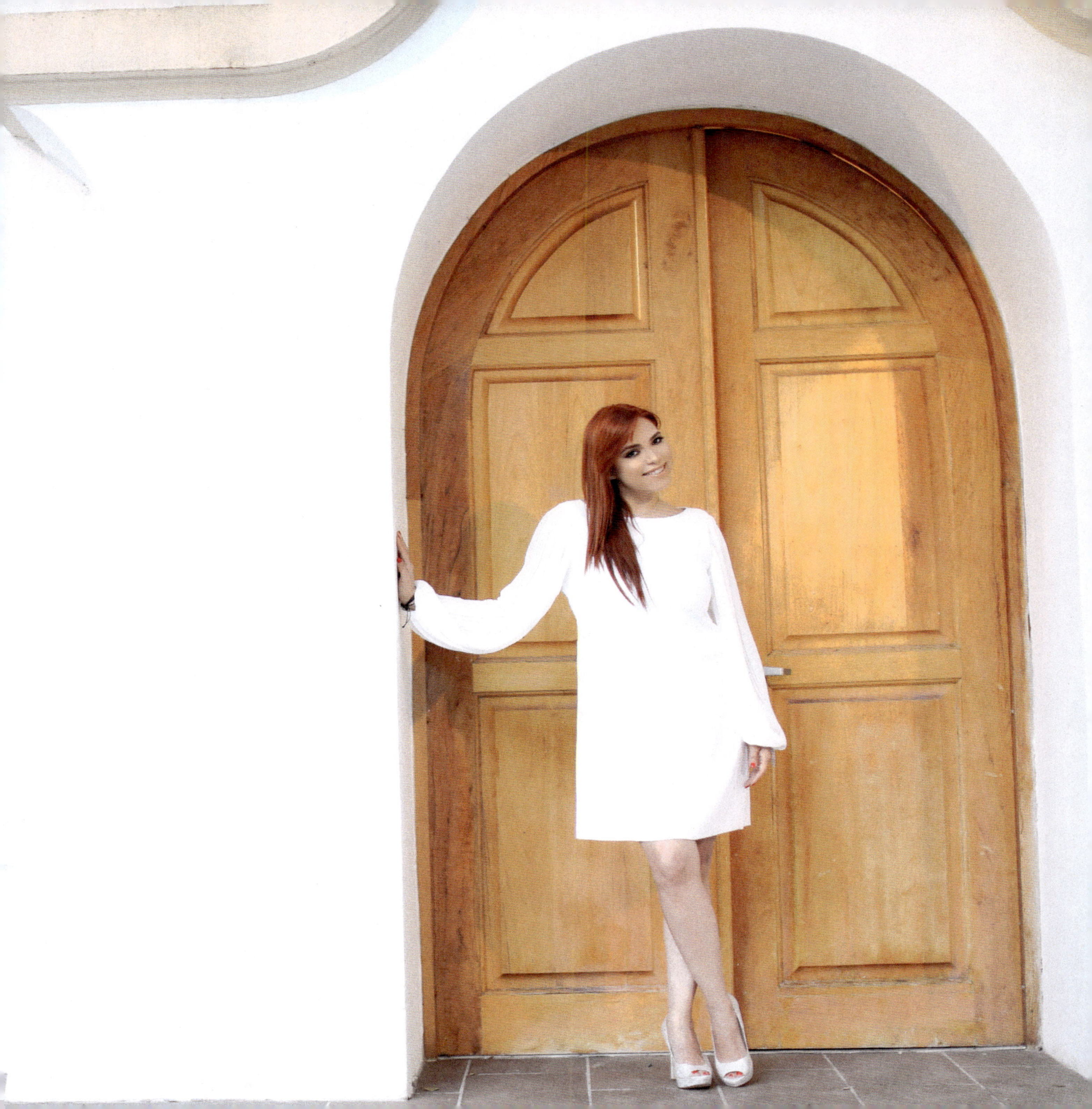

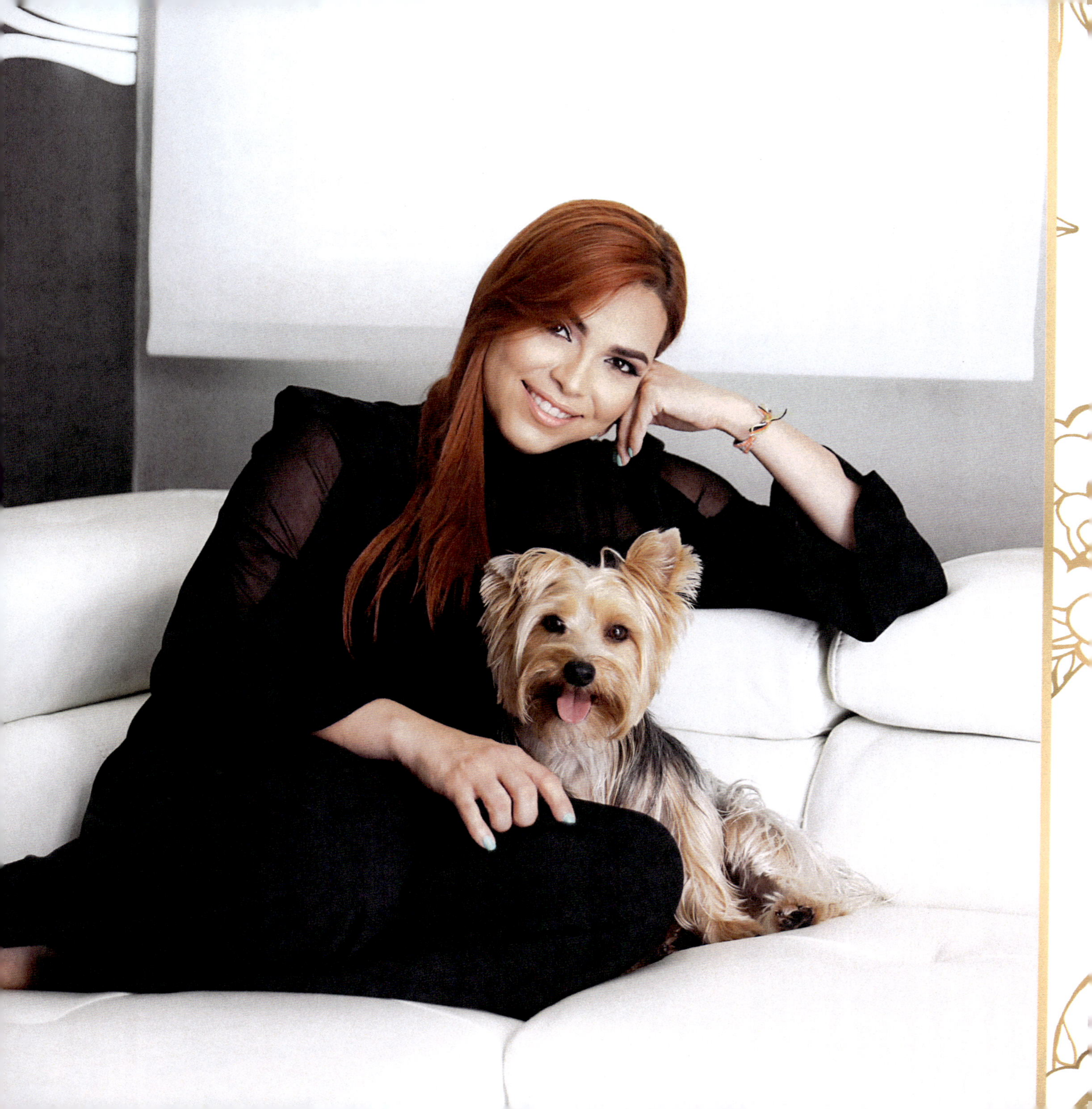

Sobre la autora

Keren Concepción nació en Bayamón, Puerto Rico, es fotógrafa profesional y fundadora de Keren Photography, firma especializada en fotografía de bodas y comercial. Su estilo fotográfico es espontáneo, fotoperiodístico, con un toque de lo clásico a lo moderno y se destaca por capturar la esencia de sus clientes de manera auténtica y muy natural. Su trabajo ha sido premiado en múltiples competencias en las categorías de boda y comercial. Sus fotos son constantemente publicadas en portadas de revistas y reseñadas en las secciones de sociales por reconocidos medios impresos de su país, tales como las revistas *Esposa Moderna*, *Mi Boda*, *Guía Práctica Para Tu Boda*, *Agenda Para La Novia*, *Magacín*, *Imagen*, y el periódico *El Nuevo Día*, entre otros. Es miembro de PPA (Professional Photographers of America). Posee un bachillerato en Artes, de la Universidad de Puerto Rico y está certificada como *coach* personal y empresarial. Ofrece sesiones de *Coaching* y talleres a empresarios y emprendedores, así como asesoría en imagen profesional, personal, de productos y de restructuración de marcas. Además de la fotografía, sus dos grandes pasiones son el café y la educación, por lo que se certificó como barista y ejerció su profesión de maestra certificada para el Departamento de Educación de Puerto Rico.

Lo que dicen los coordinadores de boda

«La trayectoria de Keren es una inmensa gama de grandes trabajos. Para lograr el éxito de cada evento, la clave es el equipo con el que realicemos el sueño de nuestros clientes. Trabajar con Keren siempre es maravilloso... responsable, amable y se gana la confianza y el cariño de todos. Con cada detalle fotografiado, Keren nos deja ver la hermosura de cada obra: el traje de la novia, la arquitectura de iglesias, salones, el pastel de boda, las flores y decoración, entre otros. Un buen fotógrafo, la tranquilidad de un coordinador».

Jorge Berrios
diseñador y coordinador de eventos
Eclectik Events

«En materia de coordinación de eventos, no existe punto más importante que poder manejar el tiempo y el espacio de la actividad tal y como fue planificado. Si el coordinador y el fotógrafo no hablan el mismo idioma y no están ubicados en el mismo plan, será difícil y casi imposible lograr la meta de perfección. Por eso recomiendo a Keren Concepción a mis clientes. Su responsabilidad, compromiso y el buen trabajo en equipo, son solo algunas de las características que la han convertido en una de las mejores fotógrafas en la industria de bodas en Puerto Rico. Cada experiencia con ella ha sido maravillosa, tanto para nosotros como para los clientes».

Luis Daniel Rosario
Emporium Event Designers

«¡Esta es una lectura necesaria para todas las parejas que están camino al altar! Soy coordinadora y es un beneficio tener a Keren como fotógrafa de mis bodas porque sé que el resultado final será maravilloso. Mientras cumple con los horarios y exigencias que requieren las bodas para que sean un éxito, se empeña en hacer que la pareja se sienta a gusto. Definitivamente, no basta ser un buen fotógrafo para hacer eventos sociales, es necesario el compromiso, la responsabilidad y la pasión de Keren».

Yaska Crespo
coordinadora de eventos

Es imperativo la contratación de un fotógrafo profesional para una boda o cualquier evento

«Hay eventos que son trascendentales en la vida del ser humano y contratar a un fotógrafo que tenga la experiencia y peritaje para cubrirlo es importante. No todo el que está detrás de una cámara necesariamente es un fotógrafo o fotógrafa profesional, es importante entrevistar, preguntar la experiencia, preparación y estilo de trabajo porque lo que puede parecer una contratación se puede convertir en una pesadilla. Como clientes es importante velar el dinero que pagamos y saber que lo estamos invirtiendo de forma asertiva, ya que este evento no se repetirá nunca más y esa decisión puede ser crucial en tener el mejor recuerdo de ese momento o no tener ninguno. De igual forma, el estilo de trabajo es superimportante, ya que de alguna forma hay que conectar con esa persona que estará a cargo de tomar esas memorias que vivirán para siempre en nuestros corazones. Por eso recomiendo a una profesional como Keren. Mi experiencia como coordinadora con Keren Photography ha sido maravillosa. He tenido la oportunidad de trabajar con Keren desde hace 6 años y su trabajo, profesionalismo y pasión han sido constantes. Ella es de esas personas que se gana fácilmente el cariño y respeto de quienes le rodean. Es una mujer empática, honesta, enfocada y, sobre todo, muy profesional. Da el 500% por sus clientes y se esmera en que ese trabajo y producto final sea de altura contando la historia de lo que sucedió en el evento de una forma limpia y hermosa. Keren nunca para de sonreír, de buscar complacer a sus clientes, eso es muy importante para que la expectativa sea cumplida y hasta sobrepasada».

Ana Agosto
coordinadora y animadora de eventos certificada

«Wow!, ¿qué puedo decir de Keren Photography? En lo personal, cuando hemos trabajado algunos de mis shootings del negocio, me siento en calma y confiado. Ella capta esa esencia, esa sonrisa única, ese momento espontáneo, como ella bien dice, realmente cuenta una historia detrás de sus fotos. En lo profesional, cuando la he referido a mis clientes, ellos me comentan que nunca se sintieron que les tomaban fotos y eso es muy importante para que el cliente no se sienta presionado. Es organizada, respetuosa y puntual. Nunca he tenido que dar seguimiento para la entrega de algún álbum, sus entregas siempre son puntuales. Y cuando veo ese producto final es un sueño. Keren Photography se toma el tiempo para hacer lucir cada suplidor de la boda, pendiente al mínimo detalle llevando esa excelencia y calidad a otro nivel».

Abdel Alemán (Imperio Alemán)
coordinador y diseñador de eventos bodas y eventos coorporativos

Experiencias inolvidables

¡Ella es increíble!

«Keren es excepcional como profesional y como persona. No me arrepiento en lo más mínimo de haberla contratado como mi fotógrafa. Te da una confianza increíble cuando trabajas con ella. Te transmite ese positivismo, esa buena vibra. Es sumamente responsable y atenta. Sus fotos transmiten magia, son diferentes a las demás, únicas. La pasión con la que trabaja es digna de admirar, notas cuánto ama lo que hace. Las fotos… WOW!!: no hay otra palabra. Siempre disponible para contestar tus dudas. Keren eres una profesional con todas sus letras. Gracias por hacer de nuestras fotos unos recuerdos mágicos».

Yaxie y Ricardo | Boda: 8 de septiembre de 2018

«Antes de escogerla, investigamos su trabajo y supimos que era la persona perfecta para capturar en fotografías lo que sería el día más importante de nuestra vida como pareja. Cuando la conocimos, primero por teléfono y, luego en persona, sentimos una conexión especial. Desde el inicio, ella nos mostró unas pinceladas de lo que sería una profesional de altura. Llegado el gran día, Keren rindió homenaje a nuestras teorías. Nos brindó un servicio nunca antes visto. No tan solo Keren es dulce y complaciente, sino que el producto de su trabajo es excelente. Nos hizo sentir como modelos, como estrellas de cine, como reyes. Sin lugar a dudas, Keren contribuyó a que el día de nuestra boda fuera especial y memorable hasta el final. La recomendamos sin reserva».

Eric y Félix | Boda:19 de mayo de 2018

«Keren fue recomendada por otro fotógrafo. Cuando entré a su página web y vi todo su hermoso trabajo, supe que ella era la fotógrafa que estaba buscando para nuestra boda. Su trabajo es delicado, fino, diferente… Mi sueño era una sesión 'Love Story' basada en la película The Notebook y Keren hizo realidad ese sueño. ¡Fue una mañana hermosa y un día que nunca olvidaré!».

Catiana y Pedro | Boda: 27 de noviembre de 2017

«Escoger a Keren fue, sin duda, la mejor elección. Desde la primera cita, supe que era la fotógrafa que necesitaba, supe que podía confiar en ella para el momento más importante de mi vida. No tengo maneras para agradecerle. ¿Y qué te digo del 'Love Story'?, ¡hermoso! Hoy ya tengo mi álbum en mano (llegó superápido) y es todo lo que esperaba y más. Tiene un don espectacular, es sumamente responsable y profesional, atenta, alegre, espontánea... puedo seguir diciendo cualidades. Su trabajo es de la mejor calidad y queda supercomprobado para mí. Por mi parte es 200% recomendada. No tengo dudas de que volveré a llamarla cuando me antoje de alguna sesión de fotos para aniversario o para cuando llegue un 'baby'».

Yesenia | Boda: 28 de enero de 2017

«Escoger un fotógrafo de bodas no es tarea fácil, en especial, en estos tiempos cuando todos tenemos acceso a cámaras fotográficas y muchos creen ser expertos en fotografía y edición. Desde el primer momento en el que llamas a Keren para coordinar una cita, puedes notar su dulzura y profesionalismo. Es una persona que conoce a la perfección el arte de la fotografía. Siempre está pendiente a cada detalle y jamás nos tuvimos que preocupar por darle seguimiento, estuvimos confiados y seguros de que no fallaría y no nos equivocamos. El día de la boda llegó puntual, con la paciencia y dedicación que la caracteriza, tomó las fotos pertinentes antes, durante y después de la ceremonia. Keren capturó los mejores momentos y todos los detalles que se quieren preservar. Su carisma y atenciones para con nosotros y nuestras familias fueron reconocidos de inmediato por todos. Sin nadie haber visto las fotos, varias personas se nos acercaron para pedirnos sus datos. Cuando recibimos las muestras... estábamos sin palabras, jamás pensamos que tendríamos tantas fotos y todas hermosas, todas son perfectas, y ni hablar del álbum de boda, es una obra de arte, cada detalle está hecho a la perfección. No hay palabras que describan lo agradecidos que estamos por su trabajo. Sin duda, tenemos los mejores recuerdos plasmados en fotos».

Jéssica y José | Boda: 21 de octubre de 2017

«Desde que conocí a Keren de Keren Photography hicimos clic. Me encantó su energía y sus ganas de que todo, desde el principio hasta el final, quedara espectacular. Nuestra boda fue un día lleno de momentos inolvidables. Pero ese día pasó. Sin embargo, cada vez que observamos nuestro álbum de boda, nos remontamos a aquellos instantes.... Gracias, Keren, por darnos el mejor regalo de boda: ¡la boda misma todos los días de nuestra vida para SIEMPRE!».

José y Maricarmen | Boda: 14 de enero de 2014

«Keren Photography está a otro nivel: el trato, la calidad, el valor del producto, en fin... ¡TODO! Totalmente enamorada desde el principio hasta el final. Si nuestro 'Love Story' quedó de ensueño, nuestra boda quedó de revista. Yaribel y yo comenzamos contrarando sus servicios y terminamos siendo familia... Gracias por capturar cada detalle único del día de nuestra boda (¡¡los cuales fueron muchísimos!!). El hecho de ser tan accesible y querer realizar cosas nuevas es una de las cosas que nos encantó. El álbum del 'Love Story' fue excelente, pero el album de bodas... a OTRO NIVEL, ¡¡NO DEJAMOS DE VERLO!! Hay detalles que yo no me imaginaba que habían pasado y tú los capturaste. Cualquier persona que decida contratar sus servicios, está garantizando tener recuerdos espectaculares, de calidad y únicos para toda una vida».

Priscilla I | Boda: 22 de julio de 2016

«Comenzar los preparativos de una boda no es tarea fácil y escoger tus proveedores mucho menos, pero desde el momento en que vi el trabajo de Keren, me enamoré. La naturalidad y belleza de sus fotos cautivaron toda nuestra atención. Desde el momento en que nos comunicamos con ella y, a través de toda esta travesía, siempre se ha caracterizado por su amabilidad, profesionalismo, puntualidad y, sobre todo, por hacer que siempre tengamos ese sentimiento de paz y satisfacción con su trabajo. La experiencia durante la sección de 'Engagement Photoshoot' fue inolvidable. A través de la misma, y con sus consejitos para que las fotos quedarán espectaculares, también tuvimos el privilegio de contemplarnos el uno al otro dentro de tanto ajoro y del estrés que provoca una boda. La rapidez con la cual recibimos las fotos fue muy buena, aparte de que quedaron hermosísimas. En el gran día, nuestra experiencia con ella fue increible; los detalles, su trato tan dulce en ese momento en el que solo la felicidad y los nervios abarcan todo tu cuerpo. La organización, su entusiasmo de querer que todo quede perfecto, todo eso es lo que nos da la total certeza de que tomamos la mejor decisión al escogerla como nuestra fotógrafa. Keren está más que recomendada. Muchas gracias por hacer que nuestro momento especial perdure por siempre en tan hermosas fotos».

José Manuel y Aremelís | Boda: 27 de noviembre de 2015

«Tuvimos el privilegio de vivir lo que es una boda desde la perspectiva de los novios, pero no sabíamos cuán perfecto había sido todo hasta ese instante en el que vimos plasmados esos momentos tan especiales en las fotos. Cuando ves en tercera persona un evento muy importante para ti, del cual fuiste el protagonista, te das cuenta que el sacrificio valió la pena. Desde que conocimos a Keren y nos mostró parte de sus trabajos, nos dimos cuenta sin dudar que ella era la fotógrafa indicada. Su trato, muy profesional, nos brindó la confianza de estar tranquilos y seguros de sus servicios. Realmente estoy superagradecido y contento con el trabajo realizado por Keren, ya que honestamente fue más de lo que esperaba. La entrega de nuestro álbum fue sumamente rápida. Todo estuvo perfecto y realmente Keren dio el máximo para con nosotros. Por eso y muchas cosas más es que la recomendamos al 200%».

José | Boda: 27 de noviembre de 2015

«Para mí Keren Photography es ¡¡LA MEJOR!! Desde el primer momento que me comuniqué con ella fue siempre superlinda y amable… Siempre comunicándose conmigo para tener todo listo para el día de la boda. Llegó EL GRAN DÍA y Keren dándome ánimo siempre, de que todo estaría bien y quedaría hermoso. Atenta a TODO, me decía que ese era mi día y que ella estaba ahí para lo que yo necesitara. Mi esposo y yo quedamos SUPER encantados y contentos con Keren. Las fotos quedaron ESPECTACULARES. Todo el proceso de recibir las fotos y el álbum fue más rápido de lo que esperábamos… Si tuviera la oportunidad, de nuevo escogería a Keren como fotógrafa. Personas como ella es que necesitamos en un día tan importante y de tanto estrés como lo es una boda. Una persona amable, angelical y que te transmite paz y tranquilidad. Les recomiendo a Keren Photography con los ojos cerrados, doy mi palabra de que no se arrepentirán. Tendrán las mejores fotos como recuerdo».

Valerie | Boda: 20 de junio de 2015

«Keren, desde que hice mi búsqueda por internet y vi tu blog www.kerenphotography.com donde hay un vídeo de cómo haces tu trabajo, nos dimos cuenta de que tu fotografía era diferente a lo tradicional. Recuerdo desde el primer día que hablamos por teléfono, tus detalles en cada pregunta de lo que queríamos en un fotógrafo y hasta preguntaste sobre el comienzo de nuestra historia de amor, fue como conectarnos toda la vida. Cuándo comencé a ver cada trabajo tuyo, era como haber estado presente en cada momento capturado en tus fotos, ni contar los sentimientos que emanaban como sí yo conociera a cada una de tus novias, sin hacerte ni una sola pregunta de cada una de las fotos, sentía lo que pasó en aquel momento que capturaste. Tengo vivo en mis recuerdos la aventura de la sesión de fotos del 'Love Story', nos divertimos muchísimo con tus ocurrencias y tus detalles. Definitivamente, eres la mejor, nada tradicional, ni protocolar. (...) el gran día, fue celestial, capturaste cada detalle y cada momento sin hacerte sentir, eras como tener a mi mejor amiga siempre a mi lado, hasta te disfrutaste nuestra boda con nosotros. ¡Esas fotos quedaron espectaculares! Pero más allá de cada detalle de tu trabajo, quiero que sepas que eres única en lo que haces porque tu personalidad es angélical, celestial y creativa a la vez y esa fusión te hace excepcional».

Ginette y Pedro | Boda: 27 de septiembre de 2014

Créditos de las fotografías

Pág. vi
Novios: Zuheila Espinosa y Edgardo Adorno
Coordinación: Ana Agosto
Localidad: Condado Vanderbilt Hotel, San Juan, Puerto Rico
Decoración y ramo: EOS Víctor Ortiz
Peinado y maquillaje: Alex Mont
Vestido de la novia: Xiomara Simó Atelier
Etiqueta del novio: Leonardo Fifth Avenue
Accesorios: Eva Guadalupe
Fotografía: Keren Photography

Pág. 4 y 5
Novios: Melanie Vidal Cuevas y Edgardo O. Ortiz Méndez
Coordinación: Angie Reyes Vega
Localidad: Faro Los Morrillos, Cabo Rojo, Puerto Rico
Ramo: Angie Reyes Vega
Peinado: Keishla Ortiz Méndez
Maquillaje: Jonathan González Figueroa
Vestido de la novia: Ronald Joyce
Etiqueta del novio: Marco Viali
Fotografías: Keren Photography

Pág. 6
Foto de la autora
Fotografía: Tamara Maz
Peinado y maquillaje: Angely Alicea

Pág. 7
Fotos de la autora
Peinado y maquillaje: Angely Alicea
Foto superior: José Raúl ArteSano Photography
Foto inferior: Tamara Maz

Pág. 8
Novios: Yolián Calvo Díaz y Brian Cervoni
Coordinación y decoración: Yolega Díaz
Localidad: Hacienda Campo Rico, Carolina, Puerto Rico
Ramo: Yolega Díaz
Peinado y maquillaje: Alex Pabón de Velvet Salón
Vestido de la novia: Olga Sofía Calvo
Etiqueta del novio: Hugo Boss
Fotografía: Keren Photography

Pág. 10
Fotos de los detalles
Localidad: Antiguo Casino de Puerto Rico, San Juan, Puerto Rico
Decoración: Blanco by Mara
Foto de anillos en el ramo:
Ramo de la novia: Imperio Alemán
Fotografía: Keren Photography

Pág. 11
Ramo de la novia: Akua
Fotografía: Keren Photography

Pág. 13
Fotos de los detalles
Vestido de la novia: Xiomara Simo
Body Suit: D'Royal Bride
Calzado: Fabulous Shoes

Foto superior
Localidad: Antiguo Casino, San Juan, Puerto Rico
Pastel de boda: Luxury Wedding Cakes by Lourdes y Karen Padilla

Foto inferior
Localidad: Casa de España
Decoración: Akua
Fotografía: Keren Photography

Pág. 14
Novios: Angely Alicea y Wilfredo E. Díaz
Localidad: La Paseadora, Río Espíritu Santo, Río Grande, Puerto Rico
Decoración del bote: Eclectik Events
Arreglo y Peinado: Geovanny Marrero
Fotografía: Keren Photography

Pág. 18
Foto de los detalles
Fotografía: Keren Photography

Pág. 20 y 21
Novios: Darís Berríos Murratti y Manuel Acosta
Coordinación: Nicole Miranda
Localidad: Colegio de Arquitectos de Puerto Rico, Santurce, Puerto Rico
Decoración y ramo: Lorraine's Flowers
Peinado y maquillaje: Griselle García Salón
Vestido de la novia: David's Bridal
Fotografía: Keren Photography
Fotos inferiores de los detalles
Fotografía: Keren Photography

Pág. 23
Fotos para la revista Esposa Moderna
Modelo: Liansy P. Anadón Miss Ponce 2016
Maquillaje y peinado: Josué Carlos
Vestido de la novia y accesorios: D'Royal Bride
Ramo de la novia: LS Mantelería
Localidad: El Conquistador Resort, Fajardo, Puerto Rico
Fotografía: Keren Photography

Pág. 25
Novios: Tamara Menéndez y Ricardo Cruz
Coordinación: Luis Daniel Rosario
Localidad: Club Náutico de San Juan, San Juan, Puerto Rico
Decoración y ramo: Emporium por Luis Daniel
Peinado y maquillaje: Adriel Ortíz
Vestido de la novia: Novias Otilio Santiago
Etiqueta del novio: Leonardo Fifth Avenue
Fotografía: Keren Photography

Pág. 30 y 31
Fotos para la revista Esposa Moderna
Modelo: Liansy P. Anadón, Miss Ponce 2016
Modelo: Fernando A. Álvarez, CROMO Models & Talents
Peinado y maquillaje: Josué Carlos
Vestido de la novia: D'Royal Bride
Etiqueta del novio: Leonardo Fifth Avenue
Ramo de la novia: LS Mantelería
Decoración: LS Mantelería

Localidad: El Conquistador Resort, Fajardo, Puerto Rico
Fotografía: Keren Photography

Pág. 32 y 33
Fotos de la autora
Arreglo y peinado: Angely Alicea
Fotografía: Tamara Maz

Pág. 34 y 35
Fotos de los detalles
Ramo: Eclectik Events
Fotografía: Keren Photography

Pág. 36 y 37
Novios: Mónica Vergara y Jonathan Orraca
Coordinación: Damaris Torres Perfect Events
Localidad: Club Náutico de San Juan, San Juan, Puerto Rico
Decoración y ramo: Siod by Gadiel Valentín
Vestido de la novia: Xiomara Simó
Body Suit: D'Royal Bride
Etiqueta del novio: Leonardo Fifth Avenue
Maquillaje: Paris Rodríguez
Fotografía: Keren Photography

Pág. 43
Novios: Ivette A. Álvarez y Ángel Elias
Coordinación y decoración: Eclectik Events
Localidad: Club Amigos Unidos, Camuy, Puerto Rico
Ramo: Eclectik Events
Peinado: Carmen Valentín
Maquillaje: Miguel Santiago
Vestido de la novia: Xiomara Simó
Etiqueta del novio: Leonardo Fifth Avenue
Fotografía: Keren Photography

Pág. 44
Fotos (de izquierda a derecha)
Novios: Yeidy Velázquez y Yessy Tejada
Coordinación y decoración: Eclectik Events
Localidad: Club Náutico de San Juan, San Juan, Puerto Rico
Ramo: Eclectik Events
Peinado y maquillaje: Paris Rodríguez
Vestido de la novia: Xiomara Simó
Etiqueta del novio: Leonardo Fifth Avenue
Fotografía: Keren Photography

Novios: Zuheila Espinosa y Edgardo Adorno
Coordinación: Ana Agosto
Localidad: Condado Vanderbilt Hotel, San Juan, Puerto Rico
Decoración y ramo: EOS Víctor Ortiz
Peinado y maquillaje: Alex Mont
Vestido de la novia: Xiomara Simó Atelier
Etiqueta del novio: Leonardo Fifth Avenue
Accesorios: Eva Guadalupe
Fotografía: Keren Photography
Pastel de boda: C+M Cake Designers

Novios: Yeidy Velázquez y Yessy Tejada
Coordinación y decoración: Eclectik Events
Localidad: Club Náutico de San Juan, San Juan, Puerto Rico
Ramo: Eclectik Events
Peinado y maquillaje: Paris Rodríguez
Vestido de la novia: Xiomara Simó
Etiqueta del novio: Leonardo Fifth Avenue
Fotografía: Keren Photography

Pág. 45
Fotos (de izquierda a derecha)
Novios: Soleil M. Mercado González y Juan Carlos Martínez Ortiz
Coordinación y decoración: Juan Carlos Decofiore
Localidad: Terra Convention Center, Guaynabo, Puerto Rico
Ramo: Juan Carlos Decofiore
Peinado y maquillaje: Giovany's Salon
Vestido de la novia: David's Bridal
Etiqueta del novio: JC Penney®
Fotografía: Keren Photography

Novios: Zuheila Espinosa y Edgardo Adorno
Coordinación: Ana Agosto
Localidad: Condado Vanderbilt Hotel, San Juan, Puerto Rico
Decoración y ramo: EOS Víctor Ortiz
Peinado y maquillaje: Alex Mont
Vestido de la novia: Xiomara Simo Atelier
Etiqueta del novio: Leonardo Fifth Avenue
Accesorios: Eva Guadalupe
Fotografía: Keren Photography
Novios: Ayesha Huertas Torres y Marcus Johnson
Coordinación: Karla Soto
Localidad: Hotel El Convento, San Juan, Puerto Rico
Decoración y ramo: Pedro de Tallos
Peinado y maquillaje: Javier Moreno
Vestido de la novia: Pronovias
Etiqueta del novio: Brooks Brothers
Lazo del novio: Brackish
Fotografía: Keren Photography

Pág. 46
Fotos (de izquierda a derecha)
Novios: Lisandra Cordero y Félix W. Pérez
Coordinación: Festa Coordinación
Localidad: Hacienda Siesta Alegre, Río Grande, Puerto Rico
Decoración y ramo: Juan J. Robledo
Peinado y maquillaje: Adriel Ortiz Hair and Makeup
Vestido de la novia: D'Royal Bride
Tocado: María Elena Headpieces
Fotografía: Keren Photography

Foto para la revista Esposa Moderna
Modelos: Michelle Cox y Axel J. González, Element Model & Talent
Localidad: Condado Vanderbilt Hotel, San Juan, Puerto Rico
Peinado y maquillaje: Josué Carlos
Vestido de la novia y Tocado: D'Royal Bride
Etiqueta del novio: Leonardo Fifth Avenue
Ramo: Eclectik Events
Fotografía: Keren Photography

Foto para la revista Esposa Moderna
Modelo: Mia Blakeman, Element Model
Modelo: José Julián Rivera, CROMO Models & Talents
Decoración: Eclectik Events
Localidad: Hotel La Concha, San Juan, Puerto Rico
Peinado: Juan Luis Colón para Beyond Salon
Maquillaje: Lyanne Hernández para Beyond Salon
Retoque: Sheila De Jesús
Vestido de la novia: Noviabella
Etiqueta del novio: Leonardo Fifth Avenue
Ramo: Eclectik Events
Fotografía: Keren Photography

Pág. 47
Foto para la revista Esposa Moderna
Modelo: Kyamara Monroig, CROMO Models & Talents
Modelo: Bryant Pérez, CROMO Models & Talents
Decoración: Eclectik Events

Localidad: Hotel La Concha, San Juan, Puerto Rico
Peinado y maquillaje: Bryan López
Vestido de la novia y accesorios: D'Royal Bride
Etiqueta del novio: Leonardo Fifth Avenue
Ramo: Eclectik Events
Fotografía: Keren Photography

Pág. 50
Foto para la revista Esposa Moderna
Modelo: Liansy P. Anadón, Miss Ponce 2016
Modelo: Fernando A. Álvarez, CROMO Models & Talents
Peinado y maquillaje: Josué Carlos
Vestido de la novia: D'Royal Bride
Etiqueta del novio: Leonardo Fifth Avenue
Decoración y ramo: LS Mantelería
Localidad: El Conquistador Resort y Las Casitas Village, Fajardo, Puerto Rico
Fotografía: Keren Photography

Pág. 53
Foto para la revista Esposa Moderna
Modelo: Michelle Cox, G Models
Modelos: Félix Mercado, José Rivera y Waldemar González
Decoración y ramo: Eclectik Events
Localidad: Velero Amazing Grace, San Juan, Puerto Rico
Peinado: Iván García para Beyond Salon
Maquillaje: Nicole Olmo para Beyond Salon
Vestido de la novia: D'Royal Bride
Etiqueta del novio: Leonardo Fifth Avenue
Fotografía: Keren Photography

Pág. 56 y 59
Novia: Katrina Rivera
Peinado y maquillaje: Emanuel MUA
Coordinación: Yaska Crespo
Fotografía: Keren Photography

Pág. 60
Fotos de la novia y de los detalles
Novia: Keren Lyn Sánchez Rodríguez
Coordinación: Krizia Díaz Event Planner
Peinado y maquillaje: Ingrid M. Rivera Makeup Artist & Hairstylist
Vestido de la novia: D'Royal Bride
Tocado y aretes: Eva Guadalupe
Fotografía: Keren Photography

Pág. 62 y 63
Fotos de la novia y de los detalles
Novia: Keren Lyn Sánchez Rodríguez
Coordinación: Krizia Díaz Event Planner
Peinado y maquillaje: Ingrid M. Rivera Makeup Artist & Hairstylist
Vestido de la novia: D'Royal Bride
Tocado y aretes: Eva Guadalupe
Fotografía: Keren Photography

Pág. 66 y 67
Novios: Angely Alicea y Wilfredo E. Díaz
Localidad: La Paseadora, Río Espíritu Santo, Río Grande, Puerto Rico
Arreglo y Peinado: Geovanny Marrero
Decoración del bote: Eclectik Events
Fotografía: Keren Photography

Pág. 69
Novios: Rosangela Lugo Ortiz y Rewel F. Viera Martínez
Localidad: La Puttanesca, Santurce, Puerto Rico
Fotografía: Keren Photography

Pág. 70
Fotografías (de izquierda a derecha)
Novios: Gretchen Caballer y José J. Dávila
Localidad: Jardín Japonés, Ponce, Puerto Rico

Novios: Marcia Rodríguez Millán y José Ricardo Irizarry Rodríguez
Localidad: The Gallery Inn Hotel
Fotografías: Keren Photography

Pág. 71
Fotografías (de izquierda a derecha)
Novios: Marcia Rodríguez Millán y José Ricardo Irizarry
Localidad: The Gallery Inn Hotel, San Juan, Puerto Rico

Novios: Camila Medina y Jorge Nogales
Localidad: Castillo San Cristóbal, San Juan, Puerto Rico
Novios: Giselle Burgos González y Jonathan González Rodríguez
Localidad: Hacienda Don Carmelo, Vega Baja, Puerto Rico
Fotografía: Keren Photography

Pág. 72-73
Novios: Angely Alicea y Wilfredo E. Díaz
Localidad: La Paseadora, Río Espíritu Santo, Río Grande, Puerto Rico
Arreglo y peinado: Geovanny Marrero
Decoración del bote: Eclectik Events
Fotografía: Keren Photography

Pág. 78 y 81
Novios: Angely Alicea y Wilfredo E. Díaz
Coordinación: Eileen Ramos, Event Planners
Localidad: Casa Palo Grande, Trujillo Alto, Puerto Rico
Decoración: Greenery Flower Shop
Peinado y maquillaje: Angely Alicea
Vestido de la novia: Isabella Bride
Etiqueta del novio: Leonardo Fifth Avenue
Fotografía: Keren Photography

Pág. 82-83
Novios: Mónica Vergara y Jonathan Orraca
Coordinación: Damaris Torres, Perfect Events
Localidad: Hotel La Concha, San Juan, Puerto Rico
Peinado y maquillaje: Paris Rodríguez
Vestido de la novia: Xiomara Simo
Body Suit: D'Royal Bride
Ramo: Siod by Gael Valentín
Invitación: Creative Creations
Fotografía: Keren Photography

Pág. 86
Foto de los detalles
Fotografía: Keren Photography

Pág. 90-91
Vestido de la novia: D'Royal Bride
Invitación: Paper Crafts
Coordinación: Krizia Díaz

Fotos de los detalles
Fotografía: Keren Photography

Pág. 92-93
Foto de los detalles
Fotografía: Keren Photography

Pág. 96-97
Foto para la revista Esposa Moderna
Modelo: Michelle Cox, G Models, Element Model & Talent

Modelo: Axel J. González, Element Model & Talent
Localidad: Condado Vanderbilt Hotel, San Juan, Puerto Rico
Peinado y maquillaje: Josué Carlos
Vestido de la novia: D'Royal Bride
Ramo: Eclectik Events
Accesorios: D'Royal Bride
Etiqueta del novio: Leonardo Fifth Avenue
Fotografía: Keren Photography

Pág. 98-99
Novio: Wilfredo E. Díaz Jiménez
Localidad: TRYP by Wyndham, Isla Verde, Puerto Rico
Etiqueta del novio: Leonardo Fifth Avenue
Fotografía: Keren Photography

Pág. 100
Foto (superior)
Novia: Katrina Rivera
Peinado y maquillaje: Emanuel MUA
Coordinación: Yaska Crespo
Fotografía: Keren Photography

Pág. 100 y 101
Fotos de los detalles
Fotografía: Keren Photography

Pág. 102 y 103
Novia: Lisandra Cordero
Coordinación: Festa Coordinación
Decoración: Juan J. Robledo
Localidad: Hacienda Siesta Alegre, Río Grande, Puerto Rico
Peinado y maquillaje: Adriel Ortiz Hair and Makeup
Vestido de la novia: D'Royal Bride
Tocado: María Elena Headpieces
Ramo: Juan J. Robledo
Fotografía: Keren Photography

Pág. 104 y 105
Novia: Angely Alicea
Coordinación: Eileen Ramos Event Planners
Decoración: Eclectik Events
Peinado y maquillaje: Geovanny Marrero
Localidad: TRYP by Wyndham, Isla Verde, Puerto Rico
Vestido: D'Royal Bride
Invitación: Creations by Alty
Fotografía: Keren Photography

Pág. 108-115
Novios: Aleyda Ortiz Casanova y Ricardo Casanova
Coordinación: Yaska Crespo
Decoración y ramo: Luciano Designer
Localidad: Castillo San Cristóbal, San Juan, Puerto Rico
Peinado y maquillaje: Gerald Stylist
Stylist: Jonathan Estrada
Vestido de la novia: Eclíptica Atelier
Etiqueta del novio: Leonardo Fifth Avenue
Joyas: Letrán Joyeros
Fotografía: Keren Photography

Pág. 118
Novios: Gretchen Caballer y José J. Dávila
Coordinación: Moi Chic Weddings & Events Planner
Decoración y ramo: SIOD by Gadiel Valentín
Localidad: Parque de Bombas, Ponce, Puerto Rico
Peinado y maquillaje: Eriel Makeup and Hair Designer
Vestido de la novia y tocado: D'Royal Bride
Etiqueta del novio: Galería de Novio
Fotografía: Keren Photography

Pág. 120
Novios: Katrina Rivera y Christopher Fuentes Mas
Coordinación: Yaska Crespo
Localidad: Hotel La Concha, San Juan, Puerto Rico
Decoración y ramo: K by Konpalos Events
Peinado y maquillaje: Emanuel MUA
Vestido de la novia: David Antonio
Etiqueta del novio: David Antonio
Fotografía: Keren Photography

Pág. 121
Novios: Yolián Calvo Díaz y Brian Cervoni
Coordinación: Yolega Díaz
Localidad: Parroquia Nuestra Señora de La Piedad, Isla Verde, Puerto Rico
Decoración y ramo: Yolega Díaz
Peinado y maquillaje: Alex Pabón de Velvet Salón
Vestido de la novia: Olga Sofía Calvo
Etiqueta del novio: Hugo Boss
Fotografía: Keren Photography

Pág. 122-123
Novios: Priscilla J. Sánchez Pérez y Yosué M. Negrón Rodríguez
Coordinación: Ecletick Events
Localidad: Casa de España, San Juan, Puerto Rico
Decoración y ramo: Ecletick Events
Peinado y maquillaje: Paris Rodríguez
Vestido de la novia: Xiomara Simo
Etiqueta del novio: Leonardo Fifth Avenue
Fotografía: Keren Photography

Pág. 126-127
Novios: Camila Polet Oliveras Vega y Iván Jr. Caraballo Ortiz
Coordinación: Imperio Alemán
Localidad: Casa de España, San Juan, Puerto Rico
Decoración y ramo: Imperio Alemán
Peinado y maquillaje: Jorge Zeppenfeldt
Vestido de la novia: D'Royal Bride
Etiqueta del novio: Men's Warehouse
Fotografía: Keren Photography

Pág. 128-129
Novios: Samary Mussa Rivera y Erick Morales Rodríguez
Coordinación: Eclectik Events
Localidad: Hotel Media Luna, Comerío, Puerto Rico
Decoración y ramo: Eclectik Events
Peinado y maquillaje: Jessy Makeup
Vestido de la novia: David's Bridal
Etiqueta del novio: Leonardo Fifth Avenue
Pastel de boda: Vanessa Caro
Fotografía: Keren Photography

Pág. 130-131
Novios: Larissa Jiménez y Michael Brady
Coordinación: Babi Díaz Coordinación
Localidad: Antiguo Casino de Puerto Rico, San Juan, Puerto Rico
Decoración y ramo: Blanco by Mara
Peinado y maquillaje: Héctor Rivera, Salon Beauté
Vestido de la novia: Rosa Clará
Etiqueta del novio: Calvin Klein
Fotografía: Keren Photography

Pág. 132-133
Fotos de la decoración
Localidad: Casa de España, San Juan, Puerto Rico
Decoración: Eclectik Events
Fotografía: Keren Photography

Pág. 136
Novios: Angélica Bauzo Sotomayor y Derik X. Zamora Torres
Coordinación: Yamil Guzmán
Localidad: Hacienda La Belleza Escondida, Arecibo, Puerto Rico
Peinado y maquillaje: Matty Rivera
Vestido de la novia: GemsBride
Etiqueta del novio: Angelos Tuxedo
Decoración: Yamil Guzmán
Fotografía: Keren Photography

Pág. 138
Novios: Carla Burgos y Leo Bellón
Coordinación: Yaska Crespo
Localidad: Serafina Beach Hotel, San Juan, Puerto Rico
Decoración: Loraine Flowers
Peinado y maquillaje: Emanuel Agosto
Vestido de la novia: D'Royal Bride
Etiqueta del novio: Men's Warehouse
Fotografía: Keren Photography

Pág. 139
Novios: Gildalis Flores Vázquez y Ronald Aponte Vázquez
Coordinación: Ana Agosto
Localidad: Zafra, Gurabo, Puerto Rico
Decoración: Siod by Gadiel
Peinado y maquillaje: César Rosario
Vestido de la novia: David's Bridal
Etiqueta del novio: Leonardo Fifth Avenue
Fotografía: Keren Photography

Pág. 140-141
Novios: Denise Santos y Víctor Soto
Coordinación: Hayxanair Hernández
Localidad: Hacienda Siesta Alegre, Río Grande, Puerto Rico
Peinado y maquillaje: Emanuel Agosto
Vestido de la novia: Mauras Bridal
Accesorios: Eva Guadalupe
Etiqueta del novio: Leonardo Fifth Avenue
Decoración: Tallos by Pedro Raúl
Fotografía: Keren Photography

Pág. 143
Novios: Lisandra Cordero y Félix W. Pérez
Coordinación: Festa Coordinación
Decoración y ramo: Juan J. Robledo
Localidad: Hacienda Siesta Alegre, Río Grande, Puerto RicoPeinado y maquillaje: Adriel Ortiz Hair and Makeup
Vestido de la novia: D'Royal Bride
Tocado: María Elena Headpieces
Fotografía: Keren Photography

Pág. 144-145
Novios: Meibis Campos y Edwin Guevara
Coordinación: Rosalina Torres, Momentus Special Events & More
Decoración y ramo: Emilio Olabarrieta Event Atelier
Localidad: Condado Vanderbilt Hotel, San Juan, Puerto RicoPeinado y maquillaje: Adriel Ortiz Hair and Makeup
Vestido de la novia y tocado: Ccs Bridal Boutique
Etiqueta del novio: Salvatore Ferragamo
Pastel de boda: C+M Cake Designers
Fotografía: Keren Photography

Pág. 150
Novios: Yolián Calvo Díaz y Brian Cervoni
Coordinación y decoración: Yolega Díaz
Ramo: Yolega Díaz
Localidad: Hacienda Campo Rico, Carolina, Puerto Rico
Peinado y maquillaje: Alex Pabón de Velvet Salón
Vestido de la novia: Olga Sofía Calvo
Etiqueta del novio: Hugo Boss
Fotografía: Keren Photography

Pág. 152-154
Novios: Yaheidma Santos Santiago y Alfer I. Castro Cortés
Localidad: Pozuelo Exclusive Beach, Guayama, Puerto Rico
Fotografía: Keren Photography

Pág. 158-161
Novios: Angely Alicea y Wilfredo E. Díaz
Localidad: Balneario Punta Salinas, Toa Baja, Puerto Rico
Álbum presentado: Álbum Época®
Fotografía: Keren Photography

Pág. 162-163
Fotos de álbumes
Fotografía: Keren Photography

Pág. 168-169
Novios: Denise Santos y Víctor Soto
Coordinación: Hayxanair Hernández
Localidad: Hacienda Siesta Alegre, Río Grande, Puerto Rico
Peinado y maquillaje: Emanuel Agosto
Vestido de la novia: Mauras Bridal
Accesorios: Eva Guadalupe
Etiqueta del novio: Leonardo Fifth Avenue
Decoración: Tallos by Pedro Raúl
Pastel de boda: Pipo's Bakery
Fotografía: Keren Photography

Pág. 170
Novios: Marcia Rodríguez Millán y José Ricardo Irizarry Rodríguez
Coordinación: Eclectik Events
Localidad de la preparación de la novia: Hotel La Concha, San Juan, Puerto Rico
Localidad de la recepción: Museo de Arte de Puerto Rico, San Juan, Puerto Rico
Decoración: Eclectik Events
Vestido de la novia: Jean Cintrón
Tocado de la novia: D'Royal Bride
Etiqueta del novio: Leonardo Fifth Avenue
Maquillaje y peinado: Idelfonso Torres
Pastel de boda: Gabriel Díaz
Fotografía: Keren Photography

Pág. 211
Foto de la autora
Fotografía: Tamara Maz
Maquillaje y peinado: Angely Alicea

Pág. 212
Foto de la autora
Maquillaje y peinado: Angely Alicea
Fotografía: Vanessa Jarvis Brookes

Made in the USA
Monee, IL
04 January 2022